劳动法律法规
一本通

袁雷 | 主编

山东人民出版社

国家一级出版社 全国百佳图书出版单位

图书在版编目（CIP）数据

劳动法律法规一本通／袁雷主编. —济南:山东
人民出版社,2021.6

ISBN 978 - 7 - 209 - 13353 - 1

Ⅰ.①劳… Ⅱ.①袁… Ⅲ.①劳动法—基本知识
—中国 Ⅳ.①D922.5

中国版本图书馆 CIP 数据核字(2021)第 125145 号

劳动法律法规一本通

LAODONG FALÜ FAGUI YIBENTONG

袁　雷　主编

主管单位	山东出版传媒股份有限公司	
出版发行	山东人民出版社	
出 版 人	胡长青	
社　　址	济南市英雄山路 165 号	
邮　　编	250002	
电　　话	总编室(0531)82098914	
	市场部(0531)82098027	
网　　址	www. sd - book. com. cn	
印　　装	济南万方盛景印刷有限公司	
经　　销	新华书店	
规　　格	16 开(169mm×239mm)	
印　　张	16.5	
字　　数	300 千字	
版　　次	2021 年 8 月第 1 版	
印　　次	2021 年 8 月第 1 次	
印　　数	1 - 4000	
书　　号	ISBN 978 - 7 - 209 - 13353 - 1	
定　　价	36.00 元	

如有印装质量问题,请与出版社总编室联系调换。

编委会

前　言

在法治中国和法治社会的大背景下，尊法、知法、用法、守法成为对公民个人的必然要求。对于每一名高校大学生而言，劳动就业是不可回避的问题，也是最为关心的问题。鉴于其强烈的认知需求，对与劳动相关的法律法规与配套实践规则进行普及和研究有着极高的现实意义。

为了适应高职院校课程改革和教材建设，结合院校学生的法治需求，我们编写了本教材，本书全面梳理阐释劳动相关法律法规。具体而言，本教材以大学生就业现状为切入点，依据劳动法体例编排，依次详释劳动合同、非全日制用工和劳务派遣、工资、工伤保险、社会保险和住房公积金制度、职业病及其预防、劳动争议处理等相关内容，并佐以短小精悍的司法案例，以案释法，化知为行。附录部分收录了《中华人民共和国劳动法》《中华人民共和国劳动合同法》《中华人民共和国劳动争议调解仲裁法》等劳动领域现行有效的主要法律法规，方便读者查阅。

本教材的编写是在借阅、参考和收集国内文献资料和司法案例集的基础上完成的，谨此向各位作者表示感谢。在此过程中我们得到了各方面的热情支持、鼓励和帮助，出版社的编辑人员为此也付出了艰辛的劳动。在此，我们一并表示衷心的感谢。

限于作者水平与时间仓促，书中不免有疏漏之处，请广大读者批评指正。

目　录

第一章　劳动就业 ……………………………………………… 1

一、劳动就业的含义 ………………………………………… 2

二、我国大学生的就业形势 ………………………………… 2

三、就业促进的规定 ………………………………………… 4

四、大学生求职应当注意的几个问题 …………………… 10

第二章　劳动合同 …………………………………………… 15

一、劳动合同概述 ………………………………………… 16

二、劳动合同制度 ………………………………………… 19

三、集体劳动合同 ………………………………………… 53

第三章　劳务派遣和非全日制用工 ……………………… 61

一、劳务派遣 ……………………………………………… 62

二、非全日制用工 ………………………………………… 65

第四章　工　资 ……………………………………………… 71

一、工资概述 ……………………………………………… 72

二、工资的支付 …………………………………………… 74

三、最低工资标准 ………………………………………… 81

四、个人所得税 …………………………………………… 83

第五章　工伤保险 ·· 93

一、工伤认定 ·· 94

二、劳动能力鉴定和工伤待遇 ······················· 105

附录：工伤保险行业风险分类表 ··················· 112

第六章　社会保险和住房公积金制度 ············ 115

一、我国的社会保险制度 ····························· 116

二、住房公积金制度 ································· 132

第七章　职业病及其预防 ····················· 137

一、职业病概述 ································· 138

二、职业病的诊断、鉴定和职业病待遇 ··········· 141

三、我国职业病范围 ····························· 144

第八章　劳动争议处理 ····················· 151

一、劳动争议概述 ··························· 152

二、劳动争议处理程序 ····················· 153

附　录 ······································· 177

附录一：部分劳动法律法规一览表 ··········· 178

附录二：中华人民共和国劳动法 ············· 184

附录三：中华人民共和国劳动合同法 ········· 199

附录四：中华人民共和国劳动争议调解仲裁法 ····· 217

附录五：工伤保险条例 ····················· 226

附录六：中华人民共和国社会保险法 ········· 241

第一章 劳动就业

一、 劳动就业的含义

劳动就业是指具有劳动能力的公民在法定劳动年龄内,从事某种有报酬或劳动收入的社会职业。这种职业必须是社会承认的合法劳动。根据国际劳工统计会议规定的通用标准,凡是在规定的年龄之上,有下列情形之一的就算已经就业:

1. 正在工作的人。这是指在规定的时期内,正在从事有报酬或收入的工作的人;

2. 有职业但临时没有工作的人。例如,由于疾病、事故、休假、旷工、劳动争议或单位各种原因临时停工的人员;

3. 雇主和自营业人员。按照我国的就业政策,只要是劳动者通过一定的组织形式实现同生产资料的结合,从事一种社会劳动,无论是在何种性质单位参加劳动,都算是劳动就业。

劳动就业具有以下特点:

1. 劳动者必须是具有劳动权利能力和劳动行为能力的公民;

2. 劳动者必须从事法律允许的有益于国家和社会的某种社会职业;

3. 劳动者所从事的社会职业必须有一定的劳动报酬或经营收入,能够用以维持劳动者本人及其赡养一定的家庭人口的基本生活需要。

二、 我国大学生的就业形势

近几年来,随着我国经济的快速发展,大学生就业工作取得了明显的成效,但是就业形势仍然非常严峻,就业压力比较大。从 2011 年开始,全国普通高等学校毕业生突破 600 万人，达到 608.2 万人，2012 年为 624.7 万人，2013 年为 699 万人，2014 年突破 700 万人，达到 727 万人，2015 年为 749 万人，2016 年达到 765 万人，2017 年达到 795 万人，2018 年突破 800 万人，达到 820 万人，2019 年为 834 万人，2020 年为 874 万人。从每年新增就业人口数量看，2012 年为 1300 万人，2013 年为 1310 万人，2014 年为 1322 万人，2015 年为 1312 人万，2016 年为 1314 万人，2017 年为 1351 万人，2018 年为 1361 万人，2019 年为 1352 万人。这些数字表明大学毕业生客观上已经成为我国城镇就业的主要目标群体之一，大学生就业难已经成为一个不争的事实。造成这种局面的原因有很多，一是我国人口基数大，需要就业人员多，就业高峰持续时间长。同时随着高等教育步入大众化时代，大学生的就业高峰与全社会的就业高峰相重叠，大学生的就业压力也就凸显出来了。二是就业机制有待完善。一方面，旧的计划经济体制的影响仍然存在并在一定范围内发生重要作用，以户籍制度、行政计划为代表的旧的计划安置仍然存在且作用显著，人才流动机制有待完善；另一方面，劳动力市场发育不完善，劳动力要素的配置还未完全达到优化，市场这一最主要的资源配置方式仍未起主导作用。三是就业观念有待更新。当前在就业问题上，许多人的就业观念滞后，缺乏主动择业、创业的积极性，"等""靠""要"思想仍然存在，且不从自身条件和现实环境出发，就业期望值过高。总而言之，就业是一种双向选择，一边是怀揣梦想的毕业生千方百计地寻觅适合自己的一方天空，一边却是目光灼灼的企业高管苛刻的要求。梦想和压力共存，希望与失望相伴成为即将毕业的大学生们必须面临的重要一课。

为了缓解就业压力，提供更多的就业机会，提高就业质量，近年来国家采取了积极的就业政策，即确立了"劳动者自主就业、市场调节就业、政府促进就业"的就业指导方针，坚持通过发展经济、调整经济结构、协调发展城乡经济及完善社会保障体系等各种办法促进就业，并采取各种有效措施，扩大就业规模。

当然从实际情况来看，目前我国的就业形势并非就业岗位人满为患，既存在着"人找岗位"的现象，同时也存在着"岗位找人"的情况。一方面是毕业大学生"嗷嗷待哺",另一方面很多企业也陷入了无人可用的尴尬境地,人才荒与就业难并存。同时,社会上还存在着结构性失业和摩擦性失业现象。所谓结构性失业,是指需要就业的劳动者的职业技能、素质、择业观念和经济性结构调整或生产技术转变带来的就业岗位要求的难以适应,导致工作不能干,例如劳动密集型产业工人失业后难以获得新的技术岗位等。所谓摩擦性失业,是指劳动者由于工作不如意,或者为了寻求更高的待遇和更好的发展机会而造成的暂时性失业。这种失业是市场经济条件下,人力资源配置过程中的常态,通过就业观念的引导和就业信息披露,比较容易化解,这种情况属于暂时性失业,是人们为追求更好的工作岗位和更高的劳动待遇的过渡性阶段。这些情形无疑都加剧了就业的紧张形势。

三、 就业促进的规定

习近平总书记在十九大报告中指出:"就业是最大的民生。要坚持就业优先战略和积极就业政策,实现更高质量和更充分就业。大规模开展职业技能培训,注重解决结构性就业矛盾,鼓励创业带动就业。"2020年十九届五中全会公报再次强调要实现更加充分更高质量就业。

我国有关就业促进的法律法规主要集中在《中华人民共和国就业促进法》,其他单行法也有涉及,法律政策不统一,执行力较弱,其中部分已失效。笔者现依据各相关法律法规颁布时间先后梳理如下:原劳动部[①] 1995年9月12日颁布了《就业登记规定》(已失效)、1995年11月9日颁布了《职业介绍规定》(已失效)。2000年12月8日原劳动和社会保障部发布了《劳动力市场管理规定》(已失效),以规范劳动力市场秩序,促进公共就业服务的发展,更好地保护劳动者和用人单位的合法权益。2007年8月30日《中华人民共和国就业促进法》(以下简称《就业促进法》)由第十届全国人民代表大会常务委员会第二

---

① 中华人民共和国劳动部于1998年3月组建为中华人民共和国劳动和社会保障部,2008年3月,劳动和社会保障部与人事部合并为人力资源和社会保障部。

十九次会议通过，自 2008 年 1 月 1 日开始施行，2015 年进行了修订。2007 年 11 月 15 日原劳动和社会保障部颁布了《就业服务与就业管理规定》，后分别于 2014 年、2015 年和 2018 年作出三次修订。2009 年 10 月，人力资源和社会保障部出台了《关于进一步加强公共就业服务体系建设的指导意见》，该指导意见对各地方公共就业服务的组织机构、服务内容和建设信息化平台等方面进行了明确规定。2011 年 3 月，"十二五"规划中提到要实施更加灵活更加稳定的就业政策，创造更多的就业岗位，鼓励劳动者自主创新机制的发展，促进劳动者高效充分就业。2012 年 12 月，人力资源和社会保障部、财政部就公共就业服务基本准则、主要内容和监督管理等问题出台了《关于进一步完善公共就业服务体系有关问题的通知》。2018 年十九大报告提出了提供全方位的公共就业服务的任务，2018 年 2 月 6 日，国务院发布《"十三五"促进就业规划》，着重从创新体制机制、细化就业服务任务、提高公共就业服务水平等方面进行总体设计和安排，我国公共就业服务体系初步形成。

（一）就业促进的含义

所谓就业促进，是指国家为了保障公民实现劳动权所采取的创造就业条件、扩大就业机会的各种措施的总称。国家把扩大就业放在经济社会发展的突出位置，实施积极的就业政策，坚持劳动者自主择业、市场调节就业、政府促进就业的方针，多渠道扩大就业。县级以上人民政府应当把扩大就业作为经济和社会发展的重要目标，纳入国民经济和社会发展规划，并制定促进就业的中长期规划和年度工作计划。

（二）就业促进的主要内容

1. 国家在就业促进方面的主要职责

国家应在宏观上致力于经济和社会发展，为就业问题的解决提供良好的经济和社会环境，县级以上人民政府应当把扩大就业作为重要职责，统筹协调产业政策与就业政策，鼓励用人单位增加就业岗位，支持劳动者以多种方式就业，特别是扶持中小企业多渠道、多方式增加就业岗位。

2. 公共就业服务

根据《就业促进法》和《就业服务与就业管理规定》的相关规定，县级以上人民政府应该健全就业服务体系，设立公共就业服务机构。县级以上劳动保障行政部门统筹管理本行政区域内的公共就业服务工作，根据政府制定的发展计划，建立健全覆盖城乡的公共就业服务体系。

公共就业服务机构应当免费为劳动者提供就业下列服务：（1）就业政策法规咨询；（2）职业供求信息、市场工资指导价位信息和职业培训信息发布；（3）职业指导和职业介绍；（4）对就业困难人员实施就业援助；（5）办理就业登记、失业登记等事务；（6）其他公共就业服务。

公共就业服务机构应当为用人单位提供以下服务：（1）招聘用人指导服务；（2）代理招聘服务；（3）跨地区人员招聘服务；（4）企业人力资源管理咨询等专业性服务；（5）劳动保障事务代理服务；（6）为满足用人单位需求开发的其他就业服务项目。为用人单位提供服务是否可以收费，法律没有明确规定。

另外，公共就业服务机构应当加强职业指导工作，配备专（兼）职职业指导工作人员，向劳动者和用人单位提供职业指导服务。

3. 保障平等就业

平等就业权是指凡是具备中国国籍的公民，无论其宗教信仰、种族、年龄等有何种差别，均拥有平等选择就业单位的权利。平等就业权包括工作机会均等和禁止就业歧视两方面的内容。工作机会均等是指在就业过程中，每一位求职者都有平等的工作机会，都能公平地参与竞争。《中华人民共和国宪法》（以下简称《宪法》）和《中华人民共和国劳动法》（以下简称《劳动法》）都对劳动者的平等就业权作了规定。例如，《宪法》中规定公民有劳动的权利和义务；《劳动法》规定，劳动者在求职过程中，不因种族、性别、宗教等有差别而受到不公平对待。《就业促进法》对求职者平等选择工作也作了相应规定，其内容主要包括保证不同种族的求职者享有同等的工作权利、保证男女工作权利均等以及明确政府的职责和用人单位的行为等。《中华人民共和国妇女权益保障法》（以下简称《妇女权益保障法》）中规定了女性享有平等就业权，《中华人民共和国残疾人保障法》（以下简称《残疾人保障法》）中也规定了如何保护残障人士的平等就业权。可见，我国各种情况的劳动者平等就业权在不同的法律法规中都有了相应的规定，经过几十年的发展已经逐渐形成相对完整的劳动者平等就业权保障体系。

《就业促进法》第三条规定：劳动者依法享有平等就业和自主择业的权利。劳动者就业，不因民族、种族、性别、宗教信仰等不同而受歧视。根据以上论述，我们可以把就业歧视概括为：基于民族、种族、性别、宗教信仰、社会出身或身份、地域、年龄、身体状况、婚育状况等因素，对劳动者采取的具有取消或者损害就业或职业机会均等或待遇平等作用的任何区别、排斥或优惠。就业歧视画地为牢，人为制造不平等，阻碍了劳动力的合理流动和人力资源的优化配置，并成为导致就业难的一个重要因素。

《就业服务与就业管理规定》就将社会敏感问题，例如乙肝病原携带者等问题做了明确规定：用人单位招用人员，不得以传染病病原携带者为由拒绝录用。但是，经医学鉴定传染病病原携带者在治愈前或者排除传染嫌疑前，不得从事法律、行政法规和国务院卫生行政部门规定禁止从事的易使传染病扩散的工作。用人单位招用人员，除国家法律、行政法规和国务院卫生行政部门规定禁止乙肝病原携带者从事的工作外，不得强行将乙肝病毒血清学指标作为体检标准。我们有理由相信，类似安徽芜湖张先著"乙肝歧视第一案"的事件将逐渐淡出人们的视野。

链接：争取平等待遇——张先著

张先著，安徽芜湖人，2001 年毕业于皖西学院环境学系，先后从事网吧网管、营销等工作。2003 年 6 月，25 岁的张先著报考了芜湖市公务员招聘考试，并在 30 名考生中名列第一。但是，张先著却因为携带乙肝病毒而被取消录取资格。我国大约有 1.2 亿人和张先著一样是乙肝病  毒携带者。这个群体在入学、求职甚至恋爱婚姻方面受到种种排斥。面对这种情况，张先著一纸诉状把芜湖市人事局告上法庭，他希望以自己的诉讼唤起社会公众对1.2亿人的关注，消除对病毒携带者的歧视。这场官司因此被媒体称作"乙肝歧视第一案"。2004年4月，"乙肝歧视第一案"以张先著胜诉而告终。之后，浙江、四川、福建、广东等省修改了当地公务员禁止录用乙肝病毒携带者的有关规定，而国家人事主管部门也进一步统一了国家公务员体检录用标准。在消除歧视的道路上，张先著迈出了勇敢的第一步。

4. 职业资格证书制度

职业资格证书制度是劳动就业制度的一项重要内容，也是一种特殊形式的国家考试制度。它是指按照国家制定的职业技能标准或任职资格条件，通过政府认定的考核鉴定机构，对劳动者的技能水平或职业资格进行客观公正、科学规范的评价和鉴定，对合格者授予相应的国家职业资格证书。职业资格证书是表明劳动者具有从事某一职业所必备的学识和技能的证明。它是劳动者求职、任职、开业的资格凭证，是用人单位招聘、录用劳动者的主要依据，也是境外就业、对外劳务合作人员办理技能水平公证的有效证件。

职业资格证书是如何办理的呢？根据《职业技能鉴定规定》的有关规定，办理职业资格证书的程序为：职业技能鉴定所（站）将考核合格人员名单报经当地职业技能鉴定指导中心审核，再报经同级劳动保障行政部门或行业部门劳动保障工作机构批准后，由职业技能鉴定指导中心按照国家规定的证书编码方案和填写格式要求统一办理证书，加盖职业技能鉴定机构专用印章，经同级劳动保障行政部门或行业部门劳动保障工作机构验印后，由职业技能鉴定所（站）送交本人。

我国职业资格证书分为五个等级：初级（五级）、中级（四级）、高级（三级）、技师（二级）和高级技师（一级）。

用人单位招用从事涉及公共安全、人身健康、生命财产安全等特殊工种的劳动者，应当依法招用持相应工种职业资格证书的人员；招用未持相应工种职业资格证书人员的，须组织其在上岗前参加专门培训，使其取得职业资格证书后方可上岗。

5. 就业登记和失业登记

对劳动者来讲，办理就业登记可以进一步规范用人单位招用人员行为，建立合法的劳动关系，全面落实劳动保障政策，切实维护劳动者的合法权益；对用人单位来讲，通过就业登记制度的建立，可以制约劳动者随意跳槽的行为，保证员工队伍的相对稳定；对政府来讲，通过就业登记严格界定劳动者就业和非就业状态，有利于消除隐性就业现象，进一步完善就业统计工作，及时准确地掌握区域内劳动者就业与失业的全面情况，强化就业宏观调控，建立城乡统一的劳动力市场和城乡劳动者平等的就业制度。

失业登记是在法定劳动年龄内，有劳动能力且有就业要求的城镇失业人员应当进行失业登记。进行失业登记时，没有就业经历的失业人员，需持本人身份证和证明原身份的有关证明；有就业经历的失业人员，还需持原单位出具的终止或者解除劳动关系证明。失业人员凭失业登记证明享受公共就业服务、就业扶持政策或按规定申领失业保险金。

劳动者被用人单位招用的，由用人单位为劳动者办理就业登记。用人单位招用劳动者和与劳动者终止或解除劳动合同关系，应当到当地公共就业服务机构备案，为劳动者办理就业登记手续。用人单位招用人员后，应当于录用之日起 30 日内办理登记手续；用人单位与职工终止或者解除劳动合同关系后，应当于 15 日内办理登记手续。

（1）失业登记人员的范围：①年满 16 周岁，从各类学校毕业、肄业的；②从企业、机关、事业单位等各类用人单位失业的；③个体工商户业主或私营企业业主停业、破产停止经营的；④承包土地被征用，符合当地规定条件的；⑤军人退出现役、且未纳入国家统一安置的；⑥刑满释放、假释、监外执行；⑦各地确定的其他失业人员。登记失业人员凭借失业登记证享受公共就业服务和就业扶持政策，其中符合条件的，按规定领取失业保险金。

（2）登记失业人员出现下列情形之一的，由公共就业服务机构注销其失业登记：①被用人单位录用的；②从事个体经营或创办企业，并领取工商营业执照的；③已从事有稳定收入的劳动，并且月收入不低于当地最低工资标准的；④已享受基本养老保险待遇的；⑤完全丧失劳动能力的；⑥入学、服兵役、移居境外的；⑦被判刑收监执行或被劳动教养的；⑧终止就业要求或拒绝接受公共就业服务的；⑨连续 6 个月未与公共就业服务机构联系的；⑩已进行就业登记的其他人员或各地规定的其他情形。

6. 就业禁止

2002 年 10 月 1 日发布的《禁止使用童工规定》第二条规定：国家机关、社会团体、企事业单位、民办非企业单位或者个体工商户（统称用人单位）均不得招用不满 16 周岁的未成年人（招用不满 16 周岁的未成年人，统称使用童工）。同时，法律禁止任何单位或个人为不满 16 周岁的未成年人介绍就业。用人单位使用童工的，由劳动保障行政部门按照每使用一名童工每月处 5000 元罚款的标准予以处罚；在使用有毒物品作业场所使用童工的，按照《使用有毒物品作业场所劳动保护条例》规定的罚款幅度，或者按照每使用一名童工每月处罚款 5000 元的标准，从重处罚。单位或者个人为不满 16 周岁的未成年人介绍就业的，由劳动保障行政部门按照每介绍一人处 5000 元罚款的标准给予处罚，职业介绍机构为不满 16 周岁的未成年人介绍就业的，并由劳动保障行政部门吊销其职业介绍许可证。

《禁止使用童工规定》第十三条第一款规定：文艺、体育系统经未成年人的父母或其他监护人同意，可以招用不满 16 周岁的专业文艺工作者、运动员。第十三条第二款规定：学校、其他教育行政机构以及职业培训机构按照国家规定组织不满 16 周岁的未成年人进行不影响其人身安全和身心健康的教育实践活动、职业技能培训，不属于使用童工。《劳动法》第十五条规定：文艺、体育和特种工艺单位招用未满十六周岁的未成年人，必须依照国家有关规定，并保障其接受义务教育的权利。

四、 大学生求职应当注意的几个问题

从我国的就业形势和当前大学生的实际情况来分析，要较好地解决目前的

就业问题，一方面需要国家和社会为大学生就业、创业创造良好的条件和环境，另一方面也需要同学们树立正确的择业观，改变旧的传统的就业观念，努力实现"抢饭碗""等饭碗"和"造饭碗"并重，多渠道、多层次、全方位就业。

（一）明眼分辨招聘陷阱

由于我国劳动力人才市场发展迅速，对其完全规范还有待时日，各种招聘会又良莠不齐，所以毕业生需要注意可能遇到的招聘陷阱。

1. 远离非法职介。非法职介曾经一度泛滥，经过有关部门的大力整治，近几年情况大有好转，但是我们仍然需要警惕改头换面的非法职介。非法职介的一般特点是宣称就业岗位好、待遇高，当求职者急不可耐的要求签约时，却被告知要缴纳"培训费""保证金"等各种费用，结果当然是竹篮打水一场空，不仅钱财被骗，更耽误了就业的大好时机。一般来说，在这种情况下，求职者一定要确认职介机构是否有劳动保障部门颁发的职业介绍许可证，如果没有职业介绍许可证的就是非法职介，应及时向有关部门反映，以维护自己的权益。

2. 不要被表面现象迷住了眼睛。有一个很有名的小测试：如果你有选择国家领导人的机会，你会选谁？一个是酒鬼、烟鬼，有婚外情，和不诚实的政客往来密切；另一个是授过勋的战斗英雄、素食主义者，不抽烟、不酗酒，忠实于自己的妻子，从无婚外情。相信大家都会选择后面一个，其实第一个是罗斯福，第二个是阿道夫·希特勒。这种事情也会发生在择业过程中，济南某高校毕业生艾雯在学校举行的招聘会上看到一家报社招聘"编辑和记者"，想到自己虽然不是中文专业，但是平时也喜欢舞文弄墨，于是就递上了简历。不久她接到了面试通知，在面试时才发现所谓的报社只是一家广告公司，代理几家报社的版面做广告宣传，编辑和记者的主要任务也是拉业务。小艾向经理提出，自己只做文字工作不去拉业务。上班以后，艾雯才发现，公司的所有人员都是"编辑和记者"，自己不拉业务，根本无事可做。所谓的文字工作也不需要自己去做，就是几句简单的广告。微薄的收入根本就不能保证日常的生活，在度过了两个月的痛苦生活后，艾雯又加入了茫茫求职大军的行列。所以，同学们在求职的时候,一定不要被职位名称迷住了眼睛。"经理助理""市场总监""业务代表""艺术总监",谁又能知道它们的真正内涵,下定决心之前,大家首先要弄清楚公司的真正规模和应聘职位的实际内容。

3. 脚踏实地,不要被口头支票诱惑。小王是某学院设计类专业毕业生,在学习期间担任学生会主席,工作能力强。实习期间成绩显著,深得公司老总赏识,前途一片光明。后来他被一家小公司挖走,小公司的承诺是年薪 20 万,负责公司质检工作。双方相谈甚欢,小王甚至连合同都没有签就跳槽了。可是眨眼半年就过去了,小公司一点动静也没有,本想大干一场的小王多次找公司领导商谈工作事宜,也没有任何回音,公司给的报酬也与承诺相差甚远。

(二)远离传销毒瘤

根据《禁止传销条例》规定:传销是指组织者或者经营者发展人员,通过对被发展人员以其直接或者间接发展的人员数量或者销售业绩为依据计算和给付报酬,或者要求被发展人员以交纳一定费用为条件取得加入资格等方式牟取非法利益,扰乱经济秩序,影响社会稳定的行为。

近年来,在校大学生、毕业生已经成为传销组织发展的重点对象,有的传销组织甚至在高校周边安营扎寨,严重影响了学校的教学和安全稳定。在媒体多次揭露的传销受害人群中,大学生占了相当大的比例,大学生受害案件层出不穷,个别学生上当受骗,被传销组织非法控制,深陷传销泥潭不能自拔,甚至生命安全受到威胁。2014 年 7 月,西安临潼警方联合工商部门对分局华清、火车站、骊山、秦陵、斜口派出所辖区的传销窝点进行了集中清理,此次行动共清理传销窝点 55 处,抓获参与传销人员 418 名,其中大学生占四成。2017 年 5 月,23 岁的东北大学毕业生李文星通过某招聘 App,前往天津静海入职并落入传销骗局,直至有人在一处水坑里发现他的尸体。2017 年 8 月 4 日《中国青年报》刊发记者卧底手记:传销组织中大学生占比达 80%。这些现象值得我们深思:非法传销何来如此"魅力",让大学生沉醉其中?我们又应该如何来分辨非法传销呢?根据《禁止传销条例》规定,以下行为属于非法传销行为:

（一）组织者或者经营者通过发展人员，要求被发展人员发展其他人员加入，对发展的人员以其直接或者间接滚动发展的人员数量为依据计算和给付报酬（包括物质奖励和其他经济利益，下同），牟取非法利益的；（二）组织者或者经营者通过发展人员，要求被发展人员交纳费用或者以认购商品等方式变相交纳费用，取得加入或者发展其他人员加入的资格，牟取非法利益的；（三）组织者或者经营者通过发展人员，要求被发展人员发展其他人员加入，形成上下线关系，并以下线的销售业绩为依据计算和给付上线报酬，牟取非法利益的。

大学生之所以屡屡陷入传销的陷阱，是由于大学生自身的弱点和非法传销的特点所决定的。一方面大学生接触社会面窄，对生活的期望值高而又缺乏脚踏实地的实干精神，不同程度的存在社会责任感缺乏、艰苦奋斗精神淡化的问题，想通过捷径走上富裕之路，于是被宣传一夜暴富的非法传销组织所蒙骗。另一方面在就业压力下，学校传统的授业解惑角色面临尴尬，学生的社会实习、顶岗实习越来越早、越来越长，甚至出现"创业休学"这样鼓励学生就业的教育制度，自身角色走向了另一个极端，千方百计地把学生推销出去，不管学生的职业能力是否充足，择业技能是否完备，只是为了取得漂亮的就业率。另外非法传销组织精心设计了一个布满鲜花的陷阱。第一步，同乡好友以介绍工作为名，将人骗来；第二步，业务培训，编造一夜暴富的美梦；第三步，缴纳费用，如果自己没有，就向家人讨要；第四步，诱骗亲人、朋友和同学，形成恶性循环。非法传销没有别的生财之路，最好的也是唯一的办法就是发展更多的下线，也就是去欺骗更多的同学、朋友和亲人。

（三）如何规避求职过程中的各种问题

1. 参加正规的招聘会。大学生要尽量参加由政府部门和学校组织的各种招聘会，这些招聘会的用人单位都是经过了严格审查的，相对来说比较正规，避免了虚设招聘岗位甚至蒙骗学生的现象。

2. 学习掌握法律法规，学会保护自己。用人单位在招聘过程中是不允许向大学生收费的，千万不要因为工作难找而轻易掏钱；必要的费用一定要向用人单位索要发票，并妥善保管，以便出现问题时能够维护自己的合法权益；求职受到伤害时，要学会搜集、并保留证据，依法维权，减少损失；人身安全受到危险的紧急、特殊情况时，首先想方设法报警，及时向老师和学校反映，待危险解除后，再追究相关单位和个人的法律责任，并依法获取合理赔偿。

3. 注意保护个人信息。大学生在求职特别是网络求职的过程中，不要轻易泄露个人信息（如身份证号码、家庭地址、家庭成员信息等）。如个人信息不慎泄露，接到陌生电话、短信和邮件时，要及时采取措施，以免遭受更多骚扰和损失。

4. 学校应当加强就业指导。一方面，向在校大学生开设就业指导课，教会大学生基本的求职常识；另一方面，加大对用人单位的考核力度，条件允许的话，应当实地考察用人单位。

总而言之，大学生就业是关系到每个大学生切身利益的大事，也是社会各界关注的热点问题之一，大学生要树立正确、全面的择业观，认清当前的就业形势和发展趋势，客观公正地评价自己，努力找到一个适合自己的工作，在人生的征途上越走越好。

第二章 劳动合同

一、劳动合同概述

（一）我国劳动用工制度发展概述

在传统的计划经济体制下，我国国有企业实行的是"统包统配"的就业制度与"一次分配定终身"的固定用工形式。改革开放以后，随着计划经济向市场经济的转变，我国开始对计划经济体制下的固定用工制度进行改革。1986 年 7 月 12 日国务院颁布了《国营企业实行劳动合同制暂行规定》，决定在国营企业中新招收的职工中实行劳动合同制，开始打破劳动用工制度的"坚冰"。1995 年 1 月 1 日生效的《中华人民共和国劳动法》（先后于 2009 年和 2018 年两次作出修订），将劳动合同制度作为法定的用工制度，其规定适用于不同所有制的用人单位，劳动者也从新招用的职工扩大到所有劳动者，不区分固定工和临时工。实践证明，《劳动法》确立的劳动合同制度，对于破除传统计划经济体制下行政分配的用工制度，建立与社会主义市场经济体制相适应的用人单位与劳动者双向选择的用工制度，实现劳动力资源的市场配置、促进劳动力的合理流动，发挥了积极的作用。但是随着我国市场经济制度的建立、发展和完善，劳动用工制度日益多样化，劳动关系发生了巨大的变化，新型的劳动关系如非全日制用工、劳务派遣等日益频繁。同时，在劳动合同的履行过程中也出现了诸多问题，例如用人单位不与劳动者签订劳动合同、劳动合同短期化、滥用试用期等，侵害了劳动者的合法权益，破坏了正常的劳动关系，不仅损害了劳动者的利益，也给社会和谐埋下了隐患，因此有必要进一步完善劳动合同制度。2007 年 6 月 29 日，第十届全国人大常务委员会第二十八次会议审议通过了《中华人民共和国劳动合同法》（以下简称《劳动合同法》）。《劳动合同法》既全面考虑了我国劳动体制改革的经验，又充分参考和借鉴了国际上劳动立法的经验，进一步规范了劳动合同的订立、履行、变更、解除等行为，明确了劳动合同双方当事人的权利和义务。为了适应不断发展的时代要求，2012 年 12 月 28 日第十一届全国人民代表大会常务委员会第三十次会议对《劳动合同法》进行了修正，这对于预防和减少劳动争议的发生，建立稳定和谐的劳动关系，促进改革、发展经济，稳定社会具有重要的意义。

（二）劳动合同概念和特征

劳动合同又叫"劳动契约"，是劳动者与用人单位之间确立劳动关系，明确双方的权利和义务，保护用人单位和劳动者的合法权益，构建和谐稳定的劳动关系的协议。根据协议，劳动者加入某一用人单位，承担某一工作和任务，遵守用人单位内部的劳动规则和其他规章制度。用人单位有义务按照劳动者的劳动数量和质量支付劳动报酬，并根据劳动法律、法规和双方的协议，提供各种劳动条件，保证劳动者享受本单位成员的各种权利和福利待遇。

劳动合同作为合同的一种，具有一般合同的基本特征。首先，劳动合同是合法的法律行为，是能够引起法律关系产生、变更和消灭的有意识的活动。通过这种意思表示，当事人产生一定的权利义务关系。其次，劳动合同以在当事人之间产生权利义务为目的。合同一旦依法成立，对当事人有约束力的权利义务关系就建立起来了，任何一方当事人都必须履行自己所应履行的义务，如果不履行合同规定的义务，就是违反合同，就要承担对自己不利的法律后果。最后，合同是当事人双方或者多方的意思表示，是当事人之间的协议。具体表现为：合同的成立，必须有双方或者双方以上的当事人；当事人必须相互意思表示；当事人的意思表示必须一致。

劳动合同除了具有合同的一般特征外，还具有本身的法律特征：第一，劳动合同是建立劳动关系的一种法律形式，以合同的形式确立了劳动者与用人单位的权利和义务。第二，劳动合同当事人中，一方必须是具有劳动权利能力和劳动行为能力的公民劳动者，另一方必须是用人单位。劳动合同的当事人之间存在着职业上的隶属关系，即作为劳动合同一方当事人的劳动者，在订立劳动合同后，成为另一方用人单位的一员，用人单位有权力指派劳动者完成劳动合同规定的属于劳动者职能范围内的任何任务。这种职业上的从属关系，是劳动合同区别于其他合同的主要特点之一。第三，劳动合同双方当事人的权利和义务是统一的，即双方当事人既是劳动权利主体，又是劳动义务主体。根据签订的劳动合同，劳动者有义务完成工作任务，遵守本单位内部的劳动规则，用人单位有义务按照劳动者劳动数量和质量支付劳动报酬。劳动者有权享受法律、法规及劳动合同规定的劳动保险和生活福利待遇，用人单位也有权在协商一致或法定条件成就时解除劳动合同，用人单位有义务提供劳动法律、法规及劳动合同规定的劳动保护条件等。第四，劳动合同的订立、变更、终止和解除，必须按照国家劳动法律、法规的规定进行。

（三）劳动合同的分类

劳动合同按照不同的标准，可以有很多分类，大多数的分类是为了便于理解劳动合同，在实际生活中意义不是很大，这里简单谈几种。

首先，按照用工方式划分，可以分为录用合同、聘用合同和借调合同。录用合同是用人单位和被录用者确定劳动关系，明确双方的权利义务的协议。聘用合同在本质上同录用合同是一致的，只不过是这种合同一般用于聘用一些有技术专业特长的劳动者，例如企业法律顾问等。借调合同是指借用单位、被借用单位与借调职工三者之间为明确三方的权利和义务签订的协议。协议的内容一般应当包括职工的工资、福利、保险以及技术资料的保密等条款。合同的特点是有三方的参与，有利于技术的互通有无和职工的余缺调剂。

其次，按照劳动者人数划分，可以分为集体合同和个人合同。集体合同是指工会代表员工与用人单位之间签订的以劳动报酬、工作时间、劳动安全卫生、保险、福利为主要内容的书面协议。个人合同即狭义的劳动合同，也就是我们生活中常说的劳动合同，是指一个劳动者与用人单位建立劳动关系时，为明确双方的权利与义务而签订的协议。

再次，按照合同的期限可以分为固定期限劳动合同、无固定期限劳动合同和以完成一定工作任务为期限的劳动合同，这也是最常见的分类标准。

二、 劳动合同制度

（一）《劳动合同法》的适用范围

《劳动合同法》第二条规定了该法的适用范围为与劳动者建立劳动关系，订立、履行、变更、解除或者终止劳动合同的用人单位，包括以下四种类型：（1）中国境内的企业；（2）个体经济组织；（3）民办非企业单位；（4）与劳动者建立劳动关系的国家机关、事业单位和社会团体。与《劳动法》相比，《劳动合同法》增加了民办非企业单位，什么是民办非企业单位呢？所谓的民办非企业单位，根据国务院颁布的《民办非企业单位登记管理暂行条例》（国务院令第251号）规定，它是指企业、事业单位、社会团体和其他社会力量以及公民个人利用非国有资产举办的，从事非营利性活动的社会组织。在我国现行体制下，民办非企业单位和社会团体、基金会一样，其实质均为民间组织的一种形式。作为民间组织的民办非企业单位与其聘用的员工建立劳动关系后，必须依照《劳动合同法》的规定签订劳动合同。总而言之，不管是国家机关还是事业单位，不管是以营利为目的的企业、个体经济组织，还是以非营利为目的的社会团体、民办非企业单位，只要与劳动者建立了劳动关系，就应当签订劳动合同，而只要签订劳动合同，就要依照《劳动合同法》执行。

链接：

王某今年45岁，自从2000年下岗后经人介绍在财政局做保洁工作，没有和财政局签订劳动合同，每月工资900元，2007年11月被辞退。按照《劳动法》的有关规定，因为王某没有和财政局签订劳动合同，也就没有与财政局建立劳动关系，所以是不能得到经济补偿金的。但是，如果本案发生在2008年1月1日以后，根据《劳动合同法》第二条规定：国家机关、事业单位、社会团体和与其建立劳动关系的劳动者，订立、履行、变更、解除或者终止劳动合同依照本法执行。王某与财政局是建立劳动关系的，被辞退应该得到经济补偿金。

（二）劳动合同的订立时间

这里是指狭义的劳动合同。用人单位自用工之日起即与劳动者建立劳动关系。《劳动合同法》明确规定用人单位应当建立职工名册备查。要求用人单位建立职工名册备查目的是为了解决劳动者在发生劳动纠纷时举证困难、难以证明双方劳动关系的存续情况，有了这个规定，发生纠纷时用人单位就负有举证义务了。

《劳动合同法》第十条规定：建立劳动关系，应当订立书面劳动合同。已经建立劳动关系，尚未订立劳动合同的，应当自用工之日起一个月内订立劳动合同。这是强制性条款，单位在建立劳动关系之日起应该在"一个月"内订立劳动合同，实际上是有限度地放宽了订立劳动合同的时间要求。已经建立劳动关系，未同时订立劳动合同的，如果在建立劳动关系一个月内订立书面劳动合同，是法律所允许的，用人单位不违法。反之，如果用人单位自用工之日起一个月内未与劳动者订立书面劳动合同，则应当承担不利于用人单位的法律后果。具体规定为：用人单位自用工之日起超过一个月不满一年未与劳动者订立书面劳动合同的，应当依照《劳动合同法》第八十二条的规定向劳动者每月支付两倍的工资，并与劳动者补订书面劳动合同；劳动者不与用人单位订立书面劳动合同的，用人单位应当书面通知劳动者终止劳动关系，并依照劳动合同法第四十七条的规定支付经济补偿。用人单位自用工之日起满一年未与劳动者订立书面劳动合同的，自用工之日起满一个月的次日至满一年的前一日应当依照《劳动合同法》第八十二条的规定向劳动者每月支付两倍的工资，并视为自用工之日起满一年的当日已经与劳动者订立无固定期限劳动合同，应当立即与劳动者补订书面劳动合同。这是对用人单位的严厉的行政处罚措施，是《劳动合同法》一大亮点，《劳动合同法》也因此有更强、更实用的操作性。

链接：

签署三方协议不等于建立劳动关系。2012 年 12 月 13 日，某跨国公司开始到全国各地高校进行校园招聘。12 月 21 日，南京某重点高校毕业生吕某与该公司签署了三方就业协议，该三方就业协议明确规定，吕某毕业后到该公司位于天津的子公司工作，否则就要承担相应的违约金。2013 年 7 月 12 日，吕某到该公司位于北京的总公司报到，进行入职前的岗位培训，8 月 14 日到天津分公司正式上班。2013 年 9 月 8 日，公司与吕某签订了为期三年的书面劳动合同，时间是 2013 年 9 月 8 日到 2016 年 9 月 7 日。因此吕某与公司建立劳动关系的时间为 2013 年 9 月 8 日而不是 2012 年 12 月 21 日。

（三）签订劳动合同的有关原则

根据《劳动法》和《劳动合同法》的有关规定，在签订劳动合同过程中，应坚持以下原则：

1. 合法原则。签订合同的双方当事人主体合法、内容合法。一是当事人双方具备合法的主体资格；二是条款完备，双方权利义务明确；三是内容不违反国家的法律法规。

2. 平等自愿、协商一致的原则。平等是指当事人在签订劳动合同时法律地位平等，合同的主要条款要通过双方协商一致；自愿是指劳动合同的订立、变更和终止，均出于双方当事人的自愿，任何一方不得强制对方接受某种条款，第三人也不得干涉。平等是自愿的前提，没有平等就会影响合同的真实性。

3. 告知原则。《中华人民共和国职业病防治法》（以下简称《职业病防治法》）第三十三条明确规定：用人单位与劳动者订立劳动合同（含聘用合同），应当将工作过程中可能产生的职业病危害及其后果、职业病防护措施和待遇等如实告知劳动者，并在劳动合同中写明，不得隐瞒或者欺骗。

4. 公平、诚实信用原则。比如应聘的简历应当实事求是，不能弄虚作假。

链接：

小孙大学毕业已经三年，毕业后没有正式就业，三天打鱼两天晒网。最近想从事互联网方面的工作。但是在求职的大军中，他发现没有实际工作经验却成了自己的"不能承受之重"，通过几次应聘失败才明白，实际工作经验不是"优先"而是"必须"，于是就谎称自己在某互联网公司工作过两年，并伪造了劳动合同，才获得了某公司一个属于自己的职位。半年过去了，小孙基本适应了工作，得到了部门经理的认可，但是在公司人力资源部的例行审查中，发现小孙的部分资料是伪造的，于是公司做出了辞退他的决定。为了避免此种问题，用人单位招聘时应该认真审核员工资料，必要的时候还可以进行适当的调查，同时面试的时候，多设计相关的问题了解简历的真实性，采取签订诚信声明书的形式。

（四）劳动合同的基本条款

劳动合同一般由必备条款和补充条款组成。

劳动合同的必备条款包括：用人单位的名称、住所和法定代表人或者主要负责人；劳动者的姓名、住址和居民身份证或者其他有效身份证件号码；劳动合同期限；工作内容和工作地点；工作时间和休息休假；劳动报酬；社会保险；劳动保护、劳动条件和职业危害防护；法律、法规规定应当纳入劳动合同的其他事项。

1. 用人单位的名称、住所和法定代表人或主要负责人。为了明确劳动合同中用人单位一方的主体资格，确定劳动合同的当事人，劳动合同中必须具备这一项内容。

2. 劳动者的姓名、住址和居民身份证或者其他有效证件号码。为了明确劳动合同中劳动者一方的主体资格，确定劳动合同的当事人，劳动合同中必须具备这一内容。

3. 劳动合同期限

劳动合同的期限，是指双方当事人约定合同有效的时间，在合同有效期内双方当事人必须自觉履行合同的内容，合同期限届满即劳动合同终止。劳动合同的期限一般分为有固定期限、无固定期限和以完成一定的工作为期限。

劳动合同期限是双方当事人互相享有权利和履行义务的界限。劳动合同期限与劳动者的工作岗位、内容、劳动报酬等有密切关系，更与劳动关系的稳定和谐密切相关，合同期限不明确则无法确定合同何时可以终止，如何给付劳动报酬、经济补偿等，容易引发争议。这里需要注意的问题是，在签订劳动合同的过程中，用人单位和劳动者可以就劳动合同的期限进行协商，但是当职工与企业在合同期限上协商不一致时，职工既不按照有关规定执行，又拒绝签订劳动合同的，可参照《劳动部办公厅关于固定工签订劳动合同有关问题的复函》规定执行：对拒绝签订劳动合同的但仍要求保持劳动关系的职工，用人单位可以在规定的劳动合同期满后，与职工解除劳动关系，并办理有关手续。

（1）有固定期限的劳动合同

即明确规定合同的有效期限。有效期限可以是长期的，也可以是短期的。长期一般在 5 年以上，短期的一般为 2－3 年。合同期限未满一般不能解除劳动合同，双方当事人必须遵守合同的期限。

（2）无固定期限的劳动合同

即劳动合同不规定具体的期限，合同有开始履行的时间，没有规定终止时间，通常表现为终身合同。据不完全统计，我国劳动合同期限中有固定期限合同占整个劳动合同的 70% 以上，其中又以短期合同为主，三年以下的占 80% 左右，其中一年期劳动合同非常普遍。签订无固定期限的仅占 20% 左右，且多集中在国有企业，非国有企业只有 3% 左右。这种状况与西方发达国家正好相反，对构建和谐劳资关系，维护社会的稳定都十分不利。

在什么情况下可以签署无固定期限的劳动合同呢？《劳动法》第二十条第二款规定：劳动者在同一用人单位连续工作十年以上，当事人双方同意延续劳动合同的，如果劳动者提出订立无固定期限的劳动合同的，应当订立无固定期限的劳动合同。《劳动合同法》第十四条规定，用人单位与劳动者协商一致，可以订立无固定期限劳动合同。有下列情形之一，劳动者提出或者同意续订、订立劳动合同的，除劳动者提出订立固定期限劳动合同外，应当订立无固定期限劳动合同：（一）劳动者在该用人单位连续工作满十年的；（二）用人单位初次实行劳动合同制度或者国有企业改制重新订立劳动合同时，劳动者在该用人单位连续工作满十年且距法定退休年龄不足十年；（三）连续订立二次固定期限劳动合同，且劳动者没有本法第三十九条和第四十条第一项、第二项规定的情形，续订劳动合同的。根据此条之规定，用人单位在与劳动者签订一次固定劳动合同后，再次签订固定期限的劳动合同时，就意味着下一次只要劳动者提出或者同意续订劳动合同，如无特殊情况，就必须签订无固定期限的劳动合同。在这样的压力下，很多企业为了避免签署无固定期限的劳动合同，但同时又能够保持劳动力的稳定性，防止因频繁更换劳动力所带来的不便，就会相应的延长每一次固定劳动合同的期限，从而使合同短期化的现象有所改变。但是也有人认为，此项规定限制了用人单位的用工自主权，使劳资关系发生了微妙的变化，甚至有人武断地认为，无固定期限的劳动合同是"铁饭碗""终身制"，合同一经签订就不能解除，因此员工把它视为护身符，千方百计要与用人单位签订无固定期限的劳动合同。另一方面，用人单位则将无固定期限劳动合同视为"终身包袱"，认为将会使劳动力成本大大提升，不利于企业的发展，想方设法避免和员工签订无固定期限的劳动合同。这种认识是错误的！因为劳动合同是双方当事人协商一致的结果，劳动合同的期限长短，订立次数都由双方协商一致，选择什么样的劳动者，决定权仍然在企业手中。无固定期限的劳动合同也不是终身制，当法律规定的条件出现时，用人单位是完全可以解除劳动合同的，只不过此规定更加体现了以人为本的思想而已。这里还需要注意的是，用人单位自用工之日起满一年不与劳动者订立书面劳动合同的，视为用人单位与劳动者已订立无固定期限劳动合同。虽然视为用人单位与劳动者签订了劳动合同，但是并不表示用人单位已经与劳动者签订了劳动合同。对于这种情况，《劳动合同法》第八十二条第二款又规定：用人单位违反本法规定不与劳动者订立无固定期限劳动合同的，自应当订立无固定期限劳动合同之日起向劳动者每月支付二倍的工资。

在《劳动合同法》实施以后，从用人单位的角度来看，它就会根据本单位的工作性质和工作需要重新评估和选择劳动合同期限。一方面尽量不签订无固定期限的劳动合同，但为能同时保持用工的稳定性，防止因频繁的更换劳动力而加大用工成本，又会延长每一次固定劳动合同的期限，因此中长期劳动合同将逐渐成为劳动合同的主流。

（3）以完成一定的工作为期限的劳动合同

劳动合同的期限是以用人单位完成一定的工作作为合同的终止期限，该合同是以工作完成的时间作为劳动合同届满期限。此种形式的劳动合同，工作内容必须非常清楚。

4. 工作内容和工作地点

工作内容是指从事什么工作岗位，是劳动法律关系所指向的对象。用人单位与劳动者签订工作内容条款时，既要明确工作岗位，又要明确因为企业工作需要服从企业调换工作、工资随岗位的变化而变化等条款。这一条款是劳动合同的核心条款之一，是建立劳动关系的极为重要的因素。它是用人单位使用劳动者的目的，也是劳动者通过自己的劳动取得劳动报酬的缘由。劳动合同的工作内容条款应当规定的明确具体。如果不明确不具体的话，用人单位将可以自由支配劳动者，随意调整劳动者的工作岗位，难以发挥劳动者的特长，也很难明确劳动者的报酬，造成劳动关系的不稳定。工作地点是劳动者的工作环境、生活环境以及劳动者的就业选择，劳动者有权在与用人单位建立劳动关系时知悉自己的工作地点，所以这也是劳动合同必不可少的内容。

根据《劳动合同法》第四十条第三款的规定，劳动合同订立时所依据的客观情况发生重大变化，致使劳动合同无法履行，经用人单位与劳动者协商，未能就变更劳动合同内容达成协议的，用人单位可以通过法定程序解除劳动合同。

大多数的劳动合同，都在合同条款中对工作岗位有明确的规定，但又同时约定根据生产需要，职工应服从企业的安排调整工作岗位。也就是说，双方当事人在履行合同的过程中，只要是生产需要调整职工的工作岗位，职工都要服从，如果职工不服从，企业有权按照法定程序解除职工的劳动合同。这是因为，劳动合同一旦签订，职工与企业就是一种隶属的关系，企业就可以指挥职工生产。

链接：

2012年8月，小李进入一家网络公司从事设计工作，网络公司和小李签订了劳动合同，工作内容是从事平面设计，同时又约定，公司在市场发生变化的时候，可以调整小李的岗位。2015年6月，因为市场竞争激烈，公司决定裁减部分设计人员充实市场部，加大市场开发的力度。小李认为自己性格内向，不适合从事市场工作，坚持不到市场部上班，于是公司根据法定程序，解除了和小李的劳动合同。

5. 工作时间和休息休假

（1）工作时间

工作时间是指劳动者在企业、事业、机关、团体等单位中，必须用来完成其所负担的工作任务的时间，一般由法律规定劳动者在一定时间内（工作日、工作周）应该完成的任务，以保证最有效的利用工作时间，不断地提高工作效率。工作时间是消耗劳动的时间，是劳动的自然尺度。工作时间是化为劳动存在的方式，在任何时候都是社会财富的源泉，充分合理地利用工作时间就是增加社会财富的一个重要手段。工作时间问题包括工作时间的长短、工作时间方式的确定等，如是8小时工作制还是6小时工作制，是日班还是夜班，是正常工时还是不定时工作制等。《劳动法》第三十六条规定：国家实行劳动者每日工作不超过八小时，平均每周工作时间不超过四十四小时的工时制度。工作时间的不同，对劳动者的就业选择、劳动报酬等均有影响，因此成为劳动合同不可或缺的内容。

（2）休息休假

休息休假是指企业、事业、机关、团体等单位的劳动者按照规定不必进行工作，而自行支配的时间。休息休假是每个国家的公民都应享受的权利。《劳动法》第三十八条规定：用人单位应当保证劳动者每周至少休息一日。用人单位与劳动者在约定休息休假事项时应遵守《劳动法》及相关法律的规定。休息休假包括公休日、法定的节假日和带薪年休假制度。

公休日。根据《国务院关于职工工作时间的规定》，国家机关、事业单位实行统一的工作时间，星期六和星期日为周休日。企业和不能实行前款规定的统一工作时间的事业单位，可根据实际情况灵活安排周休息日。

法定节假日。这是指由国家统一规定的用以开展纪念、庆祝活动日时间。这些节假日的制定一般从四个方面来考虑：一是政治性节日，二是民族性节日，三是文化性节日，四是宗教性节日。根据《全国年节及纪念日放假办法》的规定，属于全体公民放假的节日及纪念日：

元旦，放假1天（1月1日）；

春节，放假3天（农历除夕、正月初一、正月初二）；

清明节，放假1天（农历清明当日）；

劳动节，放假1天（5月1日）；

端午节，放假1天（农历端午当日）；

中秋节，放假1天（农历中秋当日）；

国庆节，放假3天（10月1日、2日、3日）。

属于部分公民放假的节日及纪念日：

妇女节（3月8日），妇女放假半天；

青年节（5月4日），14周岁以上的青年放假半天；

儿童节（6月1日），不满14周岁的少年儿童放假1天；

中国人民解放军建军纪念日（8月1日），现役军人放假半天。

《全国年节及纪念日放假办法》第六条规定：全体公民放假的假日，如果适逢星期六、星期日，应当在工作日补假。部分公民放假的假日，如果适逢星期六、星期日，则不补假。

6. 劳动报酬

劳动合同中的劳动报酬，是指劳动者与用人单位确定劳动关系以后，因提供了劳动而取得的报酬。劳动报酬是满足劳动者及其家庭成员物质文化生活需要的主要来源，也是劳动者付出劳动后的回报。劳动报酬主要有以下几个内容：

（1）用人单位的工资水平、工资分配制度、工资标准和工资分配形式。用人单位与劳动者约定工资有以下几种常见的方法：最低工资约定法、工资全额约定法、实得工资法、基本工资法（正常工作时间工资）和基本工资加绩效工资法。企业最常用的方法是基本工资法和基本工资加绩效工资法，同时在约定的时候，注意岗变薪变、绩效考核和企业经营效益与工资的关系。（2）工资支付的办法。（3）加班加点工资及津贴、补贴标准和奖金分配办法。（4）工资调整办法。（5）试用期及病假、事假期间的工资待遇。（6）特殊情况下职工工资（生活费）支付办法等。

链接：劳动报酬约定不明确纠纷多

小吴毕业于江苏某职业学院材料化学专业，2009年6月与扬州某公司达成意向，准备签订劳动合同。在协商过程中，公司表示，近一段时间以来市场低迷，企业经营陷入困难，经济效益不稳定，工资可以确定发放日期，但是不能确定数额标准。小吴认为，一方面企业困难是暂时的，另一方面企业有困难，员工共同分担也是应该的。双方签订了劳动合同，在合同中约定：工资根据企业的效益而定。2009年8月，小吴开始上班，工作相当努力。从8月开始，连续四个月，企业都以效益不好为由，每月只发给小吴1300元工资，同岗位的其他同事工资一般在3500—4000元之间，小吴感到不合理，向人力资源部长反映此事。部长认为，双方在合同中已明确表示工资不能确定数额标准，企业无违法之处。那么，劳动报酬条款约定不明确该如何处理呢？根据《劳动合同法》第十八条规定，劳动合同对劳动报酬等标准约定不明确引发争议的，用人单位与劳动者可以重新协商；协商不成的，适用集体合同的规定；没有集体合同或者集体合同未规定劳动报酬的，实行同工同酬；没有集体合同或者集体合同未规定劳动条件等标准的，适用国家规定。小吴在协商无果的情况下，提起劳动争议仲裁，劳动仲裁支持了小吴的请求。

7. 社会保险

社会保险是政府通过立法强制实施，由劳动者、劳动者所在的工作单位以及国家三方面共同筹资，帮助劳动者及其亲属在遇到年老、疾病、工伤、生育、失业等风险时，防止收入的中断、减少和丧失，以保障其基本生活需求的社会保障制度。社会保险由国家成立的专门性机构进行基金的筹集、管理和发放，不以盈利为目的，一般包括医疗保险、养老保险、失业保险、工伤保险和生育保险，即通常所说的五大保险。社会保险强调劳动者、用人单位以及国家三方共同筹资，体现了国家和社会对劳动者提供基本的生活保障的责任。劳动者所在用人单位的缴费，避免了保险资金来源渠道的单一，增加了社会保险制度的保险系数。鉴于社会保险的强制性，所以它是劳动合同的必备条款。

8. 劳动保护、劳动条件和职业危害防护

（1）劳动保护

劳动保护是指国家和单位为保护劳动者在劳动生产过程中的安全和健康所采取的立法、组织和技术措施的总称，即根据国家法律、法规，依靠技术进步和科学管理，采取组织措施和技术措施，消除危及人身安全健康的不良条件和行为，防止事故和职业病，保护劳动者在劳动过程中的安全与健康。在劳动生产过程中，存在着各种不安全、不卫生的因素，如果不采取各种措施加以保护，将会发生各种事故。如矿井作业可能发生瓦斯爆炸、水灾等事故，建筑施工可能发生高空坠落、坍塌等意外伤害。国家为了保障劳动者的身体安全和生命健康，通过制定相应的法律和行政法规，规定劳动保护，用人单位也必须根据自身的具体情况，制定相应的劳动保护规则，以保护劳动者的健康和安全。

（2）劳动条件

所谓的劳动条件，主要是指用人单位为使劳动者顺利完成劳动合同约定的工作任务，为劳动者提供必要的物质和技术条件，比如说必要的劳动工具、机械设备、工作场所、劳动经费和技术资料等必不可少的物质、技术和其他条件。

（3）职业危害防护

职业危害是指用人单位的劳动者在职业活动中，因接触职业性有害因素如粉尘、放射性物质等而对生命健康所引起的危害。根据《职业病防治法》第三十条的规定：用人单位与劳动者订立劳动合同（含聘用合同）时，应当将工作过程中可能产生的职业病危害及其后果、职业病防护措施和待遇等如实告知劳动者，并在劳动合同中写明，不得隐瞒或者欺骗。

此外，《职业病防治法》还规定了用人单位在职业病防治中的义务：用人单位应当为劳动者创造符合国家职业卫生标准和卫生要求的工作环境和条件，并采取措施保障劳动者获得职业卫生保护；应当建立、健全职业病防治责任制，加强对职业病防治的管理，提高职业病防治水平，对本单位产生的职业病危害承担责任；必须采用有效的职业病防护措施，并为劳动者提供个人使用的职业病防护用品；应当对劳动者进行上岗前的职业卫生培训和在岗期间的定期职业卫生培训，普及职业卫生知识，督促劳动者遵守职业病防治的法律、法规、规章和操作规程，指导劳动者正确使用职业病防护设备和个人使用的职业病防护用品；用人单位应当按照有关法律、法规的规定严格履行职业危害防护的义务。

补充条款是在签订具体劳动合同时，用人单位和劳动者可根据实际情况，协商约定若干与法律、行政法规、规章制度不相抵触的条款。例如用人单位可以与劳动者约定试用期、培训、保守秘密、补充保险和福利待遇等其他具体事项，使合同更加完善，这些条款就是补充条款。补充条款使合同更具有可操作性。

1. 试用期

用人单位与劳动者可以在合同中就试用期的期限和试用期期间的工资等事项做出约定，前提是不能违反《劳动合同法》对试用期的规定。

劳动合同可以约定试用期，但是试用期最长不得超过六个月，试用期包含在合同期内。

（1）试用期的含义。《劳动部办公厅对〈关于劳动用工管理有关问题的请示〉的复函》第三条规定：试用期是指用人单位和劳动者建立劳动关系后为相互了解、选择而约定的不超过六个月的考察期，试用期包括在合同期内。

（2）试用期的具体期限。《劳动合同法》第十九条规定：劳动合同期限三个月以上不满一年的，试用期不得超过一个月；劳动合同期限一年以上不满三年的，试用期不得超过二个月；三年以上固定期限和无固定期限的劳动合同，试用期不得超过六个月。以完成一定工作任务为期限的劳动合同或者劳动合同期限不满三个月的，不得约定试用期。劳动合同仅约定试用期的，试用期不成立，该期限为劳动合同期限。

链接：

经过初试、复试后，某食品有限公司决定招用陈女士。公司人力资源部负责人对陈女士说："按照公司的规定，凡是新招用的职工要先签订三个月的试用合同，约定每月工资1000元，待试用合格以后再与员工签订正式的劳动合同，每月工资4000元。"陈女士提出签订三年期的劳动合同，公司人力资源部负责人说："只能签订试用合同，试用合格后才能签订劳动合同。"那么实际工作中可以签订试用合同吗？《劳动法》第十六条第二款规定：建立劳动关系应当订立劳动合同。《劳动法》第二十一条规定：劳动合同可以约定试用期。试用期最长不得超过六个月。《劳动合同法》第十九条规定：劳动合同期限三个月以上不满一年的，试用期不得超过一个月；劳动合同期限一年以上不满三年的，试用期不得超过二个月；三年以上固定期限和无固定期限的劳动合同，试用期不得超过六个月。以完成一定工作任务为期限的劳动合同或者劳动合同期限不满三个月的，不得约定试用期。劳动合同仅约定试用期的，试用期不成立，该期限为劳动合同期限。根据上述规定，劳动者和用人单位建立劳动关系，就应当签订劳动合同。试用期是劳动者和用人单位劳动关系的一种表现形式，所以也应当签订劳动合同。劳动者和用人单位双方同意建立劳动关系，用人单位应当在劳动者开始工作之时就与其签订劳动合同，对于新上岗的劳动者，用人单位与劳动者可以约定试用期也可以不约定试用期。如果用人单位与劳动者约定试用期，试用期应在劳动合同中约定。劳动合同是劳动者与用人单位确立劳动关系，明确双方的权利和义务的协议，具有法律约束力。签订劳动合同对用人单位和劳动者都很重要，如果发生劳动争议，在申请劳动争议仲裁时，有利于维护劳动者和用人单位双方的合法权益。食品公司将试用期与劳动合同分隔开来的做法是违法的。

关于续订劳动合同是否要规定试用期的问题，《劳动合同法》第十九条规定：同一用人单位只能约定一次试用期。所以续订劳动合同时，用人单位不应该再和劳动者约定试用期。另外,《劳动合同法》第二十条规定:劳动者在试用期的工资不得低于本单位相同岗位最低档工资或者劳动合同约定工资的百分之八十,并不得低于用人单位所在地的最低工资标准。

试用期作为劳资双方相互了解的阶段,用人单位在设计录用条件时,就显得尤为重要。在设定不符合录用的条件时,一定要尽可能的全面,比如伪造学历、证书、简历、隐藏病史或者受伤经历、达不到工作目标、非因工伤不能提供劳动义务和试用期的违法行为等。录用条件的设计不得违法,除特殊岗位外,不能有性别歧视。当然,作为劳动者来说,认真研读用人单位的录用条件,严格要求自己、诚实守信、积极工作也是非常重要的。

链接:

试用期内用人单位解除劳动合同的条件。王某是一名工程技术人员,2015年3月27日应聘进入一家外资企业(以下简称公司)从事工程设计工作,王某与公司签订的劳动合同时限为4年,双方约定试用期2个月。王某上班后,人力资源部的工作人员安排专门培训,对公司的相关规章制度进行了讲解,并将王某的岗位职责、标准和试用期考核的相关要求进行了详细的说明,王某表示已经知晓。根据公司的规定,在试用期满前5天对新入职员工进行考核,王某得分76分,没有达到80分的及格线。公司于2015年5月26日解除了和王某的劳动合同,理由是王某在试用期内不符合录用条件。王某认为自己在两个月的试用期内,工作认真负责,做好了职责内的工作,不存在不符合录用条件的情况,认为公司的做法不合适,损害了自己的利益,在与公司协商不成的情况下,向公司所在地的劳动争议仲裁委员会申请了劳动仲裁,要求恢复与公司的劳动关系。劳动争议委员会经过审理认为,公司明确要求试用期要进行考核,王某考试成绩不合格,公司有充分的证据证明王某不符合岗位的录用条件,因此,公司在试用期内解除与王某的劳动合同是合法的,对于王某的仲裁请求不予支持。

2. 培训

培训是按照职业或者工作岗位对劳动者提出的要求,以开发和提高劳动者的职业技能为目的的教育和训练过程。

《劳动法》第六十八条规定：用人单位应当建立职业培训制度，按照国家规定提取和使用职业培训经费，根据本单位实际，有计划地对劳动者进行职业培训。

培训有两种情况，一是一般培训，二是专项培训。一般培训是企业按照工作需要对职工进行的思想政治、职业道德、管理知识、技术业务、操作技能等方面的教育和训练活动。对于一般培训，用人单位是不能以此为理由和劳动者约定服务期限的。专项培训是用人单位提供专项培训费用、对劳动者进行的专业技术培训。专业技术培训包括专业知识和职业技能，比如从国外引进一条生产线、一个项目，为了有能够操作的人，公司把劳动者送到国外去培训，回来以后才能胜任。培训的形式可以灵活多样，不管是什么形式，只要用人单位在国家规定提取的职工培训费用以外，专门花费较高数额的费用对劳动者进行定向专业培训的，就可以与该劳动者订立协议，约定服务期。服务期是指劳动者因接受用人单位给予的特殊待遇而承诺必须为用人单位服务的最短期限。只要用人单位出资培训劳动者，受训劳动者就有义务为用人单位最少服务一定年限。关于接受培训的职工签订服务期的年限，《劳动合同法》没有具体规定，应当理解为服务期的长短可以由劳动合同双方当事人协议确定。但是，用人单位在与劳动者协议确定服务期年限时要遵守两点：第一，要体现公平合理的原则，不得滥用权力；第二，需要注意的是，用人单位与劳动者约定的服务期较长的，用人单位应当按照工资调整机制适当提高劳动者在服务期间的劳动报酬。当然，按照权利义务对等原则，劳动者违反服务期约定的，应当按照约定向用人单位支付违约金。违约金的数额不得超过用人单位提供的培训费用。用人单位要求劳动者支付的违约金不得超过服务期尚未履行部分所应分摊的培训费用。用人单位与劳动者约定违约金主要包含两层意思：第一，劳动者违反服务期约定应当向用人单位支付违约金，体现了合同中的权利义务对等原则。第二，用人单位与劳动者约定违约金时不得违法，即约定违反服务期违约金的数额不得超过用人单位提供的培训费用。劳动者违约所支付的违约金不得超过服务期尚未履行部分所应分摊的培训费用,这体现了对劳动者的保护。

3. 保守商业秘密

根据《中华人民共和国反不正当竞争法》(以下简称《反不正当竞争法》)的规定,所谓的商业秘密是不为大众所知悉,能为权利人带来经济利益,具有实用性并经权利人采取保密措施的技术信息和经营信息。

在激烈的市场竞争中,任何一个企业生产经营方面的商业秘密都十分重要。在市场经济条件下,企业用人和劳动者选择职业都有自主权,有的劳动者因工作需要,了解或掌握了本企业的技术信息或经营信息等资料,如果企业事先不向劳动者提出保守商业秘密、承担保密义务的要求,有的劳动者就有可能带着企业的商业秘密另谋职业,通过擅自泄露或使用原企业的商业秘密,以谋取更高的个人利益,如果没有事先约定,企业往往难以通过法律讨回公道,从而使企业遭受重大经济损失。因此,用人单位可以在合同中就保守商业秘密的具体内容、方式、时间等,与劳动者约定,防止自己的商业秘密被侵占或泄露。

4. 补充保险

补充保险是指除了国家基本保险以外,用人单位根据自己的实际情况为劳动者建立的一种保险,它用来满足劳动者高于基本保险需求的愿望,包括补充医疗保险、补充养老保险等。补充保险的建立依用人单位的经济承受能力而定,由用人单位自愿实行,国家不作强制的统一规定,只要求用人单位内部统一。用人单位必须在参加基本保险并按时足额缴纳基本保险费的前提下,才能实行补充保险。因此补充保险的事项不作为合同的必备条款,由用人单位与劳动者自行约定。

5. 竞业限制

所谓竞业限制,亦称"竞业禁止""竞业避止",是指负有特定义务的员工在离开岗位后一定期限内不得自营或为他人经营与其所任职的企业同类的经营项目。这一制度的设置目的就是预防和解决存在竞争关系的同业互挖墙脚,高端人才带走商业秘密所引发的纠纷。

《劳动合同法》第二十三条第二款规定:对负有保密义务的劳动者,用人单位可以在劳动合同或者保密协议中与劳动者约定竞业限制条款。根据《劳动合同法》规定，竞业限制的义务主体只能是用人单位的高级管理人员、高级技术人员和其他负有保密义务的人员，用人单位不得与上述人员以外的其他劳动者约定竞业限制，否则该约定就是无效的。在"竞业限制"协议中，竞业限制的范围、地域、期限由用人单位与劳动者约定，竞业限制的约定不得违反法律、法规的规定。在与原用人单位解除或者终止劳动合同后，符合签订竞业限制条件的人员到与本单位生产或者经营同类产品、从事同类业务的有竞争关系的其他用人单位，或者自己开业生产或者经营同类产品、从事同类业务的竞业限制期限，最长不得超过两年，而且该期限应是连续计算的。单位与劳动者签订"竞业限制"条款的同时，要约定在解除或者终止劳动合同后，在竞业限制期限内按月给予劳动者经济补偿。补偿金的数额由双方约定。当然，如果劳动者在竞业限制期限内违反限制约定的，应当按照约定向用人单位支付违约金，违约金的数量可以在劳动合同中约定，也可以约定违约金的计算方法。

链接：

　　王某2004年毕业于某大学化工专业，2006年应聘到苏州某公司做技术工作，2012年被单位聘为技术部主管，年薪30万。2014年3月，因股东发生纠纷，企业经济效益急剧滑坡。4月10日，王某递交了辞职申请书，5月15日和单位解除了劳动合同，因为王某负责该公司的技术工作，掌握了大量的技术数据，所以双方还签订了一份竞业限制合同，从2014年5月16日至2016年5月15日，王某不得从事和该公司类似的业务。作为补偿，该公司每月向王某支付补偿金7000元，如果王某违反约定，要向该公司支付30万元的违约金。可是在向王某支付了2个月的补偿金后，该公司就音信皆无了，王某在多次询问未果后，于2015年7月应聘到无锡一家涂料公司做技术主管，年薪38万。该公司于2016年2月向法院起诉，要求王某按照合同约定支付违约金30万元。法院经审理认为，双方签订的竞业限制合同符合有关法律的规定，是双方真实意思的表示，合法有效，双方当事人必须严格遵守有关规定。但是该公司没有按照约定支付补偿金，竞业限制条款随之失效。法院没有支持天胜公司的诉讼请求。

6. 福利待遇

随着市场经济的发展，用人单位给予劳动者的福利待遇也成为劳动者收入的重要指标之一。福利待遇包括住房补贴、通讯补贴、交通补贴、子女教育等。不同的用人单位福利待遇也有所不同，福利待遇已成为劳动者就业选择的一个重要因素。

社会生活千变万化，劳动合同种类和当事人的情况也非常复杂，法律只能对劳动合同的条款进行概括，无法穷尽劳动合同的所有内容，当事人也可以根据需要在法律规定的补充条款之外对有关条款作新的补充性约定。

（五）劳动合同的生效日期

1996 年 10 月 31 日发布的《关于实行劳动合同制度若干问题的通知》第五条明确规定：劳动合同可以规定合同的生效日期。合同没有规定生效日期的，当事人签字之日即视为劳动合同生效时间。《劳动合同法》第十六条规定：劳动合同由用人单位与劳动者协商一致，并经用人单位与劳动者在劳动合同文本上签字或者盖章生效。

（六）劳动合同制职工工龄计算问题

2002 年 9 月 25 日发布的《劳动和社会保障部关于劳动合同制职工工龄计算问题的复函》规定，对于单位按照规定招用的临时工，转为企业劳动合同制工人的，其最后一次在本企业从事临时工时间与被招收为劳动合同制工人的工作时间可合并计算为连续工龄。在当地实行养老保险与社会统筹前的临时工期间的连续工龄，可视同缴费年限；在当地实行养老社会统筹后的临时工期间的连续工龄，要按规定缴纳养老保险费，计算缴费年限，没有缴纳养老保险费的，不能计算视同缴费年限或缴费年限。

（七）事实劳动关系

在实际的工作中，经常出现所谓的事实劳动关系。事实劳动关系是指用人单位与劳动者建立劳动关系后没有按照国家规定签署劳动合同，但是实际上已经履行了劳动法律规定的权利和义务的劳动关系。

实际上，从我国劳动立法的本意来看，无论是《劳动法》还是《劳动合同法》，在制定时都是不承认事实劳动关系的。《劳动法》规定：建立劳动关系应当订立劳动合同、劳动合同应当以书面形式订立。《劳动合同法》规定：建立劳动关系应当订立书面劳动合同。也就是说，事实劳动合同的存在是不合法的。但是我国在由传统的计划经济向社会主义市场经济过渡的时期，适应市场经济发展要求的劳动法规不是很健全，同时由于用人单位和劳动者法制观念淡薄，出现了大量的不规范的做法导致我国事实劳动关系广泛存在。《劳动合同法》规定：已建立劳动关系，未同时订立书面劳动合同的，应当自用工之日起一个月内订立书面劳动合同。用人单位自用工之日起满一年不与劳动者订立书面劳动合同的，视为用人单位与劳动者已订立无固定期限劳动合同。按照这样的逻辑思维，事实劳动关系一说仍将会存在，但是其存在的时间不会超过一年，因为事实劳动关系满一年就视为双方订立了无固定期限的劳动合同。

（八）无效劳动合同

在实际生活中，有时会出现劳动合同无效的情况。那么什么是无效劳动合同呢？

《劳动法》第十八条规定：（一）违反法律、行政法规的劳动合同；（二）采取欺诈、威胁等手段订立的劳动合同，属于无效合同。《劳动合同法》第二十六规定：（一）以欺诈、胁迫的手段或者乘人之危，使对方在违背真实意思的情况下订立或者变更劳动合同的；（二）用人单位免除自己的法定责任、排除劳动者权利的；（三）违反法律、行政法规强制性规定的，劳动合同无效或部分无效。

那么无效劳动合同如何处理呢？《劳动法》第十八条规定：确认劳动合同部分无效的，如果不影响其余部分的效力，其余部分仍然有效。《劳动法》第九十七条规定：由于用人单位的原因订立的无效劳动合同，对劳动者造成损害的，应当承担赔偿责任。《劳动合同法》第二十八条规定：劳动合同被确认无效，用人单位对劳动者付出的劳动，参照本单位相同或者相近岗位劳动者的劳动报酬确定工资标准支付劳动报酬。

劳动内容的复杂性，决定了劳动关系的复杂性。

链接：

王女士原是某机械有限责任公司职工，后来企业分立为甲公司和乙公司，王女士被调整到甲公司，但是企业一直不和职工签订新的劳动合同。王女士到人事部门咨询此事，人事管理部门告诉她，原来企业和员工签署的劳动合同还有两年才到期，现在不着急签合同。那么企业的做法对吗？这里涉及的主要问题是企业合并、分立后的法律责任问题。一般来说，企业的合并是指两个或者两个以上的企业为了经营需要，依照法律规定或者约定合并成为一个企业。企业的合并可以分为新设合并和吸收合并。新设合并，是指两个或两个以上的企业合并后，成立一个新的企业，参与合并的原有各企业均归于消灭的合并。吸收合并是两个或两个以上的企业合并时，其中一个继续存在，其他企业消灭。企业的分立是指一个企业按照法律规定或者合同的约定，依照一定的条件和程序，分立成为两个或者两个以上的企业，分立可以分为创设分立和存续分立。创设分立是解散已经成立的企业，将其全部财产分配给两个或两个以上的企业，原企业消灭。存续分立是将一个已经设立的企业的部分财产分割，另设一个新的企业，原企业继续存在。企业发生分立、合并是实现资源合理配置和企业优胜劣汰机制的要求，根据《民法典》第六十七条的规定，企业法人分立、合并，它的权利和义务由变更后的法人享有和承担，因而分立或者合并后的企业原则上应当将原企业中的劳动者接收下来。《劳动合同法》第三十三、三十四条更是明确规定：用人单位变更名称、法定代表人、主要负责人或者投资人等事项，不影响劳动合同的履行。用人单位发生合并或者分立等情况，原劳动合同继续有效，劳动合同由承继其权利和义务的用人单位继续履行。在这个过程中，双方权利、义务的调整不得违反法律、法规的规定。所以该机械有限公司的做法是可以的。

（九）劳动合同的解除

所谓劳动合同的解除，根据《关于贯彻执行〈中华人民共和国劳动法〉若干问题的意见》第二十六条之规定，是指劳动合同订立后，尚未全部履行以前，由于某种原因导致劳动合同一方或双方当事人提前消灭劳动关系的法律行为。劳动合同的解除分为法定解除和约定解除两种。《劳动合同法》第三十六条规定：用人单位与劳动者协商一致，可以解除劳动合同，这是约定解除。根据法律的有关规定解除合同的，是法定解除。劳动合同的解除，只对未履行的部分发生效力，不涉及已经履行的部分。

1. 约定解除

约定解除劳动合同非常简单，只要劳资双方达成一致，马上可以解除合同。但是，哪一方首先提出解除劳动合同的请求，其后果是完全不一样的。劳动者首先提出解决劳动合同，用人单位可以不支付经济补偿金；用人单位首先提出解除劳动合同，要向劳动者支付经济补偿金。所以劳动者应慎重首先提出解除劳动合同。

2. 法定解除

法定解除劳动合同的情况有以下几种。

（1）试用期内解除劳动合同的情况

在试用期内解除劳动合同有两种情况，一是按《劳动合同法》第三十九条第一项规定，由用人单位以劳动者在试用期内被证明不符合录用条件的，解除劳动合同。另一种情况是依《劳动合同法》第三十七条规定，劳动者在试用期内提前三天通知用人单位解除劳动合同。然而，《劳动法》和《劳动合同法》均未对在试用期内解除劳动合同的是否给予经济补偿金作出规定。我们可以这样认为，由于劳动合同还处于试用期，显然，劳动者在用人单位的工作时间还不长，因为试用期最长不超过 6 个月，所以劳动者为用人单位做出的劳动贡献并不大，而且原本就抱有试一试的考虑，因此在试用期内解除劳动合同，不会给劳动者造成太大的困难和损失，因此也就无需由用人单位向劳动者支付经济补偿金。原劳动部《关于贯彻执行〈中华人民共和国劳动法〉若干问题的意见》中也明确规定：用人单位依据《劳动法》第二十五条解除劳动合同，可以不支付劳动者经济补偿金。劳动者依据《劳动法》第三十二条第（一）项解除劳动合同，用人单位可以不支付经济补偿金，但应按照劳动者的实际工作天数支付工资。

链接：

《〈关于如何确定试用期内不符合录用条件可以解除劳动合同的请示〉的复函》规定：对试用期内不合格的劳动者，企业可以解除劳动合同；若已经超过试用期，则企业不能以试用期内不符合录用条件为由解除劳动合同。《关于实行劳动合同制度若干问题的通知》第十一条规定：用人单位对新招用的职工，在试用期内发现，并经过有关机构确认患有精神病的，可以解除劳动合同。

（2）用人单位可以解除劳动合同的情况

《劳动合同法》第三十九条详细规定了用人单位可以解除劳动合同的情况。在这几种情况下，用人单位是不需要支付经济补偿金的。综合起来有以下几种情况：

①在试用期间被证明不符合录用条件的。前面已经详述，这里毋需赘言了，关键是用人单位需要向劳动者说明其不符合录用条件的理由和依据，也就是说，需要证明劳动者不符合录用条件，如果不能证明劳动者不符合录用条件，就不能解除劳动合同。从另外一个角度来看，用人单位科学设置录用条件也是非常关键的。

②劳动者严重违反用人单位的规章制度。需要注意的是，《劳动法》第二十五规定的内容是严重违反劳动纪律和用人单位的规章制度，用人单位可以解除劳动合同。《劳动合同法》将严重违反劳动纪律内容删除了，只保留了严重违反用人单位的规章制度部分。在这里应该这样理解，劳动纪律应该是规章制度的一部分，两者属于吸收和被吸收的关系。这里问题的关键是用人单位首先应该在规章制度中明确规定哪些情况属于"严重情形"且可以解除合同，只有

劳动者在严重违反用人单位规章制度的情况下，用人单位才可以以此理由与劳动者解除劳动合同。如果在用人单位的管理制度中没有以列举的方式，明确表明何种情况为"严重情形"，在规章制度的适用中就要打一个折扣了。同时，当用人单位以劳动者"严重违反单位的规章制度"为由解除同劳动者的合同时，其前提是该规章制度必须是经过合法程序制定的，并向全体劳动者公示或者告知，如果没有经过合法的程序或者没有向劳动者告知、公示，对劳动者是没有约束力的。一般来说，只要经过以下几种方式的任何一种，就可以认为是向劳动者公示或告知了：A 员工手册发放法；B 会议宣传法；C 劳动合同约定法；D 考试法；E 传阅法；F 职工入职声明法。同时在实际工作中，因为规章制度相对来说具有滞后性，很多用人单位在区分是否"严重违反规章制度"时，一般会参照过错理论。过错可以分为两种，一种是故意，一种是过失。故意是指明知自己的行为会发生的后果而希望或者放任结果发生的心理；过失是指行为人应当预见到自己的行为可能发生不良后果而没有预见到，或者已经预见而轻信能够避免的心理状态。若职工违反劳动纪律是属于故意的，明知故犯的行为就是严重违反规章制度。如果不属于故意而是过失，又是初次违反劳动纪律，一般是不应该采取解除劳动合同的方式来处理的。

③劳动者严重失职，营私舞弊，给用人单位利益造成重大损害的，用人单位可以解除劳动合同。对于严重失职、营私舞弊的理解常常因为立场不同、角度不同产生误解，为了避免这一问题，用人单位应通过规章制度进行书面的量化。

链接：

相对于"严重违反用人单位的规章制度"来说，用人单位以"严重失职，营私舞弊，给用人单位利益造成重大损害"为由解除劳动合同的情况并不多。关于此内容，有三个问题需要认真把握：一是如何认定"严重失职"。失职是工作人员对本职工作不认真负责，没有尽到注意义务和管理义务，没有按照规定履行自己职责。这里的"职"很重要，员工有什么样的职责，才能承担什么样的责任，所以，职责必须明确具体。一般来说，职责可以在合同中约定，也可以在规章制度中规定，如果职责不明，在以此条内容处理问题时，就有可能面临较大的法律风险。关于什么是"严重失职"，一般可以从造成后果的"度"评价。比如货物应当发到宜昌，因粗心大意却发往了宜春，那就可以认定为严重失职。二是如何认定"营私舞弊"。一般是指图谋私利而玩弄欺骗手段，指员工借助企业的生产平台，假公济私的行为。主要表现为收取客户好处"给予"照顾，这种行为，严重侵害了公司的利益，违反了基本的职业操守。所以对于"失职"行为，必须达到严重程度，公司才能解除劳动合同，而对于"营私舞弊"行为，只要发现，无论情节轻重，只要给公司造成重大损失的，公司均就可以此为由解除劳动合同。三是如何认定"重大损害"。何为重大损害，法律没有明确规定，因为不同的企业，其所在的行业特点和经营规模的差别，对重大损害的认识也不一样，实践中一般参考企业的整体规模、经济效益、员工的数量、损失的金额等因素综合判断。

④劳动者同时与其他用人单位建立劳动关系，对完成本单位的工作任务造成严重影响，或者经用人单位提出，拒不改正的。劳动者与其他单位建立劳动关系，用人单位解除劳动合同，需要具备以下条件之一：一是兼职对完成本单位工作任务造成严重影响，二是用人单位对兼职提出反对意见，劳动者拒不改正。此条件需要用人单位举证，如果不能举证，要承担不利的后果。特别需要注意的是，用人单位以此提出解除劳动合同的，仅仅限于劳动者与用人单位之间属于全日制的劳动合同关系，但是其兼职的单位，是否是全日制劳动关系就无关紧要了。

链接：

小王是一家广告公司的设计师，和广告公司签订了劳动合同。小王刚刚走出校门，经济条件拮据，于是就利用业余时间揽个私活与另外一家房地产公司签订了工作协议，每月必须给房地产公司设计两套室内效果图，月薪是2000元。广告公司发现之后，多次向小王提出反对意见，否则，就要和他解除劳动合同。小王则认为，自己是利用业余时间，没有影响正常工作，单位不能和自己解除劳动合同。那么按照《劳动合同法》的相关规定，广告公司是可以和小王解除劳动合同的。

⑤劳动者以欺诈、胁迫的手段或者乘人之危，使用人单位在违背真实意思的情况下订立或者变更劳动合同的。

⑥劳动者被追究刑事责任。根据《劳动合同法》第三十九条的规定，劳动者被追究刑事责任的，用人单位可以解除劳动合同。被依法追究刑事责任是指：被人民检察院免于起诉的、被人民法院判处刑事处罚的和被人民法院免于刑事处分的。劳动者被人民法院判处拘役、三年以下有期徒刑的，用人单位可以解除劳动合同。当然，当职工被追究刑事责任后，用人单位可以解除劳动合同，但不是等于自动解除劳动合同或者必须解除劳动合同，最终的决定权仍然在用人单位。

链接：

小李是某软件公司财务工作人员，因受贿罪被判有期徒刑1年缓刑1年。他回公司上班时，公司宣称已与其解除了劳动合同，将他拒之门外。在他被公安机关逮捕后，公司就停发其工资，也没有继续为其缴纳社会保险费。小李认为公司没有通知本人解除劳动合同，自己也未办理解除劳动合同的相关手续，因此和公司仍存在劳动关系。公司认为小李已被公安机关逮捕，公司可以依据《劳动合同法》第三十九条规定与之解除劳动合同，因此和公司已不存在劳动关系，可以停发其工资并停缴社会保险费。公司的做法合理吗？小李该怎么办呢？依据《劳动合同法》第三十九条规定，劳动者被依法追究刑事责任的，用人单位可以解除劳动合同。同时，我国《刑法》规定，刑罚分为主刑和附加刑。主刑分为管制、拘役、有期徒刑、无期徒刑和死刑；附加刑分为罚金、剥夺政治权利、没收财产。小李被判有期徒刑1年缓刑1年，属于《劳动合同法》第三十九条规定的情形，因此公司是可以和他解除劳动合同的。

但是解除劳动合同是有一定程序的，解除劳动合同必须履行通知义务并办理一定的手续，不能认为是自然解除，否则劳动者和用人单位仍然是有劳动关系的。《劳动合同法》第五十条规定：用人单位应当在解除或终止劳动合同时出具解除或者终止劳动合同的证明。根据案件情况，软件公司并没有通知小李解除劳动合同，也没有与其办理解除劳动合同的相关手续，因此小李与公司仍然存在劳动关系，公司应该补发其工资并为其缴纳社会保险费。公司认为小李被公安机关逮捕后，就可以按照《劳动合同法》第三十九条规定解除劳动合同、停发工资、停缴社会保险费的认识也是存在误区的，"逮捕"并不属于刑罚种类，因此，小李被公安机关逮捕期间，并未被追究刑事责任，在此期间公司是不能以《劳动合同法》第三十九条规定解除与小李的劳动合同的，更不能以此为由停发工资、停缴社会保险费。

《劳动合同法》第四十条也规定了在一定的情况下，用人单位可以解除劳动合同的情况。与前面谈到的问题不同的是，此种情形用人单位必须提前三十日以书面形式通知劳动者本人或者额外支付劳动者一个月工资后，才可以解除劳动合同，而且必须支付经济补偿金。因为这些原因不是劳动者主观性的过错，而是由于用人单位自身的原因，或者由于第三方的意外情况，导致用人单位认为必须与劳动者解除劳动合同，在这种情况下，用人单位应提前30天以书面形式通知劳动者本人或者额外支付劳动者1个月工资后，方可解除劳动合同。请大家注意的是，在这里1个月的工资不是补偿金，只是和提前30天一起并列的程序条件，它的作用和提前30天是一样的，用人单位可以在两个条件中选择一个适用。

①劳动者患病或非因公负伤、在规定的医疗期满后，不能从事原工作也不能从事由用人单位另行安排的工作的。这里的核心是把握医疗期的规定，所谓医疗期，是指根据《企业职工患病或非因公负伤医疗期规定》，企业职工患病或非因公负伤停止工作治病休息不得解除劳动合同的期限。职工因患病或者非因公负伤，需要停止工作治疗时，根据本人实际参加工作年限和在本单位工作年限，给予三个月到二十四个月的医疗期。具体规定是这样的：（一）实际工作年限十年以下的：在本单位工作年限五年以下的医疗期为三个月，五年以上的为六个月；（二）实际工作年限十年以上的：在本单位工作年限五年以下的为六个月，五年以上十年以下的为九个月，十年以上十五年以下的为十二个月，十五年以上二十年以下的为十八个月，二十年以上的为二十四个月。

②劳动者不能胜任工作，经过培训或者调整工作岗位后，仍不能胜任工作的。这种情况需同时满足三个条件：一是劳动者被证明不胜任工作，二是在劳动者不能胜任工作后，单位要为其进行培训或者调整工作岗位，三是仍然不能胜任。

③劳动合同订立时所依据的客观情况发生重大变化，致使劳动合同无法履行，经用人单位与劳动者协商，未能就变更劳动合同内容达成协议的。

（3）劳动者可以解除劳动合同的情况

劳动者可以解除劳动合同的情况分为两种：一是预告解除，二是直接解除。

①预告解除。预告解除就是按照《劳动合同法》第三十七条的规定：劳动者提前三十日以书面形式通知用人单位，可以解除劳动合同。劳动者在试用期内提前三日通知用人单位，可以解除劳动合同。这种方式，也就是我们经常说的辞职。

预告解除的一般程序如下：

第一步，写辞职信。这是必须也是最基本的一步，辞职信和应聘信一样，都应有一定的格式。一封合格的辞职信一般必须包括以下内容：离职原因、离职期限、工作的交接、向公司表示感谢的礼貌用语。也可以再加上一些个人的意见和建议，推荐合适的接班人等内容，但措辞和语气一定不能过激，以免白纸黑字上留下对你不利的"案底"。

第二步，和主管详谈。这是离职过程中最重要的一步，你的离职请求是否能够得到批准和支持，关键还得看这一步。在和主管详谈之前，必须准备好离职的充分理由。如果你平时的工作表现还不错，或者你是公司的骨干力量，那么在谈话中主管很可能会挽留你，而你必须用得体的语言去应对，想方设法表明你的立场，并坚持自己的初衷。切忌不辞而别，那是极其不负责任的行为，会造成非常不良的影响。

第三步，交接工作。在和主管谈妥了具体离职意向并征得同意之后，就应该开始着手交接工作。在公司还没找到合适的接替者的时候，你应该一如既往地努力做好本职工作，站好最后一班岗。即使在接替你的人来了之后，你仍必须将手头的工作交接完毕才能离开公司，以尽到自己的最后一份责任。

第四步，办理手续。决定离职之后，会有一系列手续要办，一般来说是由原单位开出退工单，并将你的档案转出，另外还有你的养老关系和住房公积金等等也需要一并转移。假如你已经找到了新单位，那么只要将原有的劳动关系转到新单位即可，假如你是待业或者出国等，那么就必须咨询有关部门后妥善处理，以免将来你需要用到这些关系的时候发生不必要的劳动纠纷。

第五步，开具辞职证明。离职的时候要开离职证明，有些公司招聘的时候要看你的离职证明的。

②直接解除

《劳动合同法》第三十八条详细规定了劳动者可以直接解除劳动合同的情况，归纳起来有以下几个方面：

一是用人单位未按照劳动合同的约定提供劳动保护或者劳动条件的；二是用人单位未及时足额支付劳动报酬的；三是用人单位未依法为劳动者缴纳社会保险费的；四是用人单位的规章制度违反法律、法规的规定，损害劳动者权益的。用人单位在制定、修改或者决定有关劳动报酬、工作时间、休息休假、劳动安全卫生、职工培训、劳动纪律以及劳动定额管理等直接涉及劳动者切身利益的规章制度或者重大事项时，应当与工会或者职工代表平等协商确定。此外，单位规章制度和重大事项要经过公示并告知劳动者。用人单位的规章制度违反法律法规的规定，损害劳动者的权益时，劳动者可以解除劳动合同；五是用人单位以欺诈、胁迫的手段或者乘人之危，使劳动者在违背真实意思的情况下订立或者变更劳动合同的。所谓"欺诈"，是指一方当事人故意告知对方当事人虚假的情况，或者故意隐瞒真实的情况，诱使对方当事人做出错误意思表示的行为。所谓"胁迫"，是指以给公民及其亲友的生命健康、荣誉等造成损害为要挟、迫使对方做出违背真实意思表示的行为。六是用人单位以暴力、威胁或者非法限制人身自由的手段强迫劳动者劳动的，或者用人单位违章指挥、强令冒险作业危及劳动者人身安全的；七是法律法规规定的其他情形。如果用人单位有上述现象，劳动者可以立即解除劳动合同，不需事先告知用人单位，而且用人单位必须支付经济补偿金。

（4）经济性裁员情况下的解除合同

经济性裁员是指用人单位一次性辞退部分劳动者，以此作为改善生产经营状况的一种手段，其目的是保护自己在市场经济中的竞争和生存能力，渡过暂时的难关。

《劳动合同法》第四十一条规定了经济性裁员的具体情况：

①依照企业破产法规定进行重整的；

②生产经营发生严重困难的；

③企业转产、重大技术革新或者经营方式调整，经变更劳动合同后，仍需裁减人员的；

④其他因劳动合同订立时所依据的客观情况发生重大变化，致使劳动合同无法履行的。

企业实行经济性裁员，并不是所有的员工都可以被列在裁减的范围，如果员工有以下情形之一，单位不得解除劳动合同：

①从事接触性职业病危害作业的劳动者未进行离岗前职业健康检查，或者疑似职业病本人在诊断或者医学观察期间的；

②在本单位患职业病或者因公负伤并被确认丧失或者部分丧失劳动能力的；

③患病或者因公负伤，在规定的医疗期内的；

④女职工在孕期、产期、哺乳期的；

⑤在本单位连续工作满十五年，且距退休年龄不足五年的。

裁减人员时，应当优先留用以下人员：第一，与本单位订立较长期限劳动合同的员工；第二，与本单位订立无固定期限劳动合同的员工；第三，家庭无其他就业人员，有需要抚养的老人或者未成年人的。如果用人单位按照规定裁减人员，在六个月内又重新招用员工的，应当通知被裁减的人员，并在同等条件下优先聘用被裁减的人员。

3. 用人单位不能解除劳动合同的强制性规定

《劳动合同法》第四十二条规定：劳动者有下列情形之一的，不得依照本法第四十条、第四十一条的规定解除劳动合同：

①从事接触职业病危害作业的劳动者未进行离岗前健康检查，或者疑似职业病人在诊断或者医疗观察期间的；

②在本单位患职业病或者因公负伤并被确认丧失或者部分丧失劳动能力的；

③患病或者非因公负伤，在规定的医疗期内的。医疗期的确定，应该根据《企业职工患病或非因公负伤医疗期规定》第三条办理。《关于贯彻执行〈中华人民共和国劳动法〉若干问题的意见》第三十五条规定：请长病假的职工在医疗期满后，能从事原工作的，可以继续履行合同；医疗期满后仍不能从事原工作由单位另行安排工作的，应该进行劳动能力鉴定，被鉴定为一至四级的，应当退出工作岗位，解除劳动合同，办理因病或非因工伤退休退职手续，享受相应的待遇；五至十级的，用人单位可以解除劳动合同，并按规定支付经济补偿金和医疗补助费；

④女职工在孕期、产期、哺乳期的；

⑤在本单位连续工作满十五年，且距法定退休年龄不足五年的；

⑥法律行政法规规定的其他情形。其他情形一般指以下几种情况：第一，拒绝从事有害作业的。根据法律规定，签订劳动合同和变更工作岗位时，用人单位要告知职业病危害性及其后果，否则劳动者有权拒绝从事存在职业危害的作业，用人单位不得因此解除劳动合同或终止合同；第二，基层工会专职主席、副主席和委员自任职之日起，其劳动合同期限自动延长，延长期限相当于其任职期间；非专职主席、副主席和委员自任职之日起，其尚未履行的劳动合同期限短于任期的，劳动合同期限自动延长至任职期满；第三，取保候审期间。《对〈关于取保候审的原固定工不签订劳动合同的请示〉的复函》规定：劳动者在被有关的机关收容审查，拘留或逮捕的，用人单位在劳动者被限制人身自由期间，可与其暂时停止劳动合同的履行，但不能以此为由予以辞退，等待审理结束后依据有关法律法规处理。第四，工伤治疗期间；第五，隔离治疗期间。

4. 劳动合同解除的特殊程序性要求

用人单位在和职工解除劳动合同时，除了上面提到的时间性要求外，还有一点就是当用人单位单方面解除合同时，应当事先将理由通知工会。用人单位违反法律、行政法规规定或者劳动合同约定的，工会有权要求用人单位纠正。用人单位应当研究工会的意见，并将处理意见通知工会。

另外，在实际工作当中，很多企业都有自己形形色色的管理制度，例如：末位淘汰制度、业务合同挂钩制度等。那么怎么看待这些制度呢？它们的存在有其合理的土壤吗？末位淘汰制度作为一项企事业单位的考核办法，作为一种激励制度，并不与法相悖，但是问题的关键在于如果把末位淘汰与聘用制度挂钩，凡是末位就解除劳动合同的做法是值得怀疑的。因为根据《劳动合同法》的规定，劳动者不能胜任工作，用人单位首先要给予培训或者调整工作岗位，劳动者仍不能胜任工作的，单位才可以解除劳动合同的，还要给予约定的经济补偿。这个规定是一个培训和调整的缓冲过程。还有的用人单位还把工作业绩与劳动合同挂钩，如果工作业绩达不到单位的要求，就要解除劳动合同，这种做法对吗？虽然《劳动合同法》规定，用人单位可以和劳动者约定试用期、培训、保守秘密、补充保险和福利待遇等其他事项，但是，把工作业绩和劳动合同挂钩的现象明显和《劳动合同法》的精神相悖，劳动者业绩不佳，应视为不能胜任工作，不能胜任工作的，首先应该调整工作岗位，并不能直接解除劳动合同。

《劳动合同法》规定，用人单位对已经解除或者终止的劳动合同的文本，至少要保存二年备查。之所以规定要保存两年，是要与《劳动保障监察条例》相衔接。根据《劳动保障监察条例》有关规定：违反劳动保障法律、法规或者规章的行为在两年内未被劳动保障部门发现的，也未被举报、投诉的，劳动保障行政部门不再查处。

实践中，很多单位为了限制劳动者跳槽，拒不为劳动者出具解除或终止劳动合同的证明、不为劳动者转移档案、不为劳动者转移社会保险关系等，给劳动者带来不少损害。对于单位的这些做法，《劳动合同法》规定：用人单位应当在解除或者终止劳动合同时出具解除或者终止劳动合同的证明，并在15日内为劳动者办理档案和社会保险关系转移手续。劳动者在离职后，因社会保险或档案关系等移转手续办理与原单位产生争议的，可以作为劳动争议申请劳动仲裁，如对仲裁结果不服，还可以到人民法院起诉。

（十）劳动合同终止

劳动合同终止指劳动合同关系自然失效，双方不再履行合同约定的权利和义务，是劳动关系消灭的方式之一。劳动合同终止的条件只能法定，不能约定。《劳动合同法》第四十四条规定，有下列情形之一的，劳动合同终止：（1）劳动合同期满的；（2）劳动者开始依法享受基本养老保险待遇的；（3）劳动者死亡，或者被人民法院宣告死亡或者宣告失踪的；（4）用人单位被依法宣告破产的；（5）用人单位被吊销营业执照、责令关闭、撤销或者用人单位决定提前解散的；（6）法律、行政法规规定的其他情形。

这里重点说一下劳动合同期满、劳动者开始享受基本养老保险待遇劳动合同终止的两种情况。

1. 劳动合同期满。一般来说，关于劳动合同期限最后一天的截止时间问题，它应以劳动合同期限最后一天的 24 时为准，如果有工作任务而超过最后一天 24 时的，应以完成工作任务的时间为准。劳动合同期满，劳动关系自然终止，但并不等于劳动关系存续期间的权利义务消灭。

链接：

吴某于 2014 年 7 月 1 日入职某公司担任网络工程师职务，双方签订了三年期限的劳动合同。2017 年 5 月 30 日，公司向吴某送达了《劳动合同终止通知书》，通知书表示：你与公司 2014 年 7 月 1 日签订的劳动合同将于 2017 年 6 月 30 日到期，公司决定不再与你续订劳动合同。吴某签收了该通知。那么劳动关系终止后，公司是否应当向吴某支付经济补偿呢？《劳动合同法》第四十六条第五款规定：除用人单位维持或者提高劳动合同约定条件续订劳动合同，劳动者不同意续订的情形外，依照本法第四十四条第一项规定终止固定期限劳动合同的，用人单位应当向劳动者支付经济补偿。这里有三种情况，一是劳动合同期满时，用人单位同意续订劳动合同，且维持或者提高劳动合同约定条件，劳动者不同意续订的，劳动合同终止，用人单位可不支付经济补偿；二是如果用人单位同意续订劳动合同，但降低劳动合同约定条件，劳动者不同意续订的，劳动合同终止，用人单位应当支付经济补偿；三是如果用人单位不同意续订，无论劳动者是否同意续订，劳动合同终止，用人单位应当支付经济补偿。所以，公司应当向吴某支付经济补偿。

2. 劳动者开始依法享受基本养老保险待遇的。

链接：

宋某出生于 1956 年 11 月 13 日，2006 年入职某公司担任保管员。2016 年 10 月 12 日，公司给宋某发送了《终止劳动合同通知书》：你将于 2016 年 11 月 13 日年满 60 周岁，达到法定退休年龄，公司依照《劳动法》相关规定，终止与你的劳动合同。宋某签收了该通知。11 月 14 日，宋某办理了离职手续，但因社会保险累计缴费只有 12 年，宋某无法按月领取基本养老金。经过咨询和权衡，宋某选择了延缴社会保险费至满 2019 年，然后按月领取基本养老金。

链接：关于退休的几个问题

第一，什么是退休？退休是指根据国家有关规定，劳动者因年老或因公、因病致残，完全丧失劳动能力而退出工作岗位。

1978 年，国务院为了规范企业职工退休条件，制定了《关于工人退休、退职的暂行规定》和《国务院关于安置老弱病残干部的暂行办法》，国务院办公厅《关于进一步做好国有企业下岗职工基本生活保障和企业离退休人员养老金发放工作有关问题的通知》重申了上述文件的规定。为了贯彻落实国务院文件，原劳动和社会保障部 1999 年 3 月 9 日发布了《关于制止和纠正违反国家规定办理企业职工提前退休有关问题的通知》，通知指出：国家法定的企业职工退休年龄是男年满 60 周岁，女工人年满 50 周岁，女干部年满 55 周岁。从事井下、高温、高空、特别繁重体力劳动或其他有害身体健康工作的，退休年龄男年满 55 周岁，女年满 45 周岁。因病或非因工致残，由医院证明并经劳动鉴定委员会确认完全丧失劳动能力的，退休年龄为男年满 50 周岁，女年满 45 周岁。按国家有关规定，提前退休的范围仅限定于国务院确定的 111 个"优化资本结构"试点城市的国有破产工业企业中距法定退休年龄不足5年的职工和三年内有压锭任务的国有纺织企业中符合规定条件的纺纱、织布工种的挡车工。但此项规定与前款规定不能同时用于同一名职工。

第二，劳动者退休日期的确定。1999年3月9日，原劳动和社会保障部《关于制止和纠正违反国家规定办理企业职工提前退休有关问题的通知》规定：对职工出生日期的认定，实行居民身份证和职工档案相结合的办法。当本人身份证和记载的出生日期不一致时，以本人档案最先记载的出生日期为准。《山东省人民政府办公厅关于进一步做好国有企业下岗职工基本生活保障和企业离退休人员养老金发放工作有关问题的通知》规定：对职工出生时间的认定，当职工身份证与档案记载不一致时，以本人档案最先记载的出生日期为准。《关于制止和纠正违反国家规定办理企业职工提前退休有关问题的通知》规定，要加强对居民身份证和职工档案的管理，严禁随意更改职工出生时间和变造档案。对随意更改的，一经发现，三年内不准办理审批手续。

第三，关于工龄折算的有关问题。工龄是退休的关键问题之一，特殊的行业，其工龄的计算方式也与一般行业不尽相同。

《中华人民共和国劳动保险条例》规定：井下矿工或者固定在华氏三十二度以下的低温场所或者华氏一百度以上的高温场所工作者，计算其一般工龄及本企业工龄的，每在此种场所工作一年的，均作一年零三个月计算。在提炼或者制作铅、汞、砒、磷、酸的工业及其他化学、兵器工业中，直接从事有害身体健康的工作者，计算其工龄及本企业工龄时，每从事此种工作一年，均做一年零六个月计算。

关于退职职工工龄折算问题，对于职工从事井下、高温、低温工作的时间，连月不足一年的零数，都应当按照每年工作一年按照一年零三个月折算工龄；对于在提炼制造铅、汞、砒、磷、酸的工业中及其他化学、兵器工业中，直接从事有害身体健康工作的时间，连月计算不足一年的零数，都应当按照每工作一年按一年零六个月折算工龄，不宜只对从事上述工作满一年的部分进行折算，也不宜把不足六个月的零数折算为半年，把超过六个月的零数折算为一年之后，再进行折算。

1962 年，中央精简小组、全国总工会在给西藏工委精简办公室、西藏自治区劳动局、西藏自治区总工会《关于在四千五百米以上地区工作的职工工龄折算问题的复电》中规定：常年居住在四千五百米以上高山高原地区的职工，每在此地区工作满一年，其工龄按照一年零六个月计算；常年在四千五百米以上高山、高原地区流动工作的职工，每在此流动工作满一年，其工龄按一年零三个月计算。

根据相关规定，在计算连续工龄时，从事井下、高温工种每工作一年按一年零三个月计算；从事有毒有害工种每工作一年按一年零六个月计算，经常在摄氏零度以下低温场所工作的工人，可以参照从事井下、高温工种的工人办理；从事高空和特别繁重体力劳动工作的不折算工龄。实行统账结合改革前，即 1996 年 1 月 1 日前在特殊工种岗位的工作年限，按规定折算的连续工龄视同缴费年限，但折算后增加的年限最长不得超过 5 年，统账结合改革后从事特殊岗位工作的年限不再折算工龄。

三、　集体劳动合同

（一）集体劳动合同概述

集体劳动合同（以下简称集体合同）是指工会代表员工与用人单位之间签订的以劳动报酬、工作时间、劳动安全卫生、保险、福利为主要内容的书面协议。和个人劳动合同（以下简称个人合同）相比，二者之间的区别还是很大的。第一，签约主体不同。集体合同是由职工代表与用人单位签订，而个人合同是由劳动者本人与用工单位签订。第二，签订程序不同。集体合同需由职工代表与用人单位先行协商合同草案，经职工代表大会或者全体职工讨论通过；而个人合同由职工本人与用工单位直接签订。第三，生效条件不同。集体合同签订后应当报送劳动行政部门，劳动行政部门自收到集体合同之日起 15 日内未提出异议的，集体合同即行生效；而个人合同依法订立即具有法律约束力。第四，效力所调整的主体范围不同。集体合同生效后，对用工单位和单位全体职工具有约束力；而个人合同生效后仅适用于职工本人和用工单位。

（二）集体劳动合同的适用范围

《集体合同规定》第二条规定：中华人民共和国企业和实行企业化管理的事业单位与本单位职工之间进行集体协商，签订集体合同，适用本规定。《劳动合同法》第五十四条第二款、五十五条规定：依法订立的集体合同对用人单位和劳动者具有约束力。行业性、区域性集体合同对当地本行业、本区域的用人单位和劳动者具有约束力。集体合同中劳动报酬和劳动条件等标准不得低于当地人民政府规定的最低标准；用人单位与劳动者订立的劳动合同中劳动报酬和劳动条件等标准不得低于集体合同规定的标准。

（三）订立集体合同的原则和方法

企业职工一方与用人单位通过平等协商，可以就劳动报酬、工作时间、休息休假、劳动安全卫生、保险福利等事项订立劳动合同，集体合同草案应当提交职工代表大会或全体职工讨论通过。

《劳动合同法》第五十一条规定：集体合同由工会代表职工与企业签订，尚未建立工会的用人单位，由上级工会指导劳动者推举的代表与企业签订。

《劳动合同法》中还对专项集体合同和区域性集体合同做了具体的论述。所谓的专项集体合同是指企业职工一方与用人单位可以就劳动安全卫生、女职工权益保护、工资调整机制等订立专项集体劳动合同，订立专项集体劳动合同的目的是为了提高集体合同所约定事项的针对性和实效性。区域性劳动合同是指在县级以下区域内，建筑业、采矿业、餐饮服务业等行业可以由工会与企业方面代表订立区域性集体合同，又称为行业性集体合同。订立区域性劳动合同的目的是这些类用人单位的职工流动性较大、职工合法权益受侵害以后维权较难，因此需要制定一个行业通用的劳动合同，以维护劳动者的合法权益。需要注意的问题是，区域性集体合同只对当地本行业、本区域的用人单位和劳动者具有约束力，而且行业性集体合同、区域性集体合同适用的区域仅限于县级以下区域。

《集体合同规定》第五条规定：签订集体合同，应当遵循以下原则：（1）遵守法律、法规、规章和国家有关的规定；（2）相互尊重，平等协商；（3）诚实守信，公平合作；（4）兼顾双方的合法权益；（5）不得采取过激行为。

（四）集体劳动合同的内容

集体劳动合同的主要内容包括劳动报酬、工作时间、休息休假、劳动安全卫生、保险福利等事项。

1. 劳动报酬

劳动报酬是劳动者付出体力或脑力劳动所得的对价，体现的是劳动者创造的价值。

劳动报酬主要包括：（1）用人单位工资水平、工资分配制度、工资标准和工资分配形式；（2）工资支付办法；（3）加班加点工资及津贴、补贴标准和奖金分配办法；（4）工资调整办法；（5）试用期及病、事假等期间的工资待遇；（6）特殊情况下职工工资（生活费）支付办法；（7）其他劳动报酬分配办法。

2. 工作时间

根据《集体合同规定》第十条规定，工作时间主要包括：（1）工时制度；（2）加班加点办法；（3）特殊工种的工作时间；（4）劳动定额标准。以下将详细介绍工时制度、加班加点办法和劳动定额标准，"特殊工种的工作时间"将融合在工时制度和加班加点办法的内容中。

（1）工时。工时是指劳动者根据劳动合同的规定，为履行劳动义务而从事劳动的时间。我国为保护劳动者的身心健康，通过立法的形式规定了劳动者为履行劳动义务而从事劳动时间的最长限度。

我国的工时制度有以下几种形式：

标准工时制。《劳动法》规定，国家实行劳动者每日工作时间不超过八小时、平均每周工作时间不超过四十小时的工时制度，这就是标准工时制度。标准工时制度是实际生活中存在最广泛的工时制度，是实行其他特殊工时制度的计算依据和参照标准。

特殊工时制。特殊工时制是相对标准工时制而言的，是指因工作性质或者生产特点的限制，不能实行标准工时制度的，按照法律规定，可以实行其他工作和休息办法的工时制度。我国规定因工作性质或者生产特点的限制，不能实行每日工作 8 小时、每周工作 40 小时标准工时制度的，按照国家有关规定，经劳动行政部门批准，可以实行其他工作和休息办法。中国已实行的特殊工时制主要有：缩短工时工作制、综合计算工时制、不定时工时制、计件工时制。第一，缩短工时工作制。即劳动者每日工作时间少于八小时、平均每周工作时间少于四十小时的工时制度。在特殊条件下从事劳动和有特殊情况，需要在每周工作 40 小时的基础上再适当缩短工作时间的，应在保证完成生产和工作任务的前提下，由企业根据实际情况自行决定。缩短工时工作制只限于特殊条件下从事劳动或者有特殊情况的职工，一般包括：从事矿山、井下、高山、有毒、有害等特别繁重和过度紧张的体力劳动者；从事夜班工作的职工（夜班工作时间一般指当晚 10 时至次日晨 6 时从事劳动或工作的时间）；哺乳未满 12 个月婴儿的女职工；16 岁至 18 岁的未成年劳动者。第二，综合计算工时工作制。综合计算工时制是指单位以标准工作时间为基础，以一定的期限为周期，综合计算工作时间的工时制度。企业因生产特点不能实行标准工时制的，可以实行综合计算工时工作制，即分别以周、月、季、年等为周期，综合计算工作时间，但其平均日工作时间和平均周工作时间应与法定标准工作时间基本相同。用人单位在保障职工身体健康并充分听取职工意见的基础上，采用集中工作、集中休息、轮休轮调等适当方式，确保职工的休息休假权利和生产、工作任务的完成。第三，不定时工作制。不定时工作制是一种因工作性质和工作职责的限制，劳动者的工作时间不能受固定时数限制，而直接确定职工劳动量的工作制度。对于实行不定时工作制的职工，用人单位应按劳动法的规定，参照标准工时制核定工作量并采用弹性工作时间等适当方式，确保职工的休息休假权利和生产、工作任务的完成。实行综合计算工时工作制、不定时工作制的岗位，需企业报经相关部门批准，未经批准，不能任意扩大范围。实行综合计算工时工作制，其工作时间不区分制度工作日与公休日。员工在一个周期内只要总的实际工作时间没有超过法定总的工作时间的，其在公休日工作，不需支付加班工资。第四，计件工作制。计件工作制是指以工人完成一定数量的合格产品或一定的作业量来确定劳动报酬的一种劳动形式。按现行《劳动法》的规定，对实行计件工作的劳动者，用人单位应当根据标准工时的规定，合理确定劳动定额和计件报酬标准。

（2）加班加点办法。加班指的是单位行政经过法定批准手续要求职工在法定节日或公休日从事工作的时间。加点是指单位行政经过法定批准手续要求职工在正常工作之外延长工作时间。

加班加点的法律规定。《劳动法》第四十一条规定：用人单位由于生产经营需要，与工会和劳动者协商后可以延长工作时间，一般每日不得超过 1 小时；因为特殊原因需要延长工作时间的，在保障劳动者身体健康的条件下延长工作时间每日不得超过 3 小时，但是每月不得超过 36 小时。但第四十二条同时规定：有下列情形之一的，延长工作时间不受本法第四十一条规定的限制：（一）发生自然灾害、事故或者因其他原因，威胁劳动者生命健康和财产安全，需要紧急处理的；（二）生产设备、交通运输线路、公共设施发生故障，影响生产和公共利益，必须及时抢修的；（三）法律、行政法规规定的其他情形。例如，2008 年我国南方发生冰冻雪灾，单位延长工作时间就可以不受《劳动法》第四十一条的限制。

加班加点的工资支付办法。《劳动法》第四十四条规定：有下列情形之一的，用人单位应当按照下列标准支付高于劳动者正常工作时间工资的劳动报酬：（一）安排劳动者延长工作时间的，支付不低于工资的 150％的工资报酬；（二）休息日安排劳动者工作又不能安排补休的，支付不低于工资的 200％的工资报酬；（三）法定休假日安排劳动者工作的，支付不低于工资的 300％的工资报酬。从以上规定我们不难看出，休息日安排劳动者工作，企业可以首先安排补休，在无法安排补休时，才支付不低于工资 200% 的加班费。当企业能够安排职工补休时，职工应当服从。这既保护了劳动者的休息权，又利于职工的身体健康，也使职工及时恢复体力投入新的工作，有利于安全生产。法定节假日加班，不能安排补休，单位必须按照日工资基数的 300% 支付加班工资。

（3）劳动定额标准

劳动定额是指为完成一定的工作任务而预先规定的劳动消耗标准，或是预先规定单位时间内完成合格产品的数量。劳动定额要合理制定，保证大多数人在正常情况下，按标准时间劳动能够完成定额。中国企业现行的定额方法有经验做法、比较类推法、工时测定法等。

3. 休息休假

休息休假主要包括：①日休息时间、周休息日安排和年休假办法；②不能实行标准工时的职工的休息休假；③其他假期。

1980 年 2 月 20 日，原国家劳动总局①和财政部发布的《关于国营企业职工请婚丧假和路程假问题的通知》规定：职工本人结婚或职工的直系亲属死亡时，可根据具体情况，由本单位行政领导批准，给予婚假、丧假。2007 年 12 月 7 日，国务院第 198 次常务会议通过了《职工带薪年休假条例》，该条例从 2008 年 1 月 1 日开始实施。该条例规定，凡是机关、团体、企业、事业单位、民办非企业单位、有雇工的个体工商户等单位的职工连续工作 1 年以上的，享受带薪年休假，职工在年休假期间享受与正常工作期间相同的工资收入。职工累计工作已满 1 年不满 10 年的，年休假 5 天；已满 10 年不满 20 年的，年休假 10 天；已满 20 年的，年休假 15 天。国家的法定休假日和休息日不记入年休假的假期。该条例还规定，职工有下列情形之一的，不享受当年的年休假：（一）职工依法享受寒暑假，其休假天数多于年休假天数的；（二）职工请事假累计

---

① 国家劳动总局于 1975 年 9 月成立。1982 年 5 月，国家劳动总局、国家人事局、国家编办和国务院科技干部局合并成立劳动人事部。1988 年，劳动人事分离，成立人事部、劳动部。1988 年，在劳动部基础上组建了劳动和社会保障部，2008 年，与人事部合并为人力资源和社会保障部。

20 天以上且单位按照规定不扣工资的；（三）累计工作满 1 年不满 10 年的职工，请病假累计 2 个月以上的；（四）累计工作满 10 年不满 20 年的职工，请病假累计 3 个月以上的；（五）累计工作满 20 年以上的职工，请病假累计 4 个月以上的。年休假在 1 个年度内可以集中安排，也可以分段安排，一般不跨年度安排。单位确因工作需要不能安排职工休年休假的，经职工本人同意后，可以不安排职工休年休假，对职工应休而未休的年休假天数，单位应当按照该职工日工资收入的 300% 支付年休假工资报酬。用人单位不安排职工休年休假又不按照有关规定给予年休假工资报酬的，由县级以上地方人民政府人事部门或者劳动行政部门依据职权限期改正，对逾期不改正的，除责令该单位支付年休假工资报酬外，单位还应该按照当年年休假工资报酬的数额向职工加付赔偿金；对拒不支付年休假工资报酬、赔偿金的，属于公务员和参照公务员法管理的人员所在单位的，对直接负责的主管人员以及其他直接责任人员依法给予处分；属于其他单位的，由劳动保障部门、人事部门或者职工申请人民法院强制执行。

链接：

小王是某医院的一名护士，2007 年 8 月参加工作，日工资标准为 200 元。按照《职工带薪年休假条例》，小王 2019 年的休假时间为 10 天，如果其所在单位既不安排小王休假，又不按照规定向小王支付休假工资报酬，相关部门可责令其改正，若该单位逾期不改正，小王可以向人社部门或者人民法院申请强制执行，单位应该支付的休假工资报酬为：$200 \times 300\% \times 10 \times 2 = 12000$ 元。

4. 劳动安全卫生

劳动安全卫生主要内容包括：①劳动安全卫生责任制；②劳动条件和安全技术措施；③安全操作规程；④劳保用品发放标准；⑤定期健康检查和职业健康体检。

5. 保险福利

主要包括：①补充保险的种类、范围；②基本福利制度和福利设施；③医疗期延长及其待遇；④职工亲属福利制度。

（五）充分发挥集体合同对劳动合同的规范作用

《中华全国总工会关于做好帮助和指导职工签订劳动合同工作的意见》指出：（1）工会组织应当积极代表职工依法与用人单位进行平等协商、签订集体合同。要把签订劳动合同的时间，劳动合同变更、解除、续订的程序和一般原则以及劳动合同终止的条件，试用期的条件和期限，劳动合同管理等涉及职工切身利益的重要问题作为平等协商、签订集体合同的重要内容，为职工签订劳动合同提供重要依据。要用集体合同规范劳动合同，把集体合同中通过平等协商取得的成果充分体现在职工的劳动合同之中。（2）劳动合同必备条款中的劳动条件、工作时间、劳动报酬、保险福利等标准不得低于集体合同的规定。先于集体合同订立的劳动合同，其劳动标准等内容应根据集体合同的规定作相应的调整。劳动合同条款标准低于集体合同的，应执行集体合同的规定。要做到劳动合同与集体合同、企业规章制度相衔接，防止某些用人单位用内部规章制度规避劳动合同的约定，侵害职工合法权益。

用人单位如违反集体合同，侵犯职工劳动权益，工会可以依法代表劳动者要求用人单位承担责任；集体合同争议经协商解决不成的，工会可以依法申请仲裁、提起诉讼。关于这一点，在《劳动法》中有更详细的规定：因履行集体合同发生争议，当事人协商解决不成的，可以向劳动争议仲裁委员会申请仲裁；对仲裁裁决不服的，可以自收到仲裁裁决书之日起十五日内向人民法院提起诉讼。

第三章 劳务派遣和非全日制用工

一、 劳务派遣

（一）劳务派遣概述

劳务派遣又称劳动派遣、劳动力租赁，是指由派遣机构与劳动者订立劳动合同，由派遣劳动者向要派企业给付劳务，劳动合同存在于派遣机构和派遣劳动者之间，但劳动力给付的事实则发生于要派企业与派遣劳动者之间。劳务派遣存在三方主体：劳务派遣单位、劳动者、要派企业（又称用工单位）。

劳动派遣最显著的特征就是劳动力的雇佣与使用分离。劳动派遣机构不同于职业介绍机构，它是劳动合同一方的当事人，而职业介绍机构不是劳动合同一方的当事人。劳务派遣机构与劳务人员是企业和员工的关系，他们之间的关系受劳动法调整；职业介绍机构主要是通过向企业和劳动者提供信息服务收取一定的劳务中介费，劳动者与职业介绍机构不签订劳动合同，所以也不存在劳动关系，其关系不受劳动法的调整，而受民法调整。简而言之，派遣的特点就是劳务派遣企业"招人不用人"，用工单位"用人不招人"。企事业单位用工，一般应该以直接录用员工为主，签订劳动合同，正式建立劳动关系；劳务派遣作为一种特殊的用工形式和劳动关系，并不适合所有企事业单位，只适合一些特殊用工单位或者特殊岗位，一般在临时性、辅助性或者替代性的工作岗位上实施。目前，有些企业的保安、保洁、绿化养护等岗位一般由劳务公司派遣劳务人员。

链接：

在肯德基工作了 10 年的徐某，因工作中的疏忽被肯德基辞退。徐某起诉要求肯德基支付自己的当月工资和 4 万元解除劳动合同的经济补偿金。法院经审理认为，徐某与时代桥公司签订劳动合同，确立了双方之间的劳动关系；后徐某作为时代桥公司的职员被派遣到肯德基工作，但在他和肯德基之间并未形成事实劳动关系。故判决驳回了徐某的诉讼请求。在本案存在劳务派遣关系，三方主体分别为劳动者（徐某）、用工单位（肯德基）与劳务派遣单位（时代桥公司）。在劳务派遣关系中，依法设立的劳务派遣机构和劳动者订立劳动合同后，依据与接受派遣单位订立的劳务派遣协议，将劳动者派遣到接受派遣单位工作。根据《劳动法》规定，徐某应向劳动合同相对方，即时代桥公司主张解除劳动合同的经济补偿金。

在实际工作中，有时还存在"假派遣"的现象，有的企业本来已经和员工建立了劳动关系，但是为了逃避责任，于是就让员工与某劳务派遣公司签订劳动合同，这就是假派遣现象。针对假派遣现象，劳动者需要注意的问题是，如果用人单位在工作了一段时间后再让劳动者签订合同，劳动者一定要审查劳动合同的内容，弄清合同的性质，如果确实不同意，可以拒绝单位并解除劳动合同，这种情况下，单位应解除劳动合同并支付经济补偿金。

我国劳务派遣主要集中在三个领域：一是建筑领域进城务工人员的劳务派遣，以建筑单位、农民工整建制队伍、农民工三方组成；二是外企在助理、秘书、程序员等中层以下的职位，多用劳务派遣人员；三是企业为解决下岗、富余员工的再就业而开展劳务派遣。

（二）劳务派遣的劳动合同和劳务派遣协议

劳务派遣劳动合同是劳务派遣单位和劳动者签订的劳动合同。劳务派遣单位应当与被派遣劳动者订立两年以上的固定期限的劳动合同，按月向劳动者支付劳动报酬，被派遣劳动者在无工作期间，劳务派遣单位也应当按照单位所在地人民政府规定的最低工资标准，向劳动者按月支付工资。同《劳动法》相比较，《劳动合同法》明确规定劳务派遣单位不得克扣用工单位按照劳务派遣协议支付给被派遣劳动者的劳动报酬。

派遣单位应当和用工单位签署劳务派遣协议。劳务派遣协议应当约定派遣岗位和人员数量、派遣期限、劳动报酬以及社会保险费的数额和支付方式、违反协议的责任等。用工单位在用工过程中应当履行下列义务：（1）执行国家劳动标准，提供相应的劳动条件和劳动保护；（2）告知被派遣劳动者的工作要求和劳动报酬；（3）支付加班费、绩效奖金，提供与劳动者岗位相关的劳动报酬；（4）对在岗被派遣劳动者进行工作岗位所必需的培训；（5）连续用工的，实行正常的工资调整机制。同时，用人单位不得将被派遣的劳动者二次派遣。

（三）劳务派遣人员工资的支付

一般情况下，劳务派遣劳动合同及劳务派遣协议中对工资支付的标准、方式均作了明确约定。如果约定由用工单位向劳动者支付工资，那么，当劳动者因工资支付标准、数额等产生争议时，可以将用工单位作为被告，将派遣单位作为第三人。如果未明确约定由哪方发放工资，因劳动者是与派遣单位形成劳动关系，向劳动者支付劳动报酬是派遣单位的主要义务，因此，劳动者应将派遣单位作为被告，将用工单位作为第三人。

（四）劳务派遣人员的社会保险

根据《劳动合同法》第五十八条"劳务派遣单位是本法所称用人单位，应当履行用人单位对劳动者的义务"规定，用人单位对劳动者的义务包括为劳动者缴纳社会保险，此外，根据《劳务派遣暂行规定》第八条第（四）项规定，劳务派遣单位应当按照国家规定和劳务派遣协议约定，依法为被派遣劳动者缴纳社会保险费，并办理社会保险相关手续。因此，为劳动者缴纳社会保险是劳务派遣单位的法定义务。当然，实务中，企业考虑到工作效率问题，派遣单位和用工单位可能会约定由用工单位直接为劳动者缴纳社会保险，但不管如何约定，劳务派遣单位或用工单位都必须为劳务派遣人员缴纳各项社会保险费，不能互相推脱，侵犯劳务派遣人员的权益；且即使派遣单位和用工单位约定由用工单位为劳动者缴纳社会保险，也仅是双方之间的合同约定，不能对抗劳动者，不能减损派遣单位的法定义务，在此种约定存在的情况下，若用工单位未为劳动者缴纳社会保险，劳动者仍可要求派遣单位为其缴纳。

（五）劳务派遣人员权益保护

企业为了降低用人成本、规避社会保险等，往往采取劳务派遣用工形式。劳务派遣关系中，劳动者与劳务派遣单位签订劳动合同，劳务派遣单位与劳动者建立劳动关系，承担作为用人单位的法定责任；用工单位未与劳动者签订劳动合同，而是基于与劳务派遣单位签订的劳务派遣协议，接受被派遣劳动者提供劳动，实际管理控制劳动者。为了最大限度地保护劳动者合法权益，防止劳务派遣单位或用工单位违反法律规定给被派遣劳动者造成损害，《劳动合同法》第九十二条规定，用工单位给被派遣劳动者造成损害的，劳务派遣单位与用工单位承担连带赔偿责任。

（六）劳务派遣人员的辞退和辞职

从劳务派遣的概念我们不难看出，在劳务派遣中，实际用工单位是不能直接辞退被派遣员工的，而是要明确将被派遣员工退回劳务派遣公司。同时，用工单位也不能接受被派遣员工辞职，即使该员工在退回派遣公司的同时与劳务派遣公司解除劳动合同，也应注意是从劳务派遣公司辞职，而不是从实际用工单位辞职。此外，劳务派遣员工与派遣公司的劳动合同必须交一份至实际用工单位存档备查。用工单位在使用派遣员工前，必须先确认派遣员工与派遣公司是否签订有劳动合同，避免用工单位自身与劳动者形成事实劳动关系，产生不必要的麻烦。

二、非全日制用工

近几年来，随着社会经济的发展和用工形式的多样化，以小时工为主要形式的用工方式发展较快，打破了传统的用工形式，适应了新形势下用人单位灵活用工和劳动者自主选择的需要，成为促进就业的重要途径。为了规范小时工这类非全日制用工的行为，维护用工企业和员工的利益，原劳动和社会保障部出台了《关于非全日制用工若干问题的意见》，对非全日制用工做出规定。后《劳动合同法》第五章对非全日制用工也有相应的阐述。

（一）非全日制用工的认定问题

《关于非全日制用工若干问题的意见》第一条第一款明确规定：非全日制用工是指以小时计酬、劳动者在同一用人单位平均每日工作时间不超过 5 小时累计每周工作时间不超过 30 小时的用工形式。《劳动合同法》对非全日制用工的认定采取了更加严格的条件，将每日工作时间不超过 5 小时、每周工作时间不超过 30 小时，修改为每日工作时间不超过 4 小时、每周工作时间不超过 24 小时。我们一般把非全日制用工称作"小时工"。从事非全日制工作的劳动者，可以与一个或一个以上用人单位建立劳动关系，但是，后订立的劳动合同不能影响先订立的劳动合同的履行，"先入为主"是小时工必须坚持的原则。"小时工"的法定化，突破了《劳动法》意义上劳动关系只能在一对一的劳动者和用人单位之间建立的规定，成为《劳动合同法》的又一亮点。

（二）非全日制用工的劳动合同

用人单位与非全日制劳动者建立劳动关系，应当订立劳动合同。劳动合同一般以书面形式订立，也可以订立口头劳动合同，在这一点上《劳动合同法》没有硬性的规定。为更好地保护自身合法权益，非全日制劳动者应当尽量和用人单位订立书面劳动合同。劳动者通过依法成立的劳务派遣组织为其他单位、家庭或个人提供非全日制劳动的，由劳务派遣组织与非全日制劳动者签订劳动合同。非全日制劳动合同的内容由双方协商确定，应当包括工作时间和期限、工作内容、劳动报酬、劳动保护和劳动条件五项必备条款，但不得约定试用期。非全日制劳动合同的终止条件，按照双方的约定办理。劳动合同中，当事人未约定终止劳动合同提前通知期的，任何一方均可以随时通知对方终止劳动合同；

双方约定了违约责任的，按照约定承担赔偿责任。用人单位招用劳动者从事非全日制工作，应当在录用后到当地劳动保障行政部门办理录用备案手续。从事非全日制工作的劳动者，档案可由本人户口所在地劳动保障部门的公共职业介绍机构代管。

（三）非全日制用工的工资支付

用人单位应当按时足额支付非全日制劳动者的工资。一般来说，非全日制用工的工资支付可以按小时、日、周为单位结算，但是结算支付周期最长不得超过十五日，小时工资不得低于当地政府颁布的小时最低工资标准。非全日制用工的小时最低工资标准由省、自治区、直辖市规定，并报人力资源和社会保障部备案。确定和调整小时最低工资标准应当综合参考以下因素：当地政府颁布的月最低工资标准；单位应缴纳的基本养老保险费和基本医疗保险费（当地政府颁布的月最低工资标准未包含个人缴纳社会保险费因素的，还应考虑个人应缴纳的社会保险费）；非全日制劳动者在工作稳定性、劳动条件和劳动强度、福利等方面与全日制就业人员之间的差异。小时最低工资标准的测算方法为：小时最低工资标准＝〔（月最低工资标准÷21.75÷8）×（1＋单位应当缴纳的基本养老保险费、基本医疗保险费比例之和）〕×（1＋浮动系数）。

链接：山东省各地最低小时工资标准（2018年6月1日执行）

济南：历下区、市中区、槐荫区、天桥区、历城区小时最低工资标准19.1元/小时；长清区、章丘区、莱芜区、钢城区、平阴县、济阳县、商河县小时最低工资标准17.3元/小时。

青岛：市南区、市北区、黄岛区、崂山区、李沧区、城阳区、即墨区小时最低工资标准19.1元/小时；胶州市、平度市、莱西市小时最低工资标准17.3元/小时。

淄博：淄川区、张店区、临淄区小时最低工资标准19.1元/小时；博山区、周村区、桓台县小时最低工资标准17.3元/小时；高青县、沂源县小时最低工资标准15.5元/小时。

东营：所辖县（区）小时最低工资标准19.1元/小时。

烟台：芝罘区、福山区、牟平区、莱山区、龙口市、莱州市、蓬莱市、招远市小时最低工资标准19.1元/小时；莱阳市、栖霞市、海阳市、长岛县小时最低工资标准17.3元/小时。

潍坊：潍城区、寒亭区、坊子区、奎文区、诸城市、寿光市小时最低工资标准19.1元/小时；青州市、安丘市、高密市、昌邑市、临朐县、昌乐县小时最低工资标准17.3元/小时。

威海：所辖市（区）小时最低工资标准19.1元/小时。

枣庄：市中区、滕州市小时最低工资标准17.3元/小时；薛城区、峄城区、台儿庄区、山亭区小时最低工资标准15.5元/小时；

济宁：任城区、兖州区、曲阜市、邹城市、微山县小时最低工资标准17.3元/小时；鱼台县、金乡县、嘉祥县、汶上县、泗水县、梁山县小时最低工资标准15.5元/小时。

泰安：泰山区、新泰市、肥城市小时最低工资标准17.3元/小时；岱岳区、宁阳县、东平县小时最低工资标准15.5元/小时。

日照：所辖县（区）小时最低工资标准17.3元/小时。

临沂：兰山区、罗庄区、河东区小时最低工资标准17.3元/小时；沂南县、郯城县、沂水县、兰陵县、费县、平邑县、莒南县、蒙阴县、临沭县小时最低工资标准15.5元/小时。

滨州：滨城区、博兴县、邹平县小时最低工资标准17.3元/小时；沾化区、惠民县、阳信县、无棣县小时最低工资标准15.5元/小时。

菏泽：所辖县（区）小时最低工资标准15.5元/小时。

德州：所辖县（市、区）小时最低工资标准15.5元/小时。

聊城：所辖县（市、区）小时最低工资标准15.5元/小时。

（四）非全日制用工的社会保险

从事非全日制工作的劳动者应当参加基本养老保险，原则上参照个体工商户的参保办法执行。对于已参加过基本养老保险和建立个人账户的人员，前后缴费年限合并计算，跨统筹地区转移的，应办理基本养老保险关系和个人账户的转移、接续手续。符合退休条件时，按国家规定计发基本养老金。从事非全日制工作的劳动者可以以个人身份参加基本医疗保险，并按照待遇水平与缴费水平相挂钩的原则，享受相应的基本医疗保险待遇。参加基本医疗保险的具体办法由各地劳动保障部门研究制定。用人单位应当按照国家有关规定为建立劳动关系的非全日制劳动者缴纳工伤保险费。从事非全日制工作的劳动者发生工伤，依法享受工伤保险待遇；被鉴定为伤残 5 – 10 级的，经劳动者与用人单位协商一致，可以一次性结算伤残待遇及有关费用。

链接：

非全日制员工也需要缴纳工伤保险，用人单位未给非全日制员工缴纳工伤保险，员工发生工伤事故时，由用人单位支付工伤保险待遇。2017 年 4 月，冯某与天津某餐饮公司签订了非全日制劳动合同，成为该公司的非全日制员工。合同约定，冯某每天工作 3 小时，每小时工资 30 元，该工资包含了冯某的社会保险费用。6 月 27 日，冯某在工作中发生工伤事故，评为伤残 6 级，应该享受工伤待遇。但是公司和冯某均未参加社会保险，冯某的工伤得不到工伤保险经办机构提供的保险待遇。冯某向公司提出享受工伤保险待遇遭到拒绝后，向当地劳动争议仲裁委员会提出仲裁申请，要求公司给予医疗费用报销、工伤津贴和一次性伤残补助等工伤待遇。劳动争议仲裁委员会支持了冯某的请求。

（五）非全日制用工的劳动争议处理

从事非全日制工作的劳动者与用人单位因履行劳动合同引发的劳动争议，按照国家劳动争议处理规定执行。劳动者直接向其他家庭或个人提供非全日制劳动的，当事人双方发生的争议不适用劳动争议处理规定，当事人可以直接向法院起诉。也就是说，家庭保姆和个人雇工没有列入非全日制用工的管辖范围。

（六）非全日制用工的管理与服务

非全日制用工是劳动用工制度的一种重要形式，是灵活就业的主要方式。

各级劳动保障部门要高度重视，从有利于维护非全日制劳动者的权益、有利于促进灵活就业、有利于规范非全日制用工的劳动关系出发，结合本地实际，制定相应的政策措施，要在劳动关系建立、工资支付、劳动争议处理等方面为非全日制用工提供政策指导和服务。

第四章 工 资

一、 工资概述

（一）工资的概念

工资是指用人单位依据法律规定、行业规定、劳动合同的约定，以货币的形式直接支付给本单位劳动者的劳动报酬。一般包括计时工资、计件工资、奖金、津贴和补贴、以及特殊情况下应该支付的工资。

（二）工资总额

工资总额是指各单位在一定时期内直接支付给本单位全部职工的劳动报酬总额。工资总额的计算应以直接支付给职工的全部劳动报酬为根据。工资总额的界定是收取社保和支付失业等保险的依据，是政府决策的依据，是收取个人所得税的依据，是做财政预算的依据。

国家统计局《关于工资总额组成的规定》第四条规定，工资总额由六部分组成：计时工资、计件工资、奖金、津贴和补贴、加班加点工资、特殊情况下支付的工资。

1. 计时工资。是指按照计时工资标准和工作时间支付给个人的劳动报酬，包括四部分：（1）对已做工作按照计时工资标准支付的工资；（2）实行结构工资制的单位支付给职工的基础工资和职务工资；（3）新参加工作的见习期工资；（4）运动员体育津贴。

2. 计件工资。是指对已做工作按照计件支付的劳动报酬。

3. 奖金。是指支付给职工的超额劳动报酬和增收节支的劳动报酬。

4. 津贴和补贴。津贴是补偿职工特殊或额外劳动消耗的津贴、保健性津贴、技术型津贴及其他津贴；补贴是指为了保证职工的工资水平不受物价影响，支付给职工的物价补贴。

5. 加班加点工资。是指职工超出法定标准工作时间所应获得的劳动报酬。原劳动部《关于贯彻执行〈中华人民共和国劳动法〉若干问题的意见》第七十、七十一条规定：休息日安排劳动者工作的，应先按同等时间安排其补休，不能安排补休的，应按《劳动法》第四十四条第（二）项的规定支付劳动者延长工作时间的工资报酬。法定节假日安排劳动者工作的，应按《劳动法》第四十四条第（三）项支付劳动者延长工作时间的工资报酬，法定节假日时间加班只能是支付加班工资而不能安排补休。协商是企业决定延长工作时间的必经程序（《劳动法》第四十二条和《劳动部贯彻〈国务院关于职工工作时间的规定〉的实施办法》第七条规定除外），企业确因生产经营需要，必须延长工作时间时，应与工会和劳动者协商。协商后，企业可以在劳动法限定的延长工作时数内（每日不得超过三小时，每月不得超过三十六小时）决定延长工作时间，对企业违反法律、法规强迫劳动者延长工作时间的，劳动者有权拒绝。若由此发生劳动争议，可以提请劳动争议处理机构予以处理。

6. 特殊情况下工资的支付。根据国家法律、法规和政策规定，因病、工伤、产假、计划生育假、婚丧假、事假、探亲假、定期休假、停工学习、执行国家或社会义务等原因按计时工资标准或计时工资标准一定比例支付的工资。

（三）不应该列入工作总额范围的收入

1. 根据国务院发布的有关规定颁发的发明创造奖、国家星火奖、自然科学奖、科学技术进步奖、合理化建议和技术改进奖、中华技能大奖以及支付给运动员、教练员的奖金等。

2. 有关劳动保险和职工福利待遇方面的各项费用（丧葬费、生活困难补助费、计划生育补贴等）。

3. 有关离休、退休、退职人员待遇的各项支出。

4. 劳动保护的各项支出，例如用人单位支付给劳动者的工作服、解毒剂、夏天的降温费和冬天的取暖费等。

5. 稿费、讲课费、翻译费以及其他工作报酬。

6. 出差伙食补助费、误餐费、调动工作的差旅费和安家费。

二、 工资的支付

（一）工资支付制度

《山东省企业工资支付规定》第十四条规定，企业应当按照国家和省有关规定，制定工资支付制度，工资制度应当包括以下内容：（1）工资支付项目、标准和形式；（2）工资支付的周期和日期；（3）加班加点工资的计算标准和支付方式；（4）患病、假期等特殊情况下的工资  计算标准和支付方式；（5）工资扣除事项；（6）工资支付的其他事项。

企业制定工资分配和工资支付制度，应当征求企业工会和职工代表大会的意见，并向全体劳动者公布，企业工资分配制度和工资支付制度可以按照法定程序进行调整变更。企业的工资分配制度和工资支付制度应当自制定或者变更之日起 30 日内向劳动保障行政部门备案。

（二）工资支付

工资的支付应当以法定货币的形式支付，不得以实物或有价证券代替货币支付。《工资支付暂行规定》第七条规定：工资必须在用人单位与劳动者约定的日期支付，如果遇到节假日或者休息日，则应该提前在最近的工作日支付。工资至少每月支付一次，实行周、日、小时工资制的可以按照周、日、小时支付工资。

企业安排劳动者在法定标准工作时间以外工作的，应当按照下列规定支付加班工资：

1. 在日法定标准工作时间以外延长工作时间的，按照不低于小时工资基数的150%支付加班工资。

2. 在休息日安排工作的，应当安排同等时间的补休；不能安排补休的，按照不低于日或者小时工资基数的200%支付加班工资。

3. 在法定节假日安排工作的，应当按照不低于日或者小时工资基数的300%支付加班工资。

实行计件工资制的企业，应当依照国家或者行业制定的劳动定额标准，结合本企业实际，经征求企业工会或者职工代表的意见，合理确定劳动定额和计件单价。劳动者完成计件定额后，企业安排其在法定标准工作时间以外工作的，应当按照以上规定，分别按照不低于计件单价的150%、200%、300%支付加班工资。实行计件工资和定额工资延长工作时间或者在休息日、法定节假日加班工资计算方法：（1）延长工作时间工资＝延长工作时间内完成的产品件数（或者定额工时数）×原计件单价×150%；（2）休息日工作的工资＝休息日完成的产品件数（或者定额工时数）×原计件单价×200%；（3）法定节假日工作工资＝节假日完成的产品件数（或者定额工时数）×原计件单价×300%。

实行综合计算工时工作制的企业，劳动者综合计算工作时间超过法定标准工作时间的部分，视为延长工作时间，应当根据不同情形，法定标准工作时间以外延长工作时间的，按照不低于小时工资基数的150%支付加班工资；法定节假日安排工作的，应当按照不低于日或者小时工资基数的300%支付加班工资。

企业应当将加班工资在下一个工资发放日或者之前支付给劳动者。

（三）月制度工时天数和日工资、小时工资

《对〈工资支付暂行规定〉有关问题的补充规定》第二条第二款规定：劳动者的日工资可以按照劳动者本人月工资标准除以每月制度工作天数进行折算。实行每周40小时工作制度的企业，每月制度工时天数为21.5天。原劳动和社会保障部《关于职工全年月平均工作时间和工资折算问题的通知》规定：全体

公民的节假日由原来的 10 天改为 11 天，职工年工作日为 365 天 – 104 天（休息日）– 11 天（法定节假日）= 250 天；季工作日为 250 天 ÷ 4 季 = 62.5 天/季；月工作日：250 天 ÷ 12 月 = 20.83 天/月。但是职工的日工资和小时工资却不能按此进行折算，按照《劳动法》第五十一条之规定，法定节假日用人单位应当依法支付工资，即折算日工资、小时工资时不剔除国家规定的 11 天法定节假日。据此，日工资、小时工资的折算为：日工资 = 月工资收入 ÷ 月计薪天数；小时工资 = 月工资收入 ÷（月计薪天数 × 8 小时），月计薪天数 =（365 天 – 104 天）÷ 12 月 = 21.75 天。

链接：

小李在社区门诊上班，月工资为 6000 元，那么他的日工资就应该是 6000 ÷ 21.75 = 275.86 元，小时工资为 6000 ÷（21.75 × 8）= 34.48 元。2018 年春节 7 天假期他都在加班，那么他前三天加班费为 6000 ÷ 21.75 × 300% × 3 = 2482.76 元，后四天的加班费为 6000 ÷ 21.75 × 200% × 4 = 2206.9 元，加班费合计 4689.66 元。

（四）特殊情况下工资的支付

1. 根据《山东省企业工资支付规定》第二十七条规定，劳动者在法定工作时间内参加下列社会活动的，企业应当按照劳动者提供正常劳动支付其工资：

（1）依法行使选举权和被选举权；

（2）出席乡（镇）、县（区）以上政府、党派、工会、共青团、妇联等组织召开的会议；

（3）依法出庭作证；

（4）出席劳动模范、先进工作者大会；

（5）《中华人民共和国工会法》（以下简称《工会法》）规定的非专职工会主席、副主席、委员参加工会活动；

（6）依法参加的其他社会活动。

2. 劳动者被判处管制、拘役适用缓刑、有期徒刑适用缓刑，或者被假释、监外执行、取保候审期间，企业未与其解除劳动合同，劳动者提供了正常劳动的，企业应当按照国家规定或者劳动合同约定的工资标准支付其工资。

3. 劳动者疾病或非因工负伤停止工作医疗期内的工资：原山东省劳动厅《企业职工患病或非因工负伤医疗期规定》第一条规定，企业职工因病或非因工负伤，在医疗期内，停工医疗累计不超过 180 天的，由企业发给本人工资 70% 的病假工资；累计超过 180 天，发给本人工资 60% 的疾病救济费。同时，原劳动部《关于贯彻执行〈中华人民共和国劳动法〉若干问题的意见》第五十九条及《山东省企业工资支付规定》第二十六条第二款规定，劳动者患病或者非因工负伤，在国家规定的医疗期内的，企业应当按照国家和省有关规定支付病假工资或者疾病救济费，病假工资或者疾病救济费不得低于当地最低工资标准的 80% 。也就是说，病伤假期工资按照二者较高者发放，如停工医疗期不超过 180 天时，本人工资 70% 低于当地最低工资标准 80% 的，企业应发给劳动者不低于最低工资标准 80% 的病假工资。

原劳动和社会保障部《企业职工患病或非因工负伤医疗期规定》对医疗期做出了具体的规定，医疗期就是指企业职工因患病或非因工负伤停止工作治疗休息不得解除劳动合同的时限。企业职工因患病或非因工负伤医疗期：本人实际工作年限 10 年以下的，在本单位工作年限 5 年以下的为 3 个月，5 年以上的为 6 个月；实际工作年限 10 年以上的，在本单位工作年限 5 年以下的为 6 个月，5 年以上 10 年以下的为 9 个月，10 年以上 15 年以下的为 12 个月，15 年以上 20 年以下的为 18 个月，20 年以上的为 24 个月。医疗期累计计算，医疗期 3 个月的按 6 个月内累计病休时间计算；6 个月的按 12 个月内累计病休时间计算；9 个月的按 15 个月内累计病休时间计算；12 个月的按 18 个月内累计病休时间计算；18 个月的按 24 个月内累计病休时间计算；24 个月的按 30 个月内累计病休时间计算。

劳动者非因工致残和患有难以治疗的疾病，医疗期内医疗终结或医疗期满的，由劳动鉴定机构进行劳动能力鉴定，被鉴定为一至四级的，符合退休、退职条件的，可办理退休、退职手续。其退休金和退职生活费，凡参加退休费用社会统筹的，由当地社会保险机构发给；未参加社会统筹的，由企业从原渠道列支。被鉴定为五至十级的，医疗期内不得解除劳动合同；医疗期满，不能从事原工作也不能从事由用人单位另行安排的工作、被解除劳动合同的，由企业发给经济补偿金和医疗补助费。

4. 非因劳动者原因造成企业停工、停产、歇业，企业未与劳动者解除劳动合同，停工、停产、歇业在一个工资支付周期内的，企业应当视同劳动者提供正常劳动并支付该工资支付周期的工资；超过一个工资支付周期的，企业安排劳动者工作的，按照双方新约定的标准支付工资，但不得低于当地最低工资标准；企业没有安排劳动者工作，劳动者没有到其他单位工作的，应当按照不低于当地最低工资标准的70%支付劳动者基本生活费。国家和省另有规定的，依照其规定执行。

（五）代扣工资限制

《劳动法》第五十条规定：不得克扣或者无故拖欠劳动者的工资。为了保证这一规定的执行，相关法律法规对扣除工资做了限制性的规定：

1. 对代扣工资的限制。用人单位不得克扣劳动者工资。有下列情形之一的，用人单位可以代扣劳动者工资：（1）用人单位代扣代缴的个人所得税；（2）用人单位代扣代缴的应由劳动者个人负担的各项社会保险费用；（3）劳动者应当缴纳的住房公积金；（4）法律、法规规定的可以从劳动者工资中扣除的其他费用。

链接：

拒绝工作交接，不能成为扣发工资的理由。张某系某网络公司的工程师，双方签订劳动合同，期限自2016年3月1日至2019年2月28日。2018年2月14日，张某因个人原因向网络公司提出离职，但公司未向张某支付2018年1月1日至2018年2月14日的工资。张某遂向劳动争议仲裁委员会提起申请，要求公司支付其2018年1月1日至2018年2月14日的工资。网络公司辩称，因张某未按照公司规定办理工作交接，故不同意支付张某2018年1月1日至2018

年 2 月 14 日的工资，称张某与公司办理完工作交接后再支付工资。

劳动者未履行办理工作交接的义务，用人单位能否扣发其工资？答案是否定的！仲裁委员会支持了张某的仲裁请求，裁决网络公司支付张某 2018 年 1 月 1 日至 2018 年 2 月 14 日期间的工资。

《劳动合同法》第五十条规定，双方解除或终止劳动合同的，劳动者应当按照双方约定，办理工作交接。所以工作交接是劳动者离职时应履行的法定义务，劳动者应在离职时就其工作内容按照用人单位的要求进行交接，用人单位应配合劳动者进行工作交接。那么本案中张某未办理工作交接，能否成为公司不为张某结算工资的抗辩理由呢？《工资支付暂行规定》第九条规定：劳动关系双方依法解除或终止劳动合同时，用人单位应在解除或终止劳动合同时一次付清劳动者工资。

依据上述规定可以看出，劳动者和用人单位应当依法履行各自的法定义务。本案中，用人单位的正确做法应当是依法支付张某应该享受的劳动报酬，再就张某未办理工作交接的情况，向仲裁委员会提出仲裁申请，请求裁决张某办理工作交接。

2. 对扣除工资金额的限制。《工资支付暂行规定》第十六条规定：因劳动者本人原因给用人单位造成经济损失的，用人单位可以按照劳动合同的约定要求其赔偿经济损失。经济损失的赔偿，可从劳动者本人的工资中扣除。但是每月扣除部分不得超过劳动者当月工资的 20%。若扣除后的工资低于当地最低工资标准，则按最低工资标准支付。

链接：企业有无罚款权？

对违反管理规定或工作失误的员工实施罚款是企业最常用的管理办法之一，但是仔细研究一下你会发现，企业对员工罚款，还真是应该三思而后行，最重要的前提就是企业有罚款权吗？一种意见认为企业没有罚款权，《企业职工奖惩条例》第十一条列举了企业可以给予员工行政处分或者经济处罚的 7 种情形，同时第十二条规定，在给予职工行政处分的同时，可以给予一次性罚款。这是我国对企业罚款权的直接法律渊源，但是《企业职工奖惩条例》因被《劳动法》《劳动合同法》代替而已于 2008 年被废止。根据《劳动合同法》第三十九条规定，劳动者严重违反用人单位的规章制度、严重失职给用人单位造成重大损害的，用人单位可以解除劳动合同。该规定没有明确授权用人单位具有经济处罚权，由此看出，用人单位对员工的罚款处分，已经没有法律依据。另一种意见认为企业有罚款权。《企业职工奖惩条例》虽然被废止，但国家没有明确禁止企业设定罚款权。《最高人民法院关于审理劳动争议案件适用法律问题的解释（一）》第五十条规定，用人单位通过民主程序制定的规章制度，不违反国家法律、行政法规及政策规定，并已向劳动者公示的，可以作为确定双方权利义务的依据。据此，如果企业的规章制度经职代会通过，也不违反法律、法规，可以作为罚款处罚的依据。同时根据私权领域"法无禁止即自由"的基本原则，企业规章制度中设定罚款权就应认定为合法有效。

两种观点，貌似都有道理，但是无论从法律规定还是劳动法律关系的特殊性来看，用人单位在规章制度中规定对员工的违规违纪行为进行罚款，都应该是无效的！首先，劳动者违规违纪给企业造成损失，用人单位具有追偿权。《工资支付暂行规定》第十六条规定：因劳动者本人原因给用人单位造成经济损失的，用人单位可按照劳动合同的约定要求其赔偿经济损失。经济损失的赔偿，可从劳动者本人的工资中扣除。但每月扣除的部分不得超过劳动者当月工资的20%。若扣除后的剩余工资部分低于当地月最低工资标准，则按最低工资标准支付。《违反〈劳动法〉有关劳动合同规定的赔偿办法》第四条第（三）项规定：劳动者违反规定或劳动合同的约定解除劳动合同，对用人单位造成损失的，劳动者应赔偿对生产经营和工作造成的直接经济损失。劳动者造成损失可分为两种情形：劳动者离职后的违约行为和在职期间职务行为造成的损失。其次，劳动关系具有特殊性。一是在劳动关系存续期间劳动者造成经济损失，用人单位既是受害人，又是劳动者的管理者，如果让劳动者承担所有的赔偿责任，不符合公平原则。二是用人单位作为劳动者创造的劳动成果的享有者，更应承担经营风险，如果严格要求劳动者根据其过错承担赔偿责任，实质是转移企业的经营风险，这对处于弱势地位的劳动者来说不尽合理。

三、 最低工资标准

（一）最低工资标准概述

《最低工资规定》规定的最低工资标准，是指劳动者在法定工作时间或者依法签订的劳动合同约定的工作时间内提供了正常的劳动的前提下，用人单位依法应支付的最低劳动报酬。正常劳动，是指劳动者按照依法签订的劳动合同约定，在法定工作时间或劳动合同约定的时间内从事的劳动。劳动者依法享受带薪年休假、探亲假、婚丧假、产假、节育手术假等国家规定的假期，以及法定时间内依法参加社会活动期间，视为提供了正常的劳动。

《最低工资规定》第十二条规定：在劳动者提供正常劳动的情况下，用人单位应支付给劳动者的工资在剔除下列各项后，不得低于当地最低工资标准。

1. 延长劳动时间工资；

2. 中班、夜班、高温、低温、井下、有毒有害等特殊工作环境、条件下的津贴；

3. 法律、法规和国家规定的劳动者福利待遇等。

劳动者在试用、见习、熟练或学徒期间，用人单位和劳动者的劳动关系事实已经成立，只要劳动者提供了正常劳动，其所得的工资不能低于最低工资标准。

（二）适用最低工资标准程序

用人单位需按最低工资标准支付工资的，应履行必要的民主程序并事先报同级劳动保障行政部门备案。劳动保障部门对执行最低工资标准的用人单位要纳入重点监控范围，加强跟踪检查，切实维护劳动者基本劳动报酬权益，不能让最低工资标准成为企业克扣员工工资的"合法外衣"。用人单位生产经营恢复正常后，应及时恢复或提高工资标准。确定和调整最低工资标准，应参考当地就业者及其赡养人口的最低生活费用、城镇居民消费价格指数、职工个人缴纳的社会保险费和住房公积金、职工平均工资、经济发展水平以及就业状况等诸多因素综合确定，最低工资标准应该高于当地的社会救济金和失业保险金标准，低于平均工资。省、自治区、直辖市劳动保障部门应当将本地区最低工资标准方案报省、自治区、直辖市人民政府批准，并在批准 7 日内在当地政府公报和至少一种全地区性的报纸上发布。省、自治区、直辖市劳动保障行政部门应当在发布 10 日内将最低工资标准报人力资源和社会保障部。用人单位一般在最低工资标准发布 10 日内将该标准向本单位全体劳动者公示。

链接：全国各地最低工资标准

全国各地区月最低工资标准情况（截至 2020 年 3 月 31 日）

单位：元

地区	月最低工资标准				小时最低工资标准			
	第一档	第二档	第三档	第四档	第一档	第二档	第三档	第四档
北京	2200				24			
天津	2050				20.8			
河北	1900	1790	1680	1580	19	18	17	16
山西	1700	1600	1500	1400	18.5	17.4	16.3	15.2
内蒙古	1760	1660	1560	1460	18.6	17.6	16.5	15.5
辽宁	1810	1610	1480	1300	18.3	16.3	15	13.2
吉林	1780	1680	1580	1480	17	16	15	14
黑龙江	1680	1450	1270		16	13	12	
上海	2480				22			
江苏	2020	1830	1620		18.5	16.5	14.5	
浙江	2010	1800	1660	1500	18.4	16.5	15	13.6
安徽	1550	1380	1280	1180	18	16	15	14
福建	1800	1720	1570	1420	18.5	18	16.5	15
江西	1680	1580	1470		16.8	15.8	14.7	
山东	1910	1730	1550		19.1	17.3	15.5	
河南	1900	1700	1500		19	17	15	

地区	月最低工资标准				小时最低工资标准			
	第一档	第二档	第三档	第四档	第一档	第二档	第三档	第四档
湖北	1750	1500	1380	1250	18	16	14.5	13
湖南	1700	1540	1380	1220	17	15	13.5	12.5
广东	2100	1720	1550	1410	20.3	16.4	15.3	14
其中：深圳	2200				20.3			
广西	1810	1580	1430		17.5	15.3	14	
海南	1670	1570	1520		15.3	14.4	14	
重庆	1800	1700			18	17		
四川	1780	1650	1550		18.7	17.4	16.3	
贵州	1790	1670	1570		18.6	17.5	16.5	
云南	1670	1500	1350		15	14	13	
西藏	1650				16			
陕西	1800	1700	1600		18	17	16	
甘肃	1620	1570	1520	1470	17	16.5	15.9	15.4
青海	1700				15.2			
宁夏	1660	1560	1480		15.5	14.5	13.5	
新疆	1820	1620	1540	1460	18.2	16.2	15.4	14.6

四、 个人所得税

（一）个人所得税概述

个人所得税是对个人（自然人）取得的各项所得征收的一种所得税。

1950 年，原政务院①公布的《全国税政实施要则》中，就曾列举有对个人

---

① 中央人民政府政务院是 1949 年 10 月 21 日至 1954 年 9 月 27 日期间中华人民共和国"国家政务的最高执行机关"，是中央人民政府的一个机构。

所得课税的税种，当时定名为"薪给报酬所得税"。但由于我国生产力和人均收入水平低，实行低工资制，虽然设立了税种，却一直没有开征。1980年9月10日第五届全国人民代表大会第三次会议通过了《中华人民共和国个人所得税法》（以下简称《个人所得税法》），对于调节个人收入水平、增加国家财政收入起到了积极作用，但也暴露出一些问题。为了统一税政、公平税负、规范税制，1993年10月31日，八届全国人大常委会四次会议通过了《全国人民代表大会常务委员会关于修改〈中华人民共和国个人所得税法〉的决定》，同日发布了新修改的《个人所得税法》，1994年1月28日国务院配套发布了《中华人民共和国个人所得税法实施条例》（以下简称《个人所得税法实施条例》）。1999年8月30日、2005年10月27日、2007年6月29日、2007年12月29日、2011年6月30日、2018年8月31日又分别对《个人所得税法》进行了第二、三、四、五、六、七次修订。

（二）个人所得税纳税对象

我国个人所得税的纳税义务人是在中国境内居住、有所得的人，以及不在中国境内居住而从中国境内取得所得的个人，包括中国国内公民，在华取得所得的外籍人员和港、澳、台同胞。

1. 居民纳税义务人

在中国境内有住所，或者无住所而一个纳税年度内在中国境内居住累计满一百八十三天的个人，是居民纳税义务人，应当承担无限纳税义务，即就其中国境内和境外取得的所得，依法缴纳个人所得税。

2. 非居民纳税义务人

在中国境内无住所又不居住，或者无住所而一个纳税年度内在中国境内居住累计不满一百八十三天的个人，是非居民纳税义务人，承担有限纳税义务，仅就其从中国境内取得的所得，依法缴纳个人所得税。

链接：

什么是中国境内所得？根据《个人所得税法实施条例》第三条之规定，除国务院财政、税务主管部门另有规定外，下列所得，不论支付地点是否在中国境内，均为来源于中国境内的所得：①因任职、受雇、履约等在中国境内提供劳务取得的所得；②将财产出租给承租人在中国境内使用而取得的所得；③许可各种特许权在中国境内使用而取得的所得；④转让中国境内的不动产等财产或者在中国境内转让其他财产取得的所得；⑤从中国境内企业、事业单位、其他组织以及居民个人取得的利息、股息、红利所得。

（三）征税内容

根据《个人所得税法》第二条之规定：下列各项个人所得，应纳个人所得税：

1. 工资、薪金所得。工资、薪金所得，是指个人因任职或受雇取得的工资、薪金、奖金、年终加薪、劳动分红、津贴、补贴以及与任职或受雇有关的其他所得。这就是说，个人取得的所得，只要是与任职、受雇有关，不管其单位的资金开支渠道或以现金、实物、有价证券等形式支付的，都是工资、薪金所得项目的课税对象。

链接：

所得为实物也应缴税。所得为实物的，应当按照取得的凭证上所注明的价格计算应纳税所得额，无凭证的实物或者凭证上所注明的价格明显偏低的，参照市场价格核定应纳税所得额。

2. 劳务报酬所得。劳务报酬所得，是指个人从事设计、装潢、安装、制图、化验、测试、医疗、法律、会计、咨询、讲学、翻译、审稿、书画、雕刻、影视、录音、录像、演出、表演、广告、展览、技术服务、介绍服务、经济服务、代办服务以及其他劳务取得的所得。

3. 稿酬所得。稿酬所得，是指个人因其作品以图书、报纸等形式出版、发表而取得的所得。这里所说的"作品"，是指包括中外文字、图片、乐谱等能以图书、报刊方式出版、发表的作品；"个人作品"，包括本人的著作、翻译的作品等。作者去世后，财产继承人取得的遗作稿酬，应按稿酬所得项目计税。

4. 特许权使用费所得。特许权使用费所得，是指个人提供专利权、著作权、商标权、非专利技术以及其他特许权的使用权取得的所得。提供著作权的使用权取得的所得，不包括稿酬所得。作者将自己文字作品手稿原件或复印件公开拍卖（竞价）取得的所得，应按特许权使用费所得项目计税。

5. 经营所得。包括：（1）个体工商户从事生产、经营活动取得的所得，个人独资企业投资人、合伙企业的个人合伙人来源于境内注册的个人独资企业、合伙企业生产、经营的所得；（2）个人依法从事办学、医疗、咨询以及其他有偿服务活动取得的所得；（3）个人对企业、事业单位承包经营、承租经营以及转包、转租取得的所得；（4）个人从事其他生产、经营活动取得的所得。

6. 利息、股息、红利所得。利息、股息、红利所得，是指个人拥有债权、股权而取得的利息、股息、红利所得。利息是指个人的存款利息、货款利息和购买各种债券的利息。股息，也称股利，是指股票持有人根据股份制公司章程规定，凭股票定期从股份公司取得的投资利益。红利，也称公司（企业）分红，是指股份公司或企业根据应分配的利润按股份分配超过股息部分的利润。股份制企业以股票形式向股东个人支付股息、红利即派发红股，应以派发的股票面额为收入额计税。

7. 财产租赁所得。财产租赁所得，是指个人出租不动产、机器设备、车船以及其他财产取得的所得。财产包括动产和不动产。

8. 财产转让所得。财产转让所得，是指个人转让有价证券、股权、合伙企业中的财产份额、不动产、机器设备、车船以及其他自有财产给他人或单位而取得的所得，包括转让不动产和动产而取得的所得。对个人股票买卖取得的所得暂不征税。

9. 偶然所得。偶然所得，是指个人取得的所得是非经常性的，属于各种机遇性所得，包括得奖、中奖、中彩以及其他偶然性质的所得（含奖金、实物和有价证券）。个人购买社会福利有奖募捐奖券、中国体育彩票，一次中奖收入不超过10000元的，免征个人所得税；超过10000元的，应以全额按偶然所得项目计税。

（四）免税范围

下列各项个人所得，免征个人所得税：

1. 省级人民政府、国务院部委和中国人民解放军军以上单位，以及外国组织、国际组织颁发的科学、教育、技术、文化、卫生、体育、环境保护等方面的奖金；

2. 国债和国家发行的金融债券利息；

3. 按照国家统一规定发给的补贴、津贴；

4. 福利费、抚恤金、救济金；

5. 保险赔款；

6. 军人的转业费、复员费、退役金；

7. 按照国家统一规定发给干部、职工的安家费、退职费、基本养老金或者退休费、离休费、离休生活补助费；

8. 依照有关法律规定应予免税的各国驻华使馆、领事馆的外交代表、领事官员和其他人员的所得；

9. 中国政府参加的国际公约、签订的协议中规定免税的所得；

10. 国务院规定的其他免税所得。

（五）应纳税所得额

1. 居民个人的综合所得，以每一纳税年度的收入额减除费用六万元以及专项扣除、专项附加扣除和依法确定的其他扣除后的余额，为应纳税所得额。

（1）专项扣除，包括居民个人按照国家规定的范围和标准缴纳的基本养老保险、基本医疗保险、失业保险等社会保险费和住房公积金等。

（2）专项附加扣除，包括子女教育、继续教育、大病医疗、住房贷款利息或者住房租金、赡养老人等支出。一是子女教育。纳税人的子女接受全日制学历教育的相关支出，按照每个子女每月 1000 元的标准定额扣除。学历教育包括义务教育、高中阶段教育、高等教育。年满 3 岁至小学入学前处于学前教育阶段的子女，按本规定执行。二是继续教育。纳税人在中国境内接受学历（学位）继续教育的支出，在学历（学位）教育期间按照每月 400 元定额扣除。同一学历（学位）继续教育的扣除期限不能超过 48 个月。纳税人接受技能人员职业资格继续教育、专业技术人员职业资格继续教育的支出，在取得相关证书的当年，按照 3600 元定额扣除。三是大病医疗。在一个纳税年度内，纳税人发生的与基本医保相关的医药费用支出，扣除医保报销后个人负担（指医保目录范围内的自付部分）累计超过 15000 元的部分，由纳税人在办理年度汇算清缴时，在 80000 元限额内据实扣除。四是住房贷款利息。纳税人本人或者配偶单独或者共同使用商业银行或者住房公积金个人住房贷款为本人或者其配偶购买中国境内住房，发生的首套住房贷款利息支出，在实际发生贷款利息的年度，按照每月 1000 元的标准定额扣除，扣除期限最长不超过 240 个月。纳税人只能享受一次首套住房贷款的利息扣除。五是住房租金。纳税人在主要工作城市没有自有住房而发生的住房租金支出，可以按照以下标准定额扣除：直辖市、省会（首府）城市、计划单列市以及国务院确定的其他城市，扣除标准为每月 1500元；除第一项所列城市以外，市辖区户籍人口超过 100 万的城市，扣除标准为每月 1100 元；市辖区户籍人口不超过 100 万的城市，扣除标准为每月 800 元。六是赡养老人。纳税人赡养一位及以上被赡养人的赡养支出，统一按照以下标准定额扣除：纳税人为独生子女的，按照每月 2000 元的标准定额扣除；纳税人为非独生子女的，由其与兄弟姐妹分摊每月 2000 元的扣除额度，每人分摊的额度不能超过每月 1000 元。可以由赡养人均摊或者约定分摊，也可以由被赡养人指定分摊。约定或者指定分摊的须签订书面分摊协议，指定分摊优先于约定分摊。具体分摊方式和额度在一个纳税年度内不能变更。

（3）依法确定的其他扣除，包括个人缴付符合国家规定的企业年金、职业年金，个人购买符合国家规定的商业健康保险、税收递延型商业养老保险的支出，以及国务院规定可以扣除的其他项目。

2. 非居民个人的工资、薪金所得，以每月收入额减除费用 5000 元后的余额为应纳税所得额；劳务报酬所得、稿酬所得、特许权使用费所得，以每次收入额为应纳税所得额。

3. 经营所得，以每一纳税年度的收入总额减除成本、费用以及损失后的余额，为应纳税所得额。

4. 财产租赁所得，每次收入不超过 4000 元的，减除费用 800 元；4000 元以上的，减除百分之二十的费用，其余额为应纳税所得额。

5. 财产转让所得，以转让财产的收入额减除财产原值和合理费用后的余额，为应纳税所得额。

6. 利息、股息、红利所得和偶然所得，以每次收入额为应纳税所得额。

劳务报酬所得、稿酬所得、特许权使用费所得以收入减除百分之二十的费用后的余额为收入额。稿酬所得的收入额减按百分之七十计算。

个人将其所得对教育、扶贫、济困等公益慈善事业进行捐赠，捐赠额未超过纳税人申报的应纳税所得额百分之三十的部分，可以从其应纳税所得额中扣除；国务院规定对公益慈善事业捐赠实行全额税前扣除的，从其规定。

（六）个人所得税计算方法

1. 个人所得税税率表一（综合所得）

级数	全年应纳税所得额	税率
1	不超过 36000 元	3%
2	超过 36000 元至 144000 元的部分	10%
3	超过 144000 元至 300000 元的部分	20%
4	超过 300000 元至 420000 元的部分	25%
5	超过 420000 元至 660000 元的部分	30%
6	超过 660000 元至 960000 元的部分	35%
7	超过 960000 元的部分	45%

备注：（1）本表所称全年应纳税所得额是指依照《个人所得税法》第六条的规定，居民个人取得综合所得以每一纳税年度收入额减除费用六万元以及专

项扣除、专项附加扣除和依法确定的其他扣除后的余额。

（2）非居民个人取得工资、薪金所得，劳务报酬所得，稿酬所得和特许权使用费所得，依照本表按月换算后计算应纳税额。

链接：

公司员工张某：2020 年 1 月工资 15000 元；2020 年 2 月工资 45000 元；2020 年 3 月工资 15000 元。有一个正在上小学的儿子，子女教育每月扣除 1000 元；首套住房贷款利息支出每月 1000 元；父母健在，且是独生子女，赡养老人支出每月可以扣除 2000 元。五险一金每月缴纳 3000 元。购买符合条件的商业健康保险每月 200 元。

（1）2020 年 1 月。应纳税所得额 =15000 元 –5000 元（累计减除费用） –3000 元（累计专项扣除） –4000 元（累计专项附加扣除） –200 元（累计依法确定的其他扣除） =2800 元，应纳税额 =2800×3% =84 元。

（2）2020 年 2 月。应纳税所得额 =60000 元（累计收入） –10000 元（累计减除费用） –6000 元（累计专项扣除） –8000 元（累计专项附加扣除） –400 元（累计依法确定的其他扣除） =35600 元，应纳税额 =35600 元×3% =1068 –84（已预缴预扣税额） =984 元。

（3）2020 年 3 月。应纳税所得额 =75000 元（累计收入） –15000 元（累计基本减除费用） –9000 元（累计专项扣除） –12000 元（累计专项附加扣除） –600 元（累计依法确定的其他扣除） =38400 元，应纳税额 =（38400 –36000）×10% +36000×3% –（84 +984）（已预缴预扣税额） =252 元。

2. 个人所得税税率表二（经营所得）

级数	全年应纳税所得额	税率
1	不超过 30000 元	5%
2	超过 30000 元至 90000 元的部分	10%
3	超过 90000 元至 300000 元的部分	20%
4	超过 300000 元至 500000 元的部分	30%
5	超过 500000 元的部分	35%

本表所称全年应纳税所得额是指依照《个人所得税法》第六条的规定，以每一纳税年度的收入总额减除成本、费用以及损失后的余额。

（七）个人所得税的征收方式

个人所得税的征收方式主要有两种，一是代扣代缴，二是自行纳税申报。

1. 代扣代缴

代扣代缴是依照税法规定负有代扣代缴义务的单位和个人，从纳税人持有的收入中扣取应纳税款并向税务机关解缴的一种纳税方式。

扣缴义务人，是有义务从持有的纳税人收入中扣除应纳税款并代为缴纳的企业或单位。确定代扣代缴义务人，有利于加强税收的源泉控制，简化征税手续，减少税款流失。代扣代缴义务人主要有以下两类：（1）向纳税人支付收入的单位；（2）为纳税人办理汇款的单位。

2. 自行纳税申报

自行纳税申报是指以下两种情形：

（1）纳税人取得应税所得后，根据取得的应纳税所得项目、数额，计算出应纳的个人所得税额，并在税法规定的申报期限内，如实填写相应的个人所得税纳税申报表，报送税务机关，申报缴纳个人所得税。

（2）纳税人在一个纳税年度终了后，根据全年取得的应纳税所得项目、数额、应纳税额、已纳税额、应补退税额，在税法规定的申报期限内，如实填写相应的个人所得税纳税申报表，并报送税务机关、办理相应事项。

按照《个人所得税法》第十条，有下列情形之一的，纳税人应当依法办理纳税申报：

（1）取得综合所得需要办理汇算清缴。取得综合所得需要办理汇算清缴的情形包括：①从两处以上取得综合所得，且综合所得年收入额减除专项扣除的余额超过6万元；②取得劳务报酬所得、稿酬所得、特许权使用费所得中一项或者多项所得，且综合所得年收入额减除专项扣除的余额超过6万元；③纳税年度内预缴税额低于应纳税额；④纳税人申请退税。纳税人申请退税，应当提供其在中国境内开设的银行账户，并在汇算清缴地就地办理税款退库。

（2）取得应税所得没有扣缴义务人。

（3）取得应税所得，扣缴义务人未扣缴税款。

（4）取得境外所得。

（5）因移居境外注销中国户籍。

（6）非居民个人在中国境内从两处以上取得工资、薪金所得。

（7）国务院规定的其他情形。

第五章 工伤保险

一、 工伤认定

（一）工伤概述

1. 工伤的概念

工伤是指劳动者在从事职业活动或者与职业责任有关的活动时所遭受的事故伤害和职业病伤害。包括职工虽然不在工作岗位上，但是由于企业设备、设施不安全，劳动条件不良等造成的伤亡事故；也包括虽不在生产区域内，但是在执行领导交给的任务的工作时间和地点内发生的伤亡事故。

2.《工伤保险条例》的适用范围

《工伤保险条例》第二条规定：中华人民共和国境内的企业、事业单位、社会团体、民办非企业单位、基金会、律师事务所、会计师事务所等组织和有雇工的个体工商户（以下统称用人单位）应当依照本条例的规定参加工伤保险，为本单位全部职工或者雇工交纳工伤保险费。中华人民共和国境内的企业、事业单位、社会团体、民办非企业单位、基金会、律师事务所、会计师事务所等组织的职工和个体工商户的雇工，均有依照本条例的规定享受工伤保险待遇的权利。

（二）工伤的认定

1. 工伤认定的时间

根据《工伤保险条例》第十七条规定，职工发生事故伤害或者按照职业病防治法规定被诊断、鉴定为职业病，所在单位应当自事故发生之日或被诊断、鉴定为职业病之日起 30 日内，向统筹地区社会保险行政部门提出工伤认定申请。遇有特殊情况，经报社会保险行政部门同意，申请时限可以适当延长。

用人单位未按照前款规定提出工伤认定申请的，工伤职工或者其近亲属、工会组织在事故发生之日或者被诊断、鉴定为职业病之日起一年内，可以直接向用人单位所在地统筹地区社会保险行政部门提出工伤认定申请。

社会保险行政部门应当自受理工伤认定申请之日起 60 日内作出工伤认定的决定，并书面通知申请工伤认定的职工或者其近亲属和该职工所在单位。

2. 工伤认定的机构与管辖

一般来说，工伤认定管辖根据属地原则应当由统筹地区社会保险行政部门办理，"统筹地区社会保险行政部门"是指用人单位参加工伤保险统筹，缴纳工伤保险费的地区的人力资源和社会保障局。用人单位参加省级工伤保险统筹，应当由省级社会保险行政部门进行工伤认定的事项，根据属地原则由用人单位所在地的设区的市级社会保险行政部门办理。

3. 材料的提供和受理

（1）材料：提出工伤认定申请应当提交下列材料：①工伤认定申请表；②与用人单位存在劳动关系（包括事实劳动关系）的证明材料；③医疗诊断证明或者职业病诊断证明书（或者职业病诊断鉴定书）。

申请表应当包括事故发生的时间、地点、原因以及职工受伤害的程度等基本情况。申请人提供材料不完整的，社会保险行政部门应当一次性书面告知申请人补齐的全部材料。申请人补齐材料后，社会保险行政部门应当受理。当然补齐材料的时间是受限制的，一般应当在 15 个工作日内补齐。一般来说，对于申请人提供的以下材料，应当依法作为认定的依据：第一，事故伤害或者突发疾病伤亡的证明；第二，公安交通管理部门对道路交通机动车伤害的事故责任认定书或者证明；第三，革命伤残军人证；第四，县级以上地方人民政府或统筹地区人民政府相关部门认定从事抢险、救灾（救人）等维护国家、社会和公益活动受到伤害的证明；第五，公安机关或司法机关提供的与工伤有关的裁定、裁判或证明；第六，法律法规规定的其他材料。

（2）受理：工伤认定申请人提供的材料完整，属于社会保险行政部门管辖范围且在受理时效内的，社会保险行政部门应当受理。社会保险行政部门无论是否受理，均应当书面告知申请人说明理由。社会保险行政部门受理工伤认定申请后，根据需要可以对提供的证据进行调查核实，有关单位和部门应当予以协助。对依法取得职业病诊断证明书或者职业病诊断鉴定书的，社会保险行政部门不再进行调查核实。一般来说，职工或者直系亲属认为是工伤，用人单位不认为是工伤的，由用人单位承担举证责任。

4. 认定或视同工伤的情形

（1）《工伤保险条例》第十四条规定：职工有下列情况之一的，应当认定工伤：

①在工作期间和工作场所内，因工作原因受到伤害的；

②工作时间前后在工作场所内，从事与工作有关的预备性或收尾性工作受到事故伤害的；

③在工作时间和工作场所内，因履行工作职责受到暴力等意外伤害的；

④患职业病的；

⑤因工外出期间，由于工作原因受到伤害或发生事故下落不明的；

⑥在上下班途中，受到非本人主要责任的交通事故或者城市轨道交通、客运轮渡、火车事故伤害的；

⑦法律、行政法规规定应当认定为工伤的其他情形。

链接：拓展训练属于"工作原因"吗?

马某是某知名汽车品牌上海松江 4S 店的一名员工，2015 年 5 月 23、24 日，根据公司的工作安排，马某参加公司销售团队的拓展训练，在骑马时从马背上摔下受伤，后经医院诊断为 T11 锥体压缩性骨折。2015 年 6 月，马某向当地人力资源和社会保障局申请工伤认定，当地人力资源和社会保障局认为骑马是娱乐活动，不属于因工受伤，作出非工伤认定。马某不服，认为拓展训练是公司销售团队建设的重要方法，是工作的重要组成部分，自己作为公司销售团队的成员，按照公司安排参加团队建设活动也是履行工作职责，完全符合法律法规规定的工伤认定条件，应当认定为工伤。因此马某向法院提起行政诉讼，请求法院撤销被告区人力资源和社会保障局非工伤认定并请求重新作出认定。

法院经审理认为，判断职工参加活动是否基于工作原因，不能仅从该活动的内容形式予以认定，而应从该项活动的目的、性质、是否为单位组织安排、费用承担等多方面因素进行慎重考量，本案中公司组织的团队建设活动的目标和目的是改善团队沟通与协作，提升团队核心竞争力，马某参加的马术训练是整个团队训练的组成部分，而并非自己个人行为，符合法律关于工伤的规定，认定马某系因工外出期间受伤，撤销人力资源和社会保障局的非工伤认定，责令其在60日内重新作出认定结论。

（2）原劳动部办公厅《〈对关于企业以自己的名义为无照个人提供生产经营场地和条件发生伤亡事故后有关问题如何处理的请示〉的复函》规定：企业以自己的名义为无证照个人提供生产经营场地和条件发生工伤事故的，应视为该企业的经营行为，发生伤亡事故后，应按照国务院《企业职工伤亡事故报告和处理规定》（已经被《生产安全事故报告和调查处理条例》所替代）及有关规定进行调查处理。

（3）《工伤保险条例》第四十三条第二款规定：用人单位实行承包经营的，工伤保险责任由职工劳动关系所在单位承担。《最高人民法院关于审理工伤保险行政案件若干问题的规定》第三条第一款第（四）项及《人力资源社会保障部关于执行〈工伤保险条例〉若干问题的意见》第七条对违法转包、分包的工伤保险责任划分做出了规定，具备用工主体资格的承包单位违反法律、法规规定，将承包业务转包、分包给不具备用工主体资格的组织或者自然人，该组织或者自然人招用的劳动者从事承包业务时因工伤亡的，由该具备用工主体资格的承包单位承担用人单位依法应承担的工伤保险责任。

（4）《最高人民法院关于审理工伤保险行政案件若干问题的规定》第三条第一款第（五）项规定：个人挂靠其他单位对外经营，其聘用的人员因工伤亡的，被挂靠单位为承担工伤保险责任的单位。

（5）原劳动和社会保障部办公厅《关于职工在工作中遭受他人蓄意伤害是否认定工伤的复函》规定：关于职工在工作中遭受他人蓄意伤害是否认定工伤的问题，应该根据具体情况确定。因履行职责遭受人身伤害的，应认定工伤。对暂时缺乏证据，无法判断其受伤害是因公还是因私的，可以先按照疾病和非因工伤亡对待处理，待伤害原因确定后，再按有关规定进行工伤认定，其中认定为工伤的，其工伤待遇享受期限从受伤害之日起计算，已享受的疾病和非因工负伤、死亡待遇，应从工伤保险待遇中扣除。

（6）《工伤保险条例》第十五条规定了视同工伤的三种情形：①在工作时间和工作岗位，突发疾病死亡或者在 48 小时内经抢救无效死亡的；②在抢险救灾等维护国家利益、公共利益活动中受到伤害的；③职工原在军队服役，因战、因公负伤致残，已取得革命伤残军人证，到用人单位后旧伤复发的。职工有前两种情形的，按照本条例的有关规定享受工伤保险待遇，有第三种情形的，按照本条例的有关规定享受除一次性伤残补助金以外的工伤保险待遇。

链接：早退途中发生交通事故能否认定工伤？

2011 年 3 月 15 日，某集团金属结构安装施工队安排员工杨某、张某两人去公司所属不锈钢炼钢厂办公楼维修厕所管道，下午完成工作任务后，杨某提前下班骑自行车回家，在路上与一轿车发生碰撞，因抢救无效，于 2011 年 4 月 24 日死亡，后经交警部门认定杨某不承担事故的责任。2011 年 9 月 2 日，死者家属向人社局提出工伤认定申请，人社局于 2014 年 8 月 7 日，作出工伤认定决定书，认定杨某为因工死亡。公司不服，于 2014 年 11 月 6 日，向法院提起行政诉讼，认为杨某发生交通事故不是在上下班的合理时间内，其擅离工作岗位，私自外出从事与工作无关的活动，不是因工外出发生的交通事故，不能按工伤处理，请求依法撤销工伤认定决定书。人社局答辩认为，即使本案受害职工存在早退的情形，其违反的是单位的内部管理制度，不能认定其早退受伤与其工作没有关联性，该情形应认定为工伤。法院裁判结果：判决驳回公司的诉讼请求。公司不服，提起上诉，二审法院驳回上诉，维持原判。一审法院认为：杨某虽系提前下班途中受机动车事故伤害造成死亡，但其实质要件仍符合《工伤保险条例》第十四条，关于"职工在上下班途中，受到机动车事故伤害应认定工伤"的规定。"因工作原因"是指职工与所从事的本职工作之间存在因果关系。无论职工在从事本职工作中是否违反了单位的规章制度，是否存在过失，只要不是故意造成伤害的情形，均应认定与本职工作存在因果关系。所以，排除《工伤保险条例》第十六条规定的不应认定为工伤的几种情形，其他情形均应视为工伤或视同工伤处理。杨某虽系早退，违反的只是单位的规章制度，本质上仍属于上下班的一种方式，所以不能认为其早退受伤与本职工作不具有关联性。二审法院认为：工伤保险法律制度，是保障职工因工受到意外伤害后能够及时获得经济救助，促进工伤预防，分散用人单位风险的法律规范，劳动纪律则是规范企业内部管理的规章制度，二者并非同一法律关系。上下班的过程是完成工作任务的前提条件，因而被视为工作场所的合理延伸，作为工作场所的合理延伸，杨某从工作岗位上的早退行为，并未从根本上改变其下班回家的目的，在法律上其违反劳动纪律的行为与死亡后果无直接因果关系，该行为也不是否定工伤的法定事由。

（7）合同中明确写明"工伤概不负责"的认定

随着用工关系越来越灵活，很多用工单位为了减轻单位的负担，在劳动合同或者其他文件中明确表示：工伤概不负责。而很多求职者为了尽快找到工作，虽然对此条款感到极不满意，但是也无可奈何，那么是不是有此条款，就能够免除用工单位的责任呢？答案当然是否定的，早在1988年10月14日，《最高人民法院关于雇工合同应当严格执行劳动保护法规问题的批复》中，就明确表明：对劳动者实行劳动保护，在我国宪法中已有明文规定，这是劳动者所享有的权利，张学珍、徐广秋身为雇主，对雇员应该依法给予劳动保护，但是他们却在招工登记表中注明"工伤概不负责"，这种行为既不符合宪法和有关法律的规定，也严重违背了社会公德，应属于无效民事行为。虽此批复已于2013年因被合同法、劳动法、劳动合同法及相关司法解释代替而被废止，但其法律精神显而易见。后根据《劳动合同法》第二十六条第一款第（二）项规定，用人单位免除自己的法定责任、排除劳动者权利的，劳动合同无效或部分无效。为职工缴纳工伤保险是用人单位的法定义务。所以即使在合同中明确注明"工伤概不负责",也不能免除用人单位和雇主的责任,该约定无效。

(8)学生实习期间发生伤害的认定

链接:

廖某系成都某交通学校2001级1班学生,2003年9月,经学校安排推荐,他到市内某汽运四分公司参加汽车维修实习。同年12月26日下午,廖某在实习单位上班工作时,被实习单位的驾驶员何某倒车时撞伤,随即被送往医院救治。2004年7月27日,成都市劳动能力鉴定委员会确认廖某的伤残等级为七级。同年9月23日,廖某以工伤待遇争议为由,向成都市劳动争议仲裁委员会提请劳动仲裁。成都市劳动争议仲裁委员会以双方未形成劳动关系、该争议不属于劳动争议为由决定终止审理。2004年11月4日,廖某遂向法院起诉,请求判令实习单位、撞伤他的司机及学校连带赔偿其医疗费、残疾赔偿金、精神抚慰金共计71417.40元。法庭上三被告均称不担责任,在庭审中,汽运公司辩称,汽运公司对于廖某的受伤没有过错,何某倒车符合操作规范,廖某受伤是因其违反作业规则,横穿试车道所致,其对损害的发生有重大过失,应自行承担损害后果;而廖某所在的交通学校未尽到实习教学过程中的组织、管理义务,应就廖某的损害承担相应的赔偿责任。而交通学校认为,学校与廖某间存有教育合同关系,而本案系侵权诉讼,交通学校并非侵权行为人,故学校并非赔偿义务人。而撞伤廖某的司机何某认为,自己作为汽运公司的职工,是在执行职务过程中造成廖某的人身损害,对损害发生并无过错,不应承担责任。法院审理后认为,廖某系交通学校的在校学生,基于学校的安排到汽运四分公司实习,是其学校课堂教学内容的延伸。廖某与汽运四分公司间无劳动关系,也未建立实质意义上劳动者与用人单位间的身份隶属关系,双方的权利义务不受劳动法的调整。廖某在实习单位虽然是因实习受伤,但不能享受工伤待遇,其所受损害应按一般民事侵权纠纷处理。因此,法院依照《民法通则》的有关规定作出判决,汽运公司向廖某偿付人身损害赔偿金共计32762.81元。

①在校学生与实习单位是否形成事实劳动关系?原劳动部《关于贯彻执行

〈中华人民共和国劳动法〉若干问题的意见》第十二条规定，在校生利用业余时间勤工助学，不视为就业，未建立劳动关系，可以不签订劳动合同。后《人力资源社会保障部对十二届全国人民代表大会三次会议第 3587 号建议的答复》指出，正在研究起草的《关于贯彻实施〈中华人民共和国劳动合同法〉若干规定：（草案）》中对企业使用实习工予以规范，明确全日制在校学生到用人单位勤工助学或者实习，不视为建立劳动关系。可见，人力资源和社会保障部的意见是，在校生与实习单位并未建立劳动关系。

②在校学生在实习过程中受伤应该如何适用法律？依据《工伤保险条例》第三十条第一款"职工因工作遭受事故伤害或者患职业病进行治疗，享受工伤医疗待遇"的规定，只有属于工伤事故范围的职工，才能向用人单位提出工伤损害的赔偿请求。在校学生与实习单位之间建立的不是劳动关系，实习生的身份仍是学生，不是劳动者，因此不具备工伤保险赔偿的主体资格，在实习过程中受伤不享受工伤保险待遇。

这是现在很多学校和企业都面临的一个非常现实的问题，作为职业教育的一个重要环节，职业院校按照专业培养目标和教学计划的安排，组织在校学生到用人单位进行教学实习和顶岗实习，是职业院校专业教学的重要内容。虽然已经与企业签订了就业协议，依协议应在其毕业后再到单位报到上班。可是由于现在就业市场竞争比较激烈，很多毕业班的学生在实习期间就开始顶岗工作了，以致突破了原先《劳动法》中所设计好的关系衔接过程。这一时期内出了伤害事故，责任往往模糊。如何降低实习风险，使实习的效益最大化，就成为学生、学校和用人单位都关心的重要问题之一。但是，发生在我们身边的一系列类似的事件，则凸显了学校、实习单位在这一方面的缺失；学生维权的困难，则暴露了法律法规的不健全和滞后性。

无论如何，学生伤害事故，企业、学校和学生都不愿发生，如何把学生实习的风险降到最低呢？正如一些法律界人士所言：第一，学生在实习实践期间所受到的伤害，应该得到法律更好的关注，要把大学生在实践期间所发生的伤害纳入工伤保险体制，这样既维护了学生的权益，同时也减轻了学校和实习单位的负担，有利于消除企业的顾虑，调动学生学习的积极性和主动性，为职业院校教学改革创造宽松的社会环境。同时，把职业安全教育作为学校教育的重要组成部分，不要等到实习将至，才想起安全教育。试想，一个连自己都不能保护好大学生，怎么能够算是一个合格的劳动者呢？第二，学校和接受在校学生的实习单位之间应当事先就实习事项做出明确的约定，包括学生在实习期间的安全保障、投保义务及损害赔偿责任。第三，充分发挥学生意外伤害保险的作用。这样，一来可以明确责任，二来可以促使相关单位通过保险将风险转移到社会上，减轻学校和实习单位的责任。

2009 年，教育部、财政部、原中国保监会[①]下发了《关于在中等职业学校推行学生实习责任保险的通知》，开始在中职学校全面推行实习保险。2011 年，在总结两年多职业院校学生实习责任保险试行经验的基础上，教育部组织相关保险经纪公司重新制定了全国职业院校学生实习责任保险统保示范项目，开始全面推行学生实习责任保险。此外，人力资源和社会保障部也意识到，由于在校学生与企业之间不构成劳动关系，相关权益无法得到劳动法律法规有效的保护，导致部分企业滥用实习工，以达到降低用工成本，规避法律责任的目的。

（三）不属于工伤的有关规定

1. 《工伤保险条例》第十六条规定：职工有下列情形之一的，不得认定工伤或者视同工伤：（1）故意犯罪的；（2）醉酒或吸毒的；（3）自残或自杀的。

链接：醉酒发生交通事故，能否认定工伤？

甲某乘坐同事乙某驾驶的小型汽车下班回家，途中和乙某一起吃饭，两人均喝了酒，之后继续乘坐乙某驾驶的车辆回家。乙某驾驶小车行驶至丙村村口时，与村口大树发生激烈碰撞，甲某因此身受重伤不治身亡。经交警部门认定，甲某对此次事故的发生没有责任。经检测，事发当时，甲某和乙某均属醉酒状态。甲某因事故身亡后，其所在单位就甲某所受伤害向某市人社局申报工伤认

---

① 中国保险监督管理委员会，于 1998 年 11 月 18 日成立。2018 年国家机构改革，中国保监会和中国银监会的职责整合，组建中国银行保险监督管理委员会。

定，某市人社局受理后以事发当时甲某醉酒为由，依据《工伤保险条例》第十六条第（二）项，对甲某所受伤害不予认定为工伤。甲某家属不服，遂提起行政诉讼。法院经审理认为，醉酒和伤亡存在因果关系时不认定为工伤，而二者之间无因果关系并不包括在内。具体到本案中，甲某只是乘车人，并非驾驶人，交通事故的发生及受到的伤害并不是其醉酒驾驶车辆所导致的，即事故的发生和甲某受到的伤害与其酗酒之间不存在因果关系。某市人社局没有考虑醉酒行为与事故伤害发生之间是否存在因果关系这一法定的核心要件，将存在醉酒行为一律排除在工伤认定范围之外，对甲某受到的事故伤害不予认定工伤，不符合《工伤保险条例》的立法精神和立法本意，也与《社会保险法》的规定明显不符。故法院以该工伤认定决定书存在认定事实与法律、法规适用不符情形为由，判决撤销某市人社局不予认定工伤的决定，并责令某市人社局重新作出工伤认定决定。

（四）工伤主体的认定

1. 用人主体的认定

《劳动法》规定：中国境内企业、个体经济组织与劳动者之间，只要形成劳动关系，即劳动者事实上已成为企业、个体经济组织的成员，并为其提供有偿劳动，适用本法。

2. 劳动关系的确认

在劳动纠纷中，劳动关系的确认是比较困难的，原因就是企业和劳动者法治观念淡薄，不签订书面劳动合同，导致出现纠纷后麻烦较多，这种情况就是常说的事实劳动关系。一般来说，事实劳动关系是指用人单位与劳动者没有订立书面合同，但是双方实际履行了劳动权利义务而形成的劳动关系，其特征是劳动者为用人单位提供了劳动，获得了用人单位的报酬，符合上述特征的，应当认定双方存在事实的劳动关系。但是家庭保姆、临时帮工、家庭教师等民间雇佣劳务关系发生的劳务报酬、债务、劳动损害赔偿等纠纷，属于一般民事权益纠纷，不属于劳动纠纷，由人民法院受理。

3. 用人单位承包经营，工伤主体的认定

一般情况下，工伤保险责任由职工劳动关系所在单位承担。若将承包业务转包、分包给不具备用工主体资格的组织或者自然人，该组织或者自然人招用的劳动者从事承包业务时因工伤亡的，由该具备用工主体资格的承包单位承担用人单位依法应承担的工伤保险责任。

（五）工伤认定的调查程序、时限、文书和送达

社会保险行政部门进行核实调查的时候，应该由两名以上的人员共同进行，在调查核实过程中，需要注意以下几个问题：（1）因工作需要，可以进入有关单位和事故现场；（2）依法查阅与工伤认定有关的资料，询问有关人员并作出调查笔录；（3）记录、录音、录像和复制与工伤认定有关的资料。而且在调查核实过程中，要保守有关单位商业秘密及个人隐私，为提供情况的有关人员保密。

社会保险行政部门应当自受理工伤认定申请之日起 60 日内作出工伤认定决定，出具《认定工伤决定书》或者《不予认定工伤决定书》。

《认定工伤决定书》应当载明以下事项：（1）用人单位全称；（2）职工的姓名、性别、年龄、职业、身份证号码；（3）受伤部位、事故时间和诊断时间或职业病名称、伤害经过和核实情况、医疗救治的基本情况和诊断结论；（4）认定工伤或者视同工伤的依据；（5）不服认定决定申请行政复议或者提起行政诉讼的部门和期限；（6）作出认定工伤或者视同工伤决定的时间。

《不予认定工伤决定书》应当载明以下事项：（1）用人单位全称；（2）职工的姓名、性别、年龄、职业、身份证号码；（3）不予认定工伤或者不视同工伤的依据；（4）不服从认定决定申请行政复议或者提起行政诉讼的部门和期限；（5）作出不予认定工伤或者不视同工伤决定的时间。

《认定工伤决定书》和《不予认定工伤决定书》应当加盖社会保险行政部门工伤认定专用印章，自工伤认定决定作出之日起 20 日内，将决定书送达受伤害职工（或者直系亲属）和用人单位，并抄送社会保险经办机构。

二、 劳动能力鉴定和工伤待遇

（一）劳动能力鉴定概述

《工伤保险条例》第四章规定了劳动能力鉴定事宜：职工发生工伤事故后，经治疗伤情相对稳定后存在残疾、影响劳动能力的，一般来说，应当进行劳动能力鉴定。劳动能力鉴定是指劳动功能障碍程度和生活自理障碍程度的等级鉴定。劳动能力障碍分为十个伤残等级，最重的为一级，最轻的为十级；生活自理障碍分为三个等级：生活完全不能自理、生活大部分不能自理和生活部分不能自理。

劳动能力鉴定标准由国务院社会保险行政部门会同国务院卫生行政部门等部门共同制定。其分级的基本标准是：一级，器官缺失或者功能完全丧失，其他器官不能代替，存在特殊医疗依赖，生活完全或者大部分或者部分不能自理；二级，器官严重缺损或者畸形，有严重功能障碍或并发症，存在特殊医疗依赖，生活大部分或部分不能自理；三级，器官严重缺损或畸形，有严重功能障碍或并发症，存在特殊医疗依赖，生活部分不能自理；四级，器官严重缺损或畸形，有严重功能障碍或并发症，存在特殊医疗依赖，生活部分不能自理或生活可以自理；五级，器官大部分缺损或明显畸形，有较重功能障碍或并发症，存在一般医疗依赖，生活能自理；六级，器官大部分缺损或明显畸形，有中等功能障碍或并发症，存在一般医疗依赖，生活能自理；七级，器官大部分缺损或畸形，有轻度功能障碍或并发症，存在一般医疗依赖，生活能自理；八级，器官部分缺损，形态异常，轻度功能障碍，存在一般医疗依赖，生活能自理；九级，器官部分缺损，形态异常，轻度功能障碍，无医疗依赖或存在一般医疗依赖，生活能自理；十级，器官部分缺损，形态异常，无功能障碍，无医疗依赖或存在一般医疗依赖，生活能自理。

（二）劳动能力鉴定的程序

劳动能力鉴定由用人单位、工伤职工或者其近亲属向设区的市级劳动能力鉴定委员会提出申请，并提供工伤的认定决定和职工工伤医疗的有关资料。设区的市级劳动能力鉴定委员会收到劳动能力鉴定申请后，应当从其建立的医疗卫生专家库中随机抽取3名或者5名相关专家组成专家组，由专家组提出鉴定意见。设区的市级劳动能力鉴定委员会根据专家组的鉴定意见作出工伤职工劳动能力鉴定结论；必要时，可以委托具备资格的医疗机构协助进行有关的诊断。设区的市级劳动能力鉴定委员会应当自收到劳动能力鉴定申请之日起60日内作出劳动能力鉴定结论；必要时，作出劳动能力鉴定结论的期限可以延长30日。自劳动能力鉴定结论作出之日起1年内，工伤职工或者其近亲属、所在单位或者经办机构认为伤残情况发生变化的，可以申请劳动能力复查鉴定。

（三）工伤的待遇

《工伤保险条例》第三十条第一款规定：职工因工作遭受事故伤害或者患职业病进行治疗，享受工伤医疗待遇。

用人单位向有关部门办理工伤保险支付手续，应提供以下材料：（1）工伤认定决定书；（2）劳动能力鉴定结论书；（3）工伤保险待遇申报表；（4）法律法规规定需要提供的其他材料。一般来说，职工住院治疗工伤的，由所在单位按照本单位因公出差伙食补助标准的70%发给伙食补助费；经医疗机构出具证明，报经办机构同意，工伤职工到统筹地区以外就医的，所需交通、食宿费用由所在单位按照本单位职工因公出差标准报销。

职工因工作遭受事故伤害或者患职业病需要暂停工作接受工伤医疗的，在停工留薪期内，原工资福利待遇不变，由所在单位按月支付。工伤的停工留薪期限一般不超过12个月，伤情严重或情况特殊者，经设区的市级劳动能力鉴定委员会确认，可以适当延长，但是延长期限不超过 12 个月。工伤职工评定伤残等级后，停发原待遇，开始享受伤残待遇。

工伤工资的支付标准。工伤职工停工留薪期内，发放原单位工资福利待遇。如果职工因工外出期间发生事故或者在抢险救灾中下落不明的，从事故发生当月起 3 个月内照发工资，从第 4 个月起停发工资，由工伤保险基金向其供养亲属按月支付供养亲属抚恤金。生活有困难的，可以预支一次性伤亡补助金的 50%。

工伤职工治疗期满或者评定伤残等级后，应当停发工资改受伤残待遇。伤残待遇一般有：护理费、辅助器具费、伤残补助金、伤残津贴、医疗补助金和就业补助金等。（1）护理费。护理费一般是工伤事故发生后，将受伤的职工送往医院治疗所需要的护理费，或者工伤职工已经评定伤残等级并经劳动能力鉴定委员会确认需要生活护理的费用。《工伤保险条例》第三十三条第三款规定：生活不能自理的工伤职工在停工留薪期间需要护理的，由所在单位负责。第三十四条规定，工伤职工已经评定伤残等级并经劳动能力鉴定委员会确认需要生活护理的，从工伤保险基金按月支付生活护理费。生活护理费按照生活完全不能自理、生活大部分不能自理或者生活部分不能自理 3 个不同等级支付，其标准分别为统筹地区上年度职工月平均工资的 50%、40% 或者 30%。工伤职工具体属于哪个等级，由劳动能力鉴定委员会认定。（2）辅助器具费。工伤职工因为日常生活或者就业需要，经劳动鉴定委员会确认，可以安装假肢、矫行器、假眼、配备轮椅等辅助器具（一般为中等标准），所需费用按照国家规定的标准从工伤保险基金支付。（3）补助金。①伤残鉴定一级至四级的。《工伤保险条例》第三十五条规定：职工因工致残被鉴定为一级至四级伤残的，保留劳动关系，退出工作岗位，享受以下待遇：第一，一次性伤残补助金。从工伤保险基金按照伤残等级支付一次性伤残补助金，标准是：一级伤残为 27 个月的本人工资，二级伤残为 25 个月的本人工资，三级伤残为 23 个月的本人工资，四级伤残为 21 个月的本人工资。第二，伤残津贴。从工伤保险基金中按月支付伤残津贴，标准为：一级伤残为本人工资的 90%，二级伤残为本人工资的 85%，三级伤残为本人工资的80%，四级伤残为本人工资的75%。伤残津贴实际金额低于当地最低工资标准的，由工伤保险基金补足差额。第三，工伤职工达到退休年龄并办理退休手续后，停发伤残津贴，按照国家有关规定享受基本养老保险待遇。基本养老保险待遇低于伤残津贴的，由工伤保险基金补足差额。第四，基本医疗保险费以伤残津贴为基数缴纳。②伤残鉴定五级到六级。第一，一次性伤残补助金。五级伤残为18个月的本人工资，六级伤残为16个月的本人工资。第二，伤残津贴。一般来说，五级、六级伤残职工应保留与用人单位的劳动关系，由用人单位安排适当工作。难以安排工作的，由用人单位按月发给伤残津贴，标准为：五级伤残为本人工资的70%，六级伤残为本人工资的60%，并由用人单位按照规定为其缴纳应缴纳的各项社会保险费。伤残津贴实际金额低于当地最低工资标准的，由用人单位补足差额。第三，经工伤职工本人提出，该职工可以与用人单位解除或者终止劳动关系，由工伤保险基金支付一次性工伤医疗补助金，由用人单位支付一次性伤残就业补助金；用人单位未参加工伤保险的，一次性工伤医疗补助金和一次性伤残就业补助金，均由用人单位支付。根据《山东省贯彻〈工伤保险条例〉实施办法》第二十五条，工伤职工被鉴定为五级、六级伤残的，经职工本人提出，可以与用人单位解除或终止劳动关系，以其解除或终止劳动关系时的统筹地区上年度职工月平均工资为基数，分别支付本人22个月、18个月的一次性工伤医疗补助金和36个月、30个月的一次性伤残就业补助金。职工被确诊为职业病的，一次性工伤医疗补助金在上述标准基础上加发50%。工伤职工距法定退休年龄5年以上的，一次性工伤医疗补助金和一次性伤残就业补助金全额支付；距法定退休年龄不足5年的，每减少1年一次性伤残就业补助金递减20%。距法定退休年龄不足1年的，按一次性伤残就业补助金全额的10%支付；达到法定退休年龄或者按规定办理了退休手续的的，不支付一次性工伤医疗补助金和一次性伤残就业补助金。③伤残鉴定七级到十级。第一，一次性伤残补助金。七级伤残为13个月的本人工资，八级伤残为11个月的本人工资，九级伤残为9个月的本人工资，十级伤残为7个月的本人工资。第二，医疗补助金和伤残就业补助金。劳动、聘用合同期满终止，或者职工本人提出解除劳动、聘用合同的，由工伤保险基金支付一次性工伤医疗补助金，由用人单位支付一次性伤残就业补助金；用人单位未参加工伤保险的，一次性工伤医疗补助金和一次性伤残就业补助金，均由用人单位支付。《山东省贯彻〈工伤保险条例〉实施办法》第二十五条规定：工伤职工被鉴定为七级至十级伤残的，劳动合同期满终止，或者职工本人提出解除劳动合同，以其解除或终止劳动合同时的统筹地区上年度职工月平均工资为基数，支付本人一次性工伤医疗补助金和一次性伤残就业补助金。一次性工伤医疗补助金的具体标准为：七级 13 个月，八级 10 个月，九级 7 个月，十级 4 个月；一次性伤残就业补助金的具体标准为：七级 20 个月，八级 16 个月，九级 12 个月，十级 8 个月。职工被确诊为职业病的，一次性工伤医疗补助金在上述标准基础上加发 50%。工伤职工距法定退休年龄 5 年以上的，一次性工伤医疗补助金和一次性伤残就业补助金全额支付；距法定退休年龄不足 5 年的，每减少 1 年一次性伤残就业补助金递减 20%。距法定退休年龄不足 1 年的按一次性伤残就业补助金全额的 10% 支付；达到法定退休年龄或者按规定办理了退休手续的，不支付一次性工伤医疗补助金和一次性伤残就业补助金。

职工因工死亡，其近亲属按照下列规定从工伤保险基金领取丧葬补助金、供养亲属抚恤金和一次性工亡补助金。（1）丧葬补助金。丧葬补助金为 6 个月的统筹地区上年度职工月平均工资。（2）供养亲属抚恤金。供养亲属抚恤金按照职工本人工资的一定比例发给由因工死亡职工生前提供主要生活来源、无劳动能力的亲属。标准是：配偶每月 40%，其他亲属每人每月 30%，孤寡老人或者孤儿每人每月在上述标准的基础上增加 10%。核定的各供养亲属的抚恤金之和不应高于因工死亡职工生前的工资。（3）一次性工亡补助金标准为上一年度全国城镇居民人均可支配收入的 20 倍。

链接：关于供养亲属的有关规定

《因工死亡职工供养亲属范围规定》第二条第一款规定：因工死亡职工供养亲属，是指该职工的配偶、子女、父母、祖父母、外祖父母、孙子女、外孙子女和兄弟姐妹。上述规定的人员，依靠因工死亡的职工生前提供主要生活来源，并有下列情形之一的，可以按照规定申请供养亲属抚恤金：第一，完全丧失劳动能力的；第二，工亡职工配偶男年满60周岁，女年满55周岁；第三，工亡职工父母男年满60周岁，女年满55周岁的；第四，工亡职工子女未满18周岁的；第五，工亡职工父母均已死亡，其祖父、外祖父年满60周岁，祖母、外祖父母均已年满55周岁的；第六，工亡职工子女已经死亡或者丧失劳动能力，其孙子女、外孙子女未满18周岁的；第七，工亡职工父母均已死亡或完全丧失劳动能力，其兄弟姐妹未满18周岁的。领取抚恤金的人员有下列情形之一的，停止享受：第一，年满18周岁且未完全丧失劳动能力的；第二，就业或参军的；第三，工亡职工配偶再婚的；第四，被他人或组织收养的；第五，死亡的。如果领取抚恤金的人被判刑收监，则停止享受抚恤金，刑满释放后仍符合领取资格的，按照规定的标准领取。

（四）非法用工单位伤亡人员一次性赔偿办法

所谓非法用工单位伤亡人员，是指在无营业执照或者未经依法登记、备案的单位以及被依法吊销营业执照或者撤销登记、备案的单位受到事故伤害或者患职业病的职工，或者用人单位使用童工造成的伤残、死亡童工。必须按照《非法用工单位伤亡人员一次性赔偿办法》规定，向伤残职工或死亡职工的近亲属、伤残童工或者死亡童工的近亲属给予一次性赔偿。

一次性赔偿包括受到事故伤害或患职业病的职工或童工在治疗期间的费用和一次性赔偿金，一次性赔偿金数额应当在受到事故伤害或患职业病的职工或童工死亡或者经劳动能力鉴定后确定。劳动能力鉴定按属地原则由单位所在地设区的市级劳动能力鉴定委员会办理。劳动能力鉴定费用由伤亡职工或者童工所在单位支付。

职工或童工受到事故伤害或患职业病，在劳动能力鉴定之前进行治疗期间的生活费按照统筹地区上年度职工月平均工资标准确定，医疗费、护理费、住院期间的伙食补助费及所需的交通费等费用，按照《工伤保险条例》规定的标准和范围，全部由伤残职工或童工所在单位支付。

一次性赔偿金按以下标准支付：一级伤残的为赔偿基数的 16 倍，二级伤残的为赔偿基数的 14 倍，三级伤残的为赔偿基数的 12 倍，四级伤残的为赔偿基数的 10 倍，五级伤残的为赔偿基数的 8 倍，六级伤残的为赔偿基数的 6 倍，七级伤残的为赔偿基数的 4 倍，八级伤残的为赔偿基数的 3 倍，九级伤残的为赔偿基数的 2 倍，十级伤残的为赔偿基数的 1 倍。赔偿基数，是指单位所在工伤保险统筹地区上年度职工年平均工资。受到事故伤害或患职业病造成死亡的，按上一年度全国城镇居民人均可支配收入的 20 倍支付一次性赔偿金，并按照上一年度全国城镇居民人均可支配收入的 10 倍一次性支付丧葬补助等其他赔偿金。

单位拒不支付一次性赔偿的，伤残职工或死亡职工的近亲属、伤残童工或者死亡童工的近亲属可以向人力资源和社会保障行政部门举报。经查证属实的，人力资源和社会保障行政部门应责令该单位限期改正。

（五）工伤保险的费率问题

工伤保险基金是工伤得以保障的基石，根据《工伤保险条例》第二章第八条之规定：国家根据不同行业的工伤风险程度确定行业的差别费率，并根据工伤保险费使用、工伤发生率等情况在每个行业内确定若干差别费率档次。行业差别费率及行业内差别费率档次由国务院社会保险行政部门制定，报国务院批准后公布施行。统筹地区经办机构根据用人单位工伤保险费使用、工伤发生率等情况，适用所属行业内相应的费率档次确定单位缴费费率。

2015 年 7 月 22 日，人力资源社会保障部、财政部联合下发了《关于调整工伤保险费率政策的通知》，对工伤保险费率做了明确的规定，根据不同行业的工伤风险程度，按照《国民经济行业分类》（GB/T4754—2011）对行业的划分，将行业工伤风险类别划分为一类至八类。行业风险分类详见附录。

附录：工伤保险行业风险分类表

行业类别和行业名称

一类行业。软件和信息技术服务业，货币金融服务，资本市场服务，保险业，其他金融业，科技推广和应用服务业，社会工作，广播、电视、电影和影视录音制作业，中国共产党机关，国家机构，人民政协、民主党派，社会保障，群众团体、社会团体和其他成员组织，基层群众自治组织，国际组织

二类行业。批发业，零售业，仓储业，邮政业，住宿业，餐饮业，电信、广播电视和卫星传输服务，互联网和相关服务，房地产业，租赁业，商务服务业，研究和试验发展，专业技术服务业，居民服务业，其他服务业，教育，卫生，新闻和出版业，文化艺术业

三类行业。农副食品加工业，食品制造业，酒、饮料和精制茶制造业，烟草制品业，纺织业，木材加工和木、竹、藤、棕、草制品业，文教、工美、体育和娱乐用品制造业，计算机、通信和其他电子设备制造业，仪器仪表制造业，其他制造业，水的生产和供应业，机动车、电子产品和日用产品修理业，水利管理业，生态保护和环境治理业，公共设施管理业，娱乐业

四类行业。农业，畜牧业，农、林、牧、渔服务业，纺织服装、服饰业，皮革、毛皮、羽毛及其制品和制鞋业，印刷和记录媒介复制业，医药制造业，化学纤维制造业，橡胶和塑料制品业，金属制品业，通用设备制造业，专用设备制造业，汽车制造业，铁路、船舶、航空航天和其他运输设备制造业，电气机械和器材制造业，废弃资源综合利用业，金属制品、机械和设备修理业，电力、热力生产和供应业，燃气生产和供应业，铁路运输业，航空运输业，管道运输业，体育

五类行业。林业，开采辅助活动，家具制造业，造纸和纸制品业，建筑安装业，建筑装饰和其他建筑业，道路运输业，水上运输业，装卸搬运和运输代理业

六类行业。渔业，化学原料和化学制品制造业，非金属矿物制品业，黑色

金属冶炼和压延加工业，有色金属冶炼和压延加工业，房屋建筑业，土木工程建筑业

七类行业。石油和天然气开采业，其他采矿业，石油加工、炼焦和核燃料加工业

八类行业。煤炭开采和洗选业，黑色金属矿采选业，有色金属矿采选业，非金属矿采选业

关于费率确定，不同工伤风险类别的行业执行不同的工伤保险行业基准费率。各行业工伤风险类别对应的全国工伤保险行业基准费率为，一类至八类分别控制在该行业用人单位职工工资总额的 0.2%、0.4%、0.7%、0.9%、1.1%、1.3%、1.6%、1.9%左右。各统筹地区人力资源社会保障部门要会同财政部门，按照"以支定收、收支平衡"的原则，合理确定本地区工伤保险行业基准费率具体标准，并征求工会组织、用人单位代表的意见，报统筹地区人民政府批准后实施。基准费率的具体标准可根据统筹地区经济产业结构变动、工伤保险费使用等情况适时调整。统筹地区社会保险经办机构根据用人单位工伤保险费使用、工伤发生率、职业病危害程度等因素，确定其工伤保险费率，统筹地区工伤保险最低费率不低于本地区一类风险行业基准费率。

关于费率浮动，通过费率浮动的办法确定每个行业内的费率档次。一类行业分为三个档次，即在基准费率的基础上，可向上浮动至 120%、150%，二类至八类行业分为五个档次，即在基准费率的基础上，可分别向上浮动至 120%、150%或向下浮动至 80%、50%。统筹地区社会保险经办机构可根据用人单位工伤保险费使用、工伤发生率、职业病危害程度等因素的变化情况，每一至三年确定其在所属行业不同费率档次间是否浮动。对符合浮动条件的用人单位，每次可上下浮动一档或两档。费率浮动的具体办法由统筹地区人力资源社会保障部门商财政部门制定，并征求工会组织、用人单位代表的意见。

第六章 社会保险和住房公积金制度

一、 我国的社会保险制度

（一）我国社会保险制度概述

我国的社会保险实行基本社会保险、单位补充保险和个人储蓄保险的多层次社会保险制度。

实行多层次的社会保险制度完全符合我国的国情。我国是一个发展中国家，不仅人口多、底子薄，而且地区之间经济发展不平衡，应当允许不同地区、不同企业之间的社会保险水平在国家统一政策指导下存在一定差别。同时，建立多层次社会保险体系可以减轻国家社会保险负担，适应不同经济条件的企业的需要，满足职工不同层次、不同水准的多种保障需求，使社会保险制度更好地起到保障生活和安定社会的作用。

1. 基本社会保险

基本社会保险也称作国家基本保险，一般意义的社会保险就是指基本社会保险，是指由国家统一建立并强制实行的为全体劳动者平等地提供基本生活保障的社会保险，这是第一层次，也是最主要的保险方式。它有如下特点：

（1）覆盖面广。适用于各类企业、个体经济组织和与之形成劳动关系的劳动者，以及国家机关、事业单位、社会团体和与之建立劳动合同的劳动者。

（2）标准统一。各地区、各类企业、各种劳动者，实行统一的保险项目缴费比例和统一的保险待遇标准。

（3）强制程度高。基本社会保险是法定的强制保险，保险基金统一筹集和使用。

2. 单位补充保险

单位补充保险是用人单位根据自己的经济条件为劳动者投保高于社会基本保险标准的补充保险，是第二层次的保险，补偿保险以用人单位具有经济承受能力为前提条件，由用人单位自愿投保。

3. 个人储蓄保险

职工个人储蓄性养老保险是我国多层次养老保险体系的一个组成部分，是由职工自愿参加、自愿选择经办机构的一种补充保险形式。由社会保险机构经办的职工个人储蓄性养老保险，由社会保险主管部门制定具体办法，职工个人根据自己的工资收入情况，按规定缴纳个人储蓄性养老保险费，记入当地社会保险机构在有关银行开设的养老保险个人账户，并应按不低于或高于同期城乡居民储蓄存款利率计息，以提倡和鼓励职工个人参加储蓄性养老保险，所得利息记入个人账户，本息一并归职工个人所有。职工达到法定退休年龄经批准退休后，凭个人账户将储蓄性养老保险金一次支付或分次支付给本人。

（二）社会保险的基本概念和特征

《劳动法》第七十条规定：国家发展社会保险事业，建立社会保险制度，设立社会保险基金，使劳动者在年老、患病、工伤、失业、生育等情况下获得帮助和补偿。《社会保险法》第二条规定：国家建立基本养老保险、基本医疗保险、工伤保险、失业保险、生育保险等社会保险制度，保障公民在年老、疾病、工伤、失业、生育等情况下依法从国家和社会获得物质帮助的权利。所谓的社会保险，就是指国家通过立法设立社会保险基金，使劳动者在暂时或永久丧失劳动能力以及失业时获得物质帮助和补偿的一种社会保障制度。

社会保险制度具有以下几个特征：

1. 强制性。它是通过国家立法强制实施的社会保险，用人单位和劳动者必须依法参加社会保险，缴纳社会保险费。

2. 补偿性。它是对劳动者所遇劳动风险的补偿。劳动者在年老、患病、工伤、失业、生育等情况下，从社会获得物质帮助和补偿。

3. 互济性。它是通过统筹社会保险基金来帮助和补偿所遇劳动风险的劳动者，按照规定的标准转移给退休者、患病者、工伤者、生育者使用，体现用人单位之间、劳动者之间的互济性。

（三）我国社会保险的项目和各项社会保险制度

我国社会保险项目有基本养老保险、基本医疗保险、工伤保险、失业保险和生育保险。

1. 基本养老保险制度

基本养老保险是国家根据法律、法规的规定，强制建立和实施的一种社会保险制度。在这一制度下，用人单位和劳动者必须依法缴纳养老保险费，在劳动者达到国家规定的退休年龄或因其他原因而退出劳动岗位后，社会保险经办机构依法向其支付养老金等待遇，从而保障其基本生活。基本养老保险与失业保险、基本医疗保险、工伤保险、生育保险等共同构成现代社会保险制度，并且是社会保险制度中最重要的险种之一。

20 世纪 90 年代之前，我国企业职工实行的是单一的养老保险制度。1951年 2 月，我国颁布了历史上第一部全国性社会保障法规《劳动保险条例》，国家在人民物质生活水平有限的情况下直接承担了养老保险的全部责任，规定了统一的支付条件、待遇标准和缴费比例，尽管存在职务等级差别，但在养老待遇标准上基本保持了一致，劳动保险覆盖面达到当时国营、公私合营和私营企业职工总数的 94%。

1991 年 6 月 26 日颁布的《国务院关于企业职工养老保险制度改革的决定》中明确指出：随着经济的发展，逐步建立起基本养老保险与企业补充保险和职工个人储蓄性养老保险相结合的制度。从此，我国逐步建立起多层次的养老保险体系。在这种多层次的养老保险体系中，基本养老保险可称为第一层次。社会统筹与个人账户相结合的基本养老保险制度是我国在世界上首创的一种新型的基本养老保险制度。整个制度在基本养老保险金的筹集上采用传统型的基本养老保险费用的筹集模式，即由国家、单位和个人共同承担；基本养老保险基金实行社会互济；在基本养老金的计发上采用结构式的计发办法，强调个人账户养老金的激励因素和劳动贡献的差别。因此，该制度既吸收了传统型的养老保险制度的优点，又借鉴了个人账户模式的长处；既体现了传统意义上社会保险的社会互济、分散风险、保障性强的特点，又强调了职工的自我保障意识和激励机制。

1997 年 7 月 16 日《国务院关于建立统一的企业职工基本养老保险制度的决定》（国发〔1997〕26 号）颁布实施，2005 年 12 月 3 日，《国务院关于完善企业职工基本养老保险制度的决定》（国发〔2005〕38 号）对于基本养老保险做了进一步的完善，改革的主要内容是：第一，从 2006 年 1 月 1 日起，个人账户的规模统一由本人缴费工资的 11% 调整为 8%，全部由个人缴费形成，单位缴费不再划入个人账户。第二，《国务院关于建立统一的企业职工基本养老保险制度的决定》实施后参加工作、缴费年限（含视同缴费年限，下同）累计满 15 年的人员，退休后按月发给基本养老金。基本养老金由基础养老金和个人账户养老金组成。退休时的基础养老金月标准以当地上年度在岗职工月平均工资和本人指数化月平均缴费工资的平均值为基数，缴费每满 1 年发给 1%。个人账户养老金月标准为个人账户储存额除以计发月数，计发月数根据职工退休时城镇人口平均预期寿命、本人退休年龄、利息等因素确定。国发〔1997〕26 号文件实施前参加工作，国发〔2005〕38 号实施后退休且缴费年限累计满 15 年的人员，在发给基础养老金和个人账户养老金的基础上，再发给过渡性养老金。各省、自治区、直辖市人民政府按照待遇水平合理衔接、新老政策平稳过渡的原则，在认真测算的基础上，制订具体的过渡办法，并报原劳动保障部、财政部备案。国发〔2005〕38 号实施后到达退休年龄但缴费年限累计不满 15 年的人员，不发给基础养老金；个人账户储存额一次性支付给本人，终止基本养老保险关系。国发〔2005〕38 号决定实施前已经离退休的人员，仍按国家原来的规定发给基本养老金，同时执行基本养老金调整办法。

2010 年 10 月 28 日，全国人大常委会表决通过了《中华人民共和国社会保险法》以下简称《社会保险法》，我国的社会保险制度历经多年探索发展，终于以立法保障进入了规范发展的新阶段。

《社会保险法》关于养老保险的主要内容：

第一，参保范围。（1）企业职工。职工基本养老保险由国家、企业和个人共同负担筹集资金，采取社会统筹和个人账户相结合的基本模式。（2）灵活就业人员。灵活就业人员一般是指以非全日制、临时性、季节性、弹性工作等灵活多样的形式实现就业的人员，包括无雇工的个体工商户、非全日制从业人员以及自由职业者等等。灵活就业人员可以自愿参加职工基本养老保险，保险费也由个人全部承担。

第二，模式和筹资方式。（1）基本模式。我国实行社会统筹和个人账户相结合的模式。基本养老保险基金和待遇分为两部分，一部分是用人单位缴纳的基本养老保险费进入基本养老统筹基金，用于支付职工退休时社会统筹部分养老金，统筹基金用于均衡用人单位的负担，实行现收现付，体现社会互助共济。另一部分是个人缴纳的基本养老保险费进入个人账户，用于负担退休后个人账户养老金的支付，体现个人责任。（2）筹资方式。基本养老保险基金主要由用人单位和个人缴费组成，此外国家和统筹地区政府也给予一定的补贴。

第三，缴费基数和比例。（1）用人单位的缴费基数和缴费比例。关于缴费基数依据略有差别，如辽宁、吉林、河南、浙江等多数省、市以企业工资总额为缴费基数，北京、天津、深圳等部分省、市以全部职工缴费工资之和为基数，用人单位缴纳基本养老保险费的比例，一般不超过企业工资总额的20%，具体比例由省、自治区、直辖市人民政府确定。目前，山东省用人单位的缴费比例为16%。用人单位缴纳的社会保险费计入基本养老保险统筹基金，用于当期的基本养老保险待遇支付，实行现收现付。（2）职工个人的缴费基数和缴费比例。职工个人按照本人缴费工资的8%缴费，计入个人账户，缴费工资为本人上一年度月平均工资。月平均工资超过当地职工平均工资300%以上的部分，不计入个人缴费工资基数；低于当地职工平均工资60%的，按60%计算缴费工资基数。职工个人缴纳的养老保险费全部计入个人账户，形成个人账户基金，用于退休后个人账户养老金的发放。（3）灵活就业人员的缴费基数和缴费比例。灵活就业人员参加基本养老保险的缴费基数为当地上年度职工月平均工资，缴费比例为20%，其中8%计入个人账户。

第四，个人账户的管理。（1）不得提前支取。个人账户养老金是个人工作期间为退休后养老积蓄的资金，是基本养老保险待遇的重要组成部分，是国家强制提取的，退休前个人不得提前支取。（2）个人账户记账利率。个人账户养老金从缴费到退休后支取长达数十年，通货膨胀的风险无法避免。为实现社会保障基金的保值增值，2016年起社保基金入市。根据《关于印发统一和规范职工养老保险个人账户记账利率办法的通知》规定，统一机关事业单位和企业职工基本养老保险个人账户记账利率，每年由国家统一公布，记账利率应主要考虑职工工资增长和基金平衡状况等因素研究确定，并通过合理的系数进行调整，记账利率不得低于银行定期存款利率。（3）个人账户养老金余额可以继承。个人账户养老金具有强制储蓄性质，属于个人所有，个人死亡的（包括退休前和退休后），个人账户养老金余额可以继承。

第五，养老金的构成。（1）社会统筹养老金。社会统筹养老金是由用人单位缴费和财政补贴等构成的社会统筹基金，根据个人缴费年限、缴费工资、当地职工平均工资等因素确定。社会统筹养老金＝（参保人员退休时当地上年度在岗职工月平均工资＋本人指数化月平均缴费工资）÷2×缴费年限×1%。（2）个人账户养老金。个人账户养老金月标准为个人账户储存额除以计发月数，计发月数根据职工退休时城镇人口平均预期寿命、本人退休年龄、利息等因素确定。

第六，享受养老保险待遇。（1）享受养老保险待遇的基本条件。①必须达到法定退休年龄；②累计最低缴费满十五年。（2）达到法定退休年龄。①男职工退休年龄为年满60周岁，女干部为55周岁，女工人为50岁；②从事井下、高空、高温、特别繁重体力劳动或者其他有害身体健康的工作，男年满55周岁、女年满45周岁，连续工龄满10年的；③男年满50周岁，女年满45周岁，连续工龄满10年，经医院证明，并经劳动鉴定委员会确认，完全丧失劳动能力的；④因工致残，经医疗证明，并经劳动鉴定委员会确认，完全丧失劳动能力的。（3）达到最低缴费年限。①缴费满十五年是享受基本养老保险待遇的"门槛"，但并不代表缴满十五年就可以不再缴费，只要职工与用人单位建立劳动关系，就应按规定缴费；②职工达到法定退休年龄但缴费不足十五年的，可以在缴费至满十五年（一次性补缴或者继续缴费均可）后享受基本养老保险待遇，③也可以采取转入城乡居民养老保险的办法，解决其养老保障问题。

第七，养老金调整。国家建立基本养老金正常调整机制。根据职工平均工资增长、物价上涨情况，适时提高基本养老保险待遇水平。

第八，基本养老保险关系转移接续。基本养老保险关系转移接续难是我国现行基本养老保险制度存在的最突出问题之一。2009 年 12 月，人力资源和社会保障部、财政部联合出台《城镇企业职工基本养老保险关系转移接续暂行办法》规定：参保人员跨省流动就业的，其基本养老保险关系应随同转移，参保人员达到基本养老保险待遇领取条件的，其在各地的参保缴费年限合并计算，个人账户储存额（含本息）累计计算；未达到待遇领取年龄前，不得终止基本养老保险关系并办理退保手续。一是缴费年限累计计算。缴费年限对于参保人员享受权利至关重要，个人跨统筹地区就业的，其基本养老保险关系随本人转移，缴费年限应累计计算。二是基本养老金分段计算、统一支付。由于各统筹地区收入水平差距较大，缴费基数差距也较大，如果不分段计算，可能导致不公平或者会导致劳动者选择收入较高的地区退休，故有必要实行分段计算。分段计算是指参保人员以本人各年度缴费工资、缴费年限和待遇取得地对应的各年度在岗职工平均工资计算其基本养老保险金。为方便参保人员领取基本养老金，即无论参保人员在哪里退休，退休地社保经办机构应将各统筹地区的缴费年限和相应的养老保险待遇分段计算出来，将养老金统一支付给参保人员。

2. 医疗保险制度

根据 1994 年 4 月 14 日印发的《关于职工医疗制度改革的试点意见》，职工医疗制度改革的主要内容有：第一，职工医疗保险费用由用人单位和职工个人缴纳。用人单位缴费，参照本城市上年实际支出的职工医疗费用换算成职工工资总额的一定比例缴纳。不超过工资总额的10%的，由省级人民政府决定；超过10%的，由省级人民政府审核后，报财政部批准。职工个人缴费，先从本人工资的1%起步，由用人单位从职工工资中代扣，以后逐步提高。第二，建立社会统筹医疗基金和职工个人医疗账户相结合的制度。用人单位为职工缴纳的医疗保险费用的大部分（不低于50%）和职工缴纳的医疗保险费用，计入个人医疗账户，用于支付个人的医疗费用。第三，建立对职工个人的医疗费用制约机制。职工就医时，医疗费用首先从个人医疗账户支付；个人医疗账户不足支付时，先由职工自付，按照年度计算，职工在个人医疗账户以外自付的医疗费用，超过个人年工资收入的5%以上的部分，由社会统筹医疗基金支付，但是个人仍然需承担一定比例：超过个人工资5%以上，但是不足5000元部分，个人负担10%－20%；5000－10000元的部分，个人负担8%－10%；超过10000元的部分，个人承担2%。

《社会保险法》关于职工基本医疗保险的规定：

第一，参保范围。《社会保险法》第二十三条规定：职工应当参加职工基本医疗保险。即所有用人单位及其职工都要参加基本医疗保险，包括企业、机关、事业单位、社会团体、民办非企业单位及其职工。

第二，筹资方式。基本医疗保险费由用人单位和职工双方共同负担。关于缴费比例，各地规定不一。山东省的用人单位以上年度月平均工资总额作为基数，缴费比例为6%—8%；职工以上年度月平均工资为基数，缴费比例为1%－2%。职工个人缴纳的基本医疗保险费，全部计入个人账户；用人单位缴纳的基本医疗保险费分为两部分，一部分用于建立统筹基金，一部分划入个人账户。无雇工的个体工商户、未在用人单位参加职工基本医疗保险的非全日制从业人员以及其他灵活就业人员根据自愿原则，可以参加职工基本医疗保险的，由其个人缴纳基本医疗保险费。

链接：医保缴费应当连续，因特殊原因中断缴费的，应当及时补缴。

安某居住在青岛市市南区，2015年5月—2016年12月以灵活就业人员身份在定点的交通银行代扣代缴社会保险费，每月按时足额缴纳社会保险费，2016年12月底通过交通银行终止了代扣协议。2017年1月安某进入市南区某企业工作，因该企业人力资源部门工作交接的疏漏，一直到2017年7月才为安某办理了参保登记，同时补缴了2017年1—6月份的社会保险费。2017年7月底安某因急诊入院治疗，报销时被告知处于医疗等待期，不能享受医疗待遇。安某产生的医疗费用应如何处理？

根据《青岛市社会医疗保险办法》第四十一条规定：参保人参加本市职工社会医疗保险应当连续缴费。职工社会医疗保险参保人中断缴费三个月及以内的，可以补缴中断期间的社会医疗保险费。补缴后，计算连续缴费时间，并按照本办法第四十条规定享受职工社会医疗保险待遇。职工社会医疗保险参保人中断缴费超过3个月以上，以及未按照规定在3个月内及时参保缴费的，视为中断参保。中断参保后再次参保时，用人单位和个人可以按照规定补缴中断参保期间的社会医疗保险费，补缴后补记个人账户，累计缴费年限；从缴费当月起重新计算连续缴费时间，并按照本办法第四十条规定享受职工社会医疗保险待遇。中断期间和等待期内发生的医疗费用，基本医疗保险统筹基金、大病医疗保险资金、大病医疗救助资金不予支付，其中因用人单位原因造成中断参保的，由用人单位负担。

安某2017年1-6月未缴纳社会保险费，造成中断参保，用人单位虽为其办理了补缴手续，但补缴后只能补记个人账户，累计缴费年限，中断期间和等待期内发生的医疗费用不予支付。因其未及时参保缴费是因用人单位原因造成，根据上述规定安某此次发生的医疗费用以及医保等待期内发生的医疗费用均应由用人单位承担。自2017年7月起，安某进入医保待遇等待期，若其所在单位每月按时足额连续缴费满6个月后，自2018年1月安某可重新享受医保待遇。

第三，待遇标准。职工基本医疗保险的统筹基金和个人账户按照各自的支付范围，分别核算，不得互相挤占。一是个人账户。个人账户用于支付门诊费用、住院费用中个人自付部分以及在定点药店购物费用。二是统筹基金。统筹基金用于支付住院医疗和部分门诊大病费用。统筹基金支付有起付标准和最高支付限额，起付标准原则上控制在当地职工年平均工资的10%左右，最高支付限额原则上控制在当地职工年平均工资的4倍左右。起付标准以下的医疗费用，从个人账户中支付或由个人自付。起付标准以上、最高支付限额以下的医疗费用，主要从统筹基金中支付。

第四，退休待遇。（1）退休与缴费年限。参保职工达到退休年龄时累计缴费达到国家规定年限的，退休后仍可享受基本医疗保险待遇，但无需再继续缴纳基本医疗保险费。目前，国家对最低缴费年限尚无统一规定，由各统筹地区根据本地情况自行确定，一般为男职工三十年，女职工二十五年。经济较发达统筹地区规定的缴费年限比较短，如北京，男职工为二十五年，女职工为二十年。（2）参保职工退休时未达到国家规定的缴费年限的，可以缴费至国家规定的年限，补缴费用包括其实际缴费年限与国家规定的最低缴费年限相差的期间内，应当由用人单位和个人缴纳的全部医疗保险费用。

第五，结算方式。（1）直接结算。参保人员医疗费用中应当由基本医疗保险基金支付的部分，由社保经办机构与医疗机构、药品经营单位直接结算。直接结算制度的确立，改变了过去先由参保人支付全部医疗费用，然后再就其中应医保基金支付的部分，到社保经办机构报销的做法，方便了参保人员。（2）异地就医。异地就医是指参加基本医疗保险的人员在自己所在的统筹地区以外的中国境内地区就医的情况。异地就医以职工退休后到异地居住的情况为主。目前，异地就医报销医疗费难是亟待解决的一个主要问题。本条明确要求社会保险行政部门和卫生行政部门应当建立异地就医医疗费用结算制度，方便参保人员享受基本医疗保险待遇。

3. 工伤保险制度（详见第五章）

4. 失业保险制度

失业保险是指国家通过立法强制实行的，由社会集中建立基金，对因失业而暂时中断生活来源的劳动者提供物质帮助的制度。它是社会保障体系的重要组成部分，是社会保险的主要项目之一。

1993 年 4 月 12 日，国务院发布《国有企业职工待业保险规定》，对待业职工、待业保险基金的筹集和管理、待业保险基金的使用、组织管理机构的职责等内容做了具体的规定。1998 年 12 月 26 日国务院第 11 次常务会议通过，1999

年 1 月 22 日国务院令第 258 号发布《失业保险条例》，同时废止《国有企业职工待业保险规定》。2010 年 10 月 28 日，第十一届全国人民代表大会常务委员会第十七次会议通过了《社会保险法》。

结合《失业保险条例》和《社会保险法》，我们主要谈这样几个问题。

第一，失业人员的范围。失业人员是指在劳动年龄内有劳动能力，目前无工作，并以某种方式正在寻找工作的人员，包括就业转失业的人员和新生劳动力中未实现就业的人员。《失业保险条例》所指失业人员只限定为就业转失业的人员。根据有关规定，我国目前的法定劳动年龄是 16—60 周岁，特殊工种单位按照国家规定履行审批程序后可以招用未满 16 周岁的未成年人。对企业中男年满 60 周岁、女年满 50 周岁的职工和机关事业单位中男年满 60 周岁、女年满 55 周岁的职工实行退休制度，对从事有毒、有害工作和符合条件的患病、因工致残职工可以降低退休年龄。按照上述规定，在法定劳动年龄内的人员都可以寻求职业，从事社会生产经营等活动，并取得合法收入。所谓有劳动能力，是指失业人员具有从事正常社会劳动的行为能力。在法定劳动年龄内的人员，若不具备相应的劳动能力，也不能视为失业人员，如精神病人、完全伤残不能从事任何社会性劳动的人员等。目前无工作并以某种方式寻找工作，是指失业人员有工作要求，但受客观因素的制约尚未实现就业。对那些目前虽无工作，但没有工作要求的人不能视为失业人员。这部分人自愿放弃就业权利，已经退出了劳动力的队伍，不属于劳动力，也就不存在失业问题。

第二，失业保险基金的构成。建立失业保险基金是失业保险制度的重要内容。我国自失业保险制度建立以来，一直实行基金制度，在基金来源上采取用人单位缴费、职工个人缴费和财政补贴的方式。基金由以下四部分组成：一是城镇企业事业单位、城镇企业事业单位职工缴纳的失业保险费，城镇企业事业单位按照本单位工资总额的 2% 缴纳失业保险费。城镇企业事业单位职工按照本人工资的 1% 缴纳失业保险费；二是失业保险基金的利息；三是财政补贴；四是依法纳入失业保险基金的其他资金。可知失业保险费是失业保险基金的主要来源。因此，城镇企事业单位及其职工应当按照规定，及时、足额缴纳失业保险费，以保证基金的支付能力，切实保障失业人员基本生活和促进再就业所需资金支出。发展失业保险事业是国家的一项重要职责，一方面政府要组织好失业保险费的征缴和管理工作，另一方面在失业保险费不能满足需要时，也有责任通过财政补贴的形式保证基金支出的需要。征缴的失业保险费按规定存入银行或购买国债，取得的利息收入并入基金，这是保证基金不贬值的重要措施。其他资金是指按规定加收的滞纳金及应当纳入失业保险基金的其他资金。

第三，领取失业保险金的范围。失业人员领取失业保险金，应同时满足以下三个条件：一是所在单位和本人已按照规定履行缴费义务满 1 年的；二是非因本人意愿中断就业的；三是已办理失业登记，并有求职要求的。

第四，领取失业保险金的期限和标准。失业人员失业前所在单位和本人按照规定累计缴费时间满 1 年不足 5 年的，领取失业保险金的期限最长为 12 个月；累计缴费时间满 5 年不足 10 年的，领取失业保险金的期限最长为 18 个月；累计缴费时间 10 年以上的，领取失业保险金的期限最长为 24 个月。重新就业后，再次失业的，缴费时间重新计算，领取失业保险金的期限可以与前次失业应领取而尚未领取的失业保险金的期限合并计算，但是最长不得超过 24 个月。失业保险金的标准，按照低于当地最低工资标准、高于城市居民最低生活保障标准的水平。

链接：

李某于 2011 年 4 月进入某企业工作，自工作之月起，该企业一直为李某缴纳了失业保险费。2014 年 3 月，因效益下降，该企业停止为职工交纳失业保险费。2014 年 5 月，该企业破产倒闭，李某因此失业，并办理了失业登记。那么李某是否符合领取失业保险金的条件？他最多能领取多长时间的失业保险金？

首先，李某符合领取失业保险金的条件。失业人员领取失业保险金的条件为：按照规定参加失业保险，所在单位和本人已按照规定履行缴费义务满 1 年的；非因本人意愿中断就业的；已办理失业登记，并有求职要求。其次，李某领取失业保险金最长的时间为 12 个月。《失业保险条例》规定，失业人员失业前所在单位和本人按照规定累计缴费时间满 1 年不足 5 年的，领取失业保险金的期限最长为 12 个月。李某所在企业前后总共为其缴了三年的失业保险费，因此最长领取期限为 12 个月。最后，如果李某在失业期间死亡，仍可享受失业保险金待遇。根据我国《失业保险条例》规定，失业保险基金主要支出项目包括领取失业保险金期间死亡的失业人员的丧葬补助金和其供养的配偶、直系亲属的抚恤金。因此，尽管李某死亡，其供养的配偶、直系亲属仍享受相应的抚恤金和丧葬补助金。

第五，领取失业保险金的方法。城镇企业事业单位应当及时为失业人员出具终止或者解除劳动关系的证明，告知其按照规定享受失业保险待遇的权利，并将失业人员的名单自终止或者解除劳动关系之日起 7 日内报社会保险经办机构备案。城镇企业事业单位职工失业后，应当持本单位为其出具的终止或者解除劳动关系的证明，及时到指定的社会保险经办机构办理失业登记。失业保险金自办理失业登记之日起计算。失业保险金由社会保险经办机构按月发放。社会保险经办机构为失业人员开具领取失业保险金的单证，失业人员凭单证到指定银行领取失业保险金。

链接：不要"两败俱伤"

周某 2011 年 9 月进入一家纺织品进出口公司工作，公司为员工缴纳了各种保险。周某工作努力、成绩突出，得到了公司上下的一致认可，2016 年 5 月因个人原因主动提出辞职，但同时希望公司为其出具非其主动辞职原因的解除劳动合同证明，而且公司也不用支付解除劳动合同补偿金，只是以便自己可以申领失业保险金。

《社会保险法》第四十五条规定：失业人员符合下列条件的，从失业保险基金中领取失业保险金：（一）失业前用人单位和本人已经缴纳失业保险费满一年的；（二）非因本人意愿中断就业的；（三）已经进行失业登记，并有求职要求的。根据上述规定，周某自己主动辞职的，不属于"非因本人意愿中断就业"，是无法申领失业保险金的。但是，如果单位出具了虚假解除劳动合同证明，则周某就有可能申领失业保险金。

如果周某骗领了保险金，会产生什么样的法律后果呢？《社会保险法》第八十八条规定：以欺诈、伪造证明材料或者其他手段骗取社会保险待遇的，由社会保险行政部门责令退回骗取的社会保险金，处骗取金额二倍以上五倍以下的罚款。这里提到的"社会保险待遇"就包括失业保险金。用人单位隐瞒员工真实辞职情况，出具虚假的解除劳动合同证明，即属于"以欺诈、伪造证明材料或者其他手段"。可能会有人认为即使出问题了，仅是退回领取的失业保险金，顶多是罚点款而已，事情并非这么简单。《社会保险法》第九十四条规定：违反本法规定，构成犯罪的，依法追究刑事责任。我国《刑法》第二百六十六条规定：诈骗公私财物，数额较大的，处三年以下有期徒刑、拘役或者管制，并处或者单处罚金；数额巨大或者有其他严重情节的，处三年以上十年以下有期徒刑，并处罚金；数额特别巨大或者有其他特别严重情节的，处十年以上有期徒刑或者无期徒刑，并处罚金或者没收财产。本法另有规定的，依照规定。2014 年 4 月 24 日，第十二届全国人民代表大会常务委员会第八次会议讨论通过《关于〈中华人民共和国刑法〉第二百六十六条的解释》，其规定：以欺诈、伪造证明材料或者其他手段骗取养老、医疗、工伤、失业、生育等社会保险金或者其他社会保障待遇的行为，属于《刑法》第二百六十六条规定的诈骗公私财物的行为。因此，骗取失业保险金属于刑法上的诈骗犯罪。那么，诈骗犯罪的起刑标准是多少呢？根据《最高人民法院、最高人民检察院关于办理诈骗刑事案件具体应用法律若干问题的解释》规定：诈骗公私财物价值三千元至一万元以上、三万元至十万元以上、五十万元以上的，应当分别认定为刑法第二百六十六条规定的"数额较大""数额巨大""数额特别巨大"。骗取社保待遇构成诈骗罪的门槛仅为 3000 元！

也许有人认为，骗取失业保险金的是员工，好处是员工拿的，如果骗取失业保险达到较大标准，构成犯罪的话，单位只是提供了虚假材料，没有得到任何利益，是不是就不应该属于犯罪呢？答案当然是否定的，因为《刑法》中有关于共同犯罪的规定！单位属于共犯！

第六，失业保险金的终止。失业人员在领取失业保险金期间有下列情形之一的，停止领取失业保险金，并同时停止享受其他失业保险待遇：

（1）重新就业的；

（2）应征服兵役的；

（3）移居境外的；

（4）享受基本养老保险待遇的；

（5）被判刑收监执行或者被劳动教养的；

（6）无正当理由，拒不接受当地政府指定的部门或者机构介绍的工作的；

（7）有法律、行政法规规定的其他情形的。

第七，特别说明。根据《社会保险法》第四十八条规定：失业人员在领取失业保险金期间，参加职工基本医疗保险，享受基本医疗保险待遇。失业人员应当缴纳的基本医疗保险费从失业保险基金中支付，个人不缴纳基本医疗保险费。失业保险基金所支付的基本医疗保险费既包括个人应当缴纳的部分，也包括用人单位应当缴纳的部分。

5. 生育保险制度

除了《社会保险法》外，目前我国关于生育保险制度的法规主要是1994年12月14日原劳动部颁布的《企业职工生育保险试行办法》，此规定仅适用于城镇企业及其职工。2007年3月19日，山东省政府第88次常务会议通过了《山东省企业职工生育保险规定》，该规定于2007年5月10日生效，适用于山东省行政区域内的国有企业、城镇集体企业、外商投资企业、私营企业及其他企业。

（1）生育保险基金筹集

生育保险按照"以支定收、收支基本平衡"的原则确定筹集资金。企业按照一定比例向社会保险经办机构缴纳生育保险费，建立生育保险基金；职工个人不用缴纳生育保险。生育保险基金的提取比例由当地人民政府确定，但是最高比例不得超过工资总额的1%。但值得注意的是，2019年3月6日，国务院办公厅发布《关于全面推进生育保险和职工基本医疗保险合并实施的意见》，推进医疗保险和生育保险合并实施。从2020年度开始，参加职工基本医疗保险的在职职工同步参加生育保险，将生育保险基金并入职工基本医疗保险基金，按照用人单位参加生育保险和职工基本医疗保险的缴费比例之和确定新的用人单位职工基本医疗保险费率，不再单独体现生育保险费率，仍保留生育保险险种。两项保险统一征缴，基金合并运行，统筹层次一致。生育保险基金收入不再单列，在职工基本医疗保险统筹基金待遇支出中设置生育待遇支出项目。

（2）享受生育保险待遇的范围

享受生育保险待遇的范围是参保职工以及参保职工的未就业配偶。

（3）享受生育保险待遇的条件

只有同时具备下列条件，员工才能享受生育保险待遇：第一，符合国家计划生育政策生育或者实施计划生育手术；第二，所在单位按照规定参加生育保险并为该职工连续足额缴费。

（4）生育保险待遇

①产假。女职工生育按照法律、法规的规定享受产假；女职工生育享受98天产假，其中产前可以休假15天；难产的，增加产假15天；生育多胞胎的，每多生育1个婴儿，增加产假15天。女职工怀孕未满4个月流产的，享受15天产假；怀孕满4个月流产的，享受42天产假。

②生育津贴。国家法律、法规规定对职业妇女因生育而离开工作岗位期间，给予的生活费用。支付标准按本企业上年度职工月平均工资的标准支付，期限不少于98天。

③生育医疗费。生育医疗费用包括女职工因怀孕、生育发生的检查费、接生费、手术费、住院费、药费和治疗费，女职工因生育引起疾病的医疗费，由生育保险基金支付。超出规定的由职工个人负担。

④生育疾病医疗费。女职工生育出院后，因生育疾病引起的医疗费，由生育保险基金支付；其他疾病的医疗费，按照医疗保险待遇处理。

⑤职工实施计划生育手术发生的医疗费用。计划生育手术医疗费用包括职工实施放置（取出）宫内节育器、流产术、引产术、绝育及复通手术所发生的医疗费用。另外参加生育保险男职工的配偶无工作单位，其生育符合计划生育政策规定的，按照当地规定的生育医疗费标准的50%享受生育补助金。

二、 住房公积金制度

（一）住房公积金的概念和性质

根据国务院《住房公积金管理条例》规定，住房公积金是指国家机关、国有企业、城镇集体企业、外商投资企业、城镇私营企业及其他城镇企业、事业单位、民办非企业单位、社会团体（以下统称单位）及其在职职工缴存的长期住房储金。职工住房公积金包括职工个人缴存和职工所在单位为职工缴存两部分，全部属职工个人所有。

住房公积金制度实际上是一种住房保障制度，是住房分配货币化的一种形式。单位为职工缴存的住房公积金是职工工资的组成部分，单位为职工缴存住房公积金是单位的义务，享受住房公积金政策是职工的合法权利。一些单位不给职工建立住房公积金制度的做法侵犯了职工个人应享有的合法权利。

（二）住房公积金的缴存

单位录用职工的，应当自录用之日起 30 日内到住房公积金管理中心办理缴存登记，并持住房公积金管理中心的审核文件，到受委托银行办理职工住房公积金账户的设立或者转移手续。

职工住房公积金的月缴存额为职工本人上一年度月平均工资乘以职工住房公积金缴存比例。单位为职工缴存的住房公积金的月缴存额为职工本人上一年度月平均工资乘以单位住房公积金缴存比例。

职工和单位住房公积金的缴存比例均不得低于职工上一年度月平均工资的 7%，最高不得超过 12%，最高缴存基数不应超过上一年度职工月平均工资的 3 倍。各单位可按照自身经营情况，在依法纳税、正常发放工资的基础上，申请适当调整比例。

对缴存住房公积金确有困难的单位，经本单位职工代表大会或者工会讨论通过，并经公积金管理中心审核、报批后，可以降低缴存比例或者缓缴。

1. 有下列情况之一的单位可以申请暂时降低缴存比例

（1）企业经营亏损，没有能力按规定比例足额缴纳住房公积金的；

（2）企业确无能力缴纳，且欠缴住房公积金数额超过年应缴额 3 倍的；

（3）职工工资收入低于当地平均工资水平，且实发工资连续 12 个月以上低于正常工资标准 70% 的。

2. 有下列情况之一的单位可以申请在一定时期内办理缓缴

（1）企业严重亏损，并且连续六个月以上欠发职工工资，没有能力缴存住房公积金的；

（2）企业因为不能清偿债务，由法院强制执行封存其主要财产和账户，致使企业无法缴存住房公积金的；

申请降低缴存比例或者缓期缴存的单位，应在单位缴交期前向管理中心提出预申报，并在预申报后一个月内召开单位职工代表大会或者工会委员会讨论通过后，正式向管理中心提出申请。管理中心审核批准后，到受委托银行办理缓缴手续；待单位经济效益好转后，再提高缴存比例或者补缴缓缴额。申请降低缴存比例或者缓期缴存，期限最长不得超过一年，批准期满，单位缴存仍有困难的，必须重新申请办理批准手续。

（三）住房公积金利息

住房公积金自存入职工住房公积金账户之日起，按照国家规定的利率计息。职工个人住房公积金存款，当年归集的按结息日挂牌公告的活期存款利率计息；上年结转的按结息日挂牌公告的 3 个月定期整存整取存款利率计息。住房公积金利息收入归职工个人所有，并且不征收利息税。

（四）住房公积金的支取

职工有下列情形之一的，可以提取职工住房公积金账户内的存款余额。

1. 购买、建造、翻建、大修自住住房的；

2. 离休、退休的；

3. 完全丧失劳动能力，并与单位终止劳动关系的；

4. 失业或与单位解除劳动关系 2 年以上，男性满 50 岁，女性满 45 岁；

5. 户口迁出市级行政区域或者出境定居；

6. 偿还个人住房公积金贷款本息；

7. 房租超过家庭工资收入的规定比例；

8. 职工在职期间死亡或者被宣告死亡；

9. 享受城市居民最低生活保障并支付房租，或者支付当年的物业服务费。

符合以上第 2、3、4、5、8 项支取条件的，可以提取职工本人住房公积金账户内的全部存储余额，并同时办理职工住房公积金账户的销户手续。

符合以上第 1、6、7、9 项支取条件的，可以支取职工本人及其配偶住房公积金账户内的存储余额。

（五）住房公积金贷款

1. 住房公积金贷款的概念

住房公积金贷款属于国家政策性贷款，它是指按照《住房公积金管理条例》规定，按时足额缴存住房公积金的借款人在购买自住住房时，以其所购住房或其他具有所有权的财产作抵押，或以动产、权利作质押，申请以住房公积金为资金来源的住房贷款。

2. 申请住房公积金贷款的条件

符合下列条件的，可以申请住房公积金贷款

（1）贷款对象应是具有完全民事行为能力的自然人；

（2）具有城镇常住户口或有效居留身份；

（3）具有稳定的职业和收入，信用良好，有按时还本付息的能力；

（4）借款人及所在单位已与管理中心建立正常的住房公积金缴存关系，至贷款时已累计缴存住房公积金 12 个月，并连续缴存 6 个月以上；

（5）具有合法的购房合同或协议，借款人必须是购房合同约定的产权人；所购住房为公积金管理中心范围内的商品房、经济适用房、单位集资建房、房改房及二手房；

（6）已交付所购住房全部价款30%以上的首付款；

（7）同意以所购住房或管理中心认可的其他房产作抵押，集资建房单位应提供阶段性贷款担保，不能提供担保的行政事业单位，要由该单位与管理中心签订协议，负责代扣代缴借款人每月应还的贷款本息；

（8）每个住房公积金缴存者及配偶只能同时享受一次住房公积金贷款，如果配偶一方已经办理住房公积金贷款，则在该笔贷款清户之前，另一方不得再申请住房公积金贷款。

第七章 职业病及其预防

一、 职业病概述

（一）职业病的概念

2001 年 10 月 27 日，第九届全国人民代表大会常务委员会第二十四次会议通过了《职业病防治法》，之后该法分别于 2011 年、2016 年、2017 年、2018 年进行了四次修正。根据该法第二条规定：所谓的职业病，是指企业、事业单位和个体经济组织等用人单位的劳动者在职业活动中，因接触粉尘、放射性物质和其他有毒、有害因素引起的疾病。

链接：

1993 年，浙江泰顺县隧道工程公司、泰顺县地方建筑工程公司及陈益校等，从业主辽宁省交通厅、承包人东北煤炭建设工程公司、分包人沈阳矿务局矿建工程处，转包了沈阳至本溪一级公路吴家岭隧道工程。同年 7 月，转包人雇用张平等大批泰顺县民工进场施工。由于该工程地质为石英砂岩、石英岩，二氧化硅含量高达 97.6％，转包人未能有效采取劳动安全防范措施，致使他们吸入高含量二氧化硅，从而患上"矽肺"职业病。"矽肺病"是人体呼吸时大量含游离二氧化硅的粉尘进入肺部所引起的职业病。该病常在空气中硅尘浓度较高的采矿、凿岩等工种中发生，在发病早期，病人胸闷、气短，部分病人会有干咳，出现肺功能衰竭；后期呼吸困难，极易气喘，全身无力，并伴有结核病等并发症。对于"矽肺病"患者，尤其在患病晚期，国内目前还没有有效的治疗方法。在浙江泰顺，像张平一样的"矽肺"病人共有 196 人，他们都是在从事沈（阳）本（溪）高速公路建设前期的开挖隧道中不幸罹患此疾。张平是 196 人中 15 个 I、II 期矽肺病人中的一个。迄今为止已经有 10 人死亡。受害人根据我国《劳动法》有关规定，要求法院判令 13 家（名）被告给予他们因工致残和工亡的医疗费、伤残抚恤金、丧葬费、工亡补助金等，总计 2 亿多元，创我国劳动索赔诉讼之最。即使赔偿到位的话，2 亿元能否换回他们的健康呢？

（二）职业病的前期预防

1. 基础设施的要求

根据《职业病防治法》的有关规定，产生职业病危害的用人单位的设立除应当符合法律、行政法规规定的设立条件外，其工作场所还应当符合下列卫生要求：（1）职业病危害因素的强度或者浓度符合国家卫生职业标准；（2）有与职业病危害防护相适应的设施；（3）生产布局合理，符合有害与无害作业分开的原则；（4）有配套的更衣间、洗浴间、孕妇休息间等卫生设施；（5）设备、工具、用具等设施符合保护劳动者生理、心理健康的要求；（6）法律、行政法规规定和国务院卫生行政部门关于保护劳动者健康的其他要求。

2. 职业病预评报告制度

单位新建、扩建、改建建设项目和技术改造、技术引进项目可能产生职业危害的，建设单位在可行性论证阶段应当进行职业病危害预评价。医疗机构建设项目可能产生放射性职业病危害的，建设单位应当向卫生行政部门提交放射性职业病危害预评价报告。卫生行政部门应当自收到职业病预评价报告 30 日内，作出审核决定并书面通知建设单位。未提交预评价报告或者预评价报告未经过卫生行政部门审核同意的，不得开工建设。

（三）劳动过程中的预防和管理

1. 用人单位应当采取下列职业病防治措施：（1）设置或者指定职业卫生管理机构或者组织，配备专职或者兼职卫生专业人员，负责本单位的职业病防治工作。（2）制订职业病防治计划和实施方案。（3）建立、健全职业卫生管理制度和操作规程。（4）建立、健全职业卫生档案和劳动者健康监护档案。（5）建立、健全工作场所职业病危害因素监测及评价制度。（6）建立、健全职业病危害事故应急救援预案。

2. 用人单位告知制度。用人单位与劳动者订立劳动合同的时候，应当将工作过程中可能产生的职业病危害及其后果、职业病防治措施和待遇等如实告知劳动者，并在劳动合同中写明，不得隐瞒或者欺骗。同样，劳动者在履行劳动合同期间，因为工作岗位或者工作内容变更，从事与所订立的劳动合同中未告知的存在职业病危害的作业，用人单位也应当向劳动者履行如实告知的义务，并变更原劳动合同的相应条款，否则劳动者可以向用人单位提出解除劳动合同，而且用人单位需支付经济补偿金。

3. 上岗、在岗、离岗健康检查制度。对从事接触职业病危害的劳动者，用人单位应当按照国务院卫生行政部门的规定组织上岗前、在岗间和离岗时的职业健康检查，并将检查结果书面如实告知劳动者。用人单位不得安排未经上岗前职业健康检查的劳动者从事接触职业病危害的作业；不得安排有职业禁忌的劳动者从事其所禁忌的作业；对在职业健康检查中发现有与所从事的职业相关的健康损害的劳动者，应当调离其工作岗位，并妥善处置；在岗周期性体检也是对劳动者重要的保护办法；对未进行离岗前职业健康检查的劳动者不得解除或终止与其订立的劳动合同。

4. 有毒物品作业场所中毒危害因素检测。用人单位应当按照国务院卫生行政部门的规定，定期对使用有毒物品作业场所职业中毒危害因素进行检测、评价。检测、评价结果存入用人单位职业卫生档案，定期向所在地卫生行政部门报告并向劳动者公布。从事使用高毒物品作业的用人单位应当至少每个月对高毒作业场所进行一次职业中毒危害因素检测；至少每半年进行一次职业中毒危害控制效果评价。该条款只规定了高毒物品的检测周期，且在实际工作中执行的要求过高。一般而言，现在监督执法中主要的检测周期依据是《卫生防疫工作规范》的规定：尘＼石棉尘＼铅＼苯＼汞＼三硝基，达到国家卫生标准的，6—12 个月测一次，未达标的，3—6 月测定 1 次；其余尘毒品种，每年至少测定 1 次；噪声＼局部振动＼微波每年至少 1 次；高温条件测定，每年最热月 6 月 15 日—9 月 15 日最热月不同时间测 3 次。2003 年 6 月 10 日，

原卫生部印发了《高毒物品目录》，按照规定，这些工作场所必须按照检测周期进行检测。（详见本章附录二）

二、 职业病的诊断、 鉴定和职业病待遇

（一）职业病的诊断

1. 职业病诊断的机构

根据《职业病防治法》的规定，职业病的诊断应当由取得《医疗机构执业许可证》的医疗卫生机构承担。劳动者可以在用人单位所在地、本人户籍所在地或者经常居住地依法承担职业病诊断的医疗卫生机构进行职业病诊断。到何处诊断，由劳动者根据便利原则自由选择。

2. 职业病诊断的标准

根据《职业病防治法》第四十五条之规定，职业病诊断标准和职业病诊断、鉴定办法由国务院卫生行政部门制定。职业病伤残等级的鉴定办法由国务院劳动保障部门会同国务院卫生行政部门制定。

3. 职业病的诊断

《职业病诊断与鉴定管理办法》规定，申请职业病诊断时应该提供的材料有：

（1）职业史、职业病危害接触史；

（2）职业健康检查结果；

（3）工作场所职业病危害因素检测结果；

（4）职业病放射性疾病诊断还需要个人剂量监测档案等资料；

（5）与诊断有关的其他资料；

在诊断过程中，应当综合分析以下因素：（1）病人的职业史；（2）职业病危害接触史和工作场所职业病危害因素情况；（3）临床表现以及辅助检查结果等。职业病诊断应当依据职业病诊断标准，结合职业史、职业病危害接触史、

工作场所职业病危害因素情况、临床表现和医学检查结果等资料，进行综合分析做出，对不能确诊的疑似职业病病人，可以经过必要的医学检查或者住院观察后，再做出诊断。如果没有证据否定职业病危害与病人临床表现之间的必然联系的，在排除其他致病因素后，就应该诊断为职业病。在诊断过程中，承担职业病诊断的卫生机构，应当组织 3 名以上的职业医师集体诊断。最后的诊断证明书应当由参与诊断的医师共同签署，并经承担职业病诊断的卫生机构审核盖章。

（二）职业病的鉴定

当事人对职业病的诊断有异议的，可以在接到职业病诊断证明书之日起 30 日内，向做出诊疗的卫生机构所在地设区的市级卫生行政部门申请鉴定。设区的市级卫生行政部门组织的职业病诊断鉴定委员会负责职业病诊断争议的首次鉴定。当事人对设区的市级职业病诊断鉴定委员会的鉴定结论不服的，在接到职业病诊断鉴定书之日起 15 日内，可以向原鉴定机构所在地省级卫生行政部门申请再鉴定，省级职业病诊断鉴定委员会的鉴定为最终鉴定。

当事人申请职业病诊断鉴定时，应当向鉴定委员会提供以下材料：

1. 职业病诊断鉴定申请书；

2. 职业病诊断证明书，申请省级鉴定的还应当提交市级职业病鉴定书；

3. 卫生行政部门要求提供的其他有关资料；

职业病鉴定办事机构应当自收到申请资料之日起五个工作日内完成资料审核，对资料齐全的发给受理通知书；资料不全的，应当书面通知当事人补充；资料补充齐全的，应当受理申请并组织鉴定。职业病鉴定办事机构收到当事人鉴定申请之后，根据需要可以向原职业病诊断机构或者首次职业病鉴定的办事机构调阅有关的诊断、鉴定资料。原职业病诊断机构或者首次职业病鉴定办事机构应当在接到通知之日起 15 日内提交。职业病鉴定办事机构应当在受理鉴定申请之日起 60 日内组织鉴定、形成鉴定结论，并在鉴定结论形成后 15 日内出具职业病鉴定书。

根据职业病鉴定工作需要，职业病鉴定办事机构可以向有关单位调取与职业病诊断、鉴定有关的资料，有关单位应当如实、及时提供。专家组应当听取当事人的陈述和申辩，必要时可以组织进行医学检查。需要了解被鉴定人的工作场所职业病危害因素情况时，职业病鉴定办事机构根据专家组的意见可以对工作场所进行现场调查，或者依法提请安全生产监督管理部门组织现场调查。依法提请安全生产监督管理部门组织现场调查的，在现场调查结论或者判定作出前，职业病鉴定应当中止。职业病鉴定应当遵循客观、公正的原则，专家组进行职业病鉴定时，可以邀请有关单位人员旁听职业病鉴定会。所有参与职业病鉴定的人员应当依法保护被鉴定人的个人隐私。职业病诊断机构可以根据诊断需要，聘请其他单位职业病诊断医师参加诊断。必要时，可以邀请相关专业专家提供咨询意见。

职业病诊断、鉴定的费用由用人单位承担。当单位发生或者可能发生急性职业病危害事故时，用人单位应当立即采取应急救援和控制措施，并及时报告所在地卫生行政部门和有关部门。卫生行政部门接到报告后，应当及时会同有关部门组织和调查处理；必要时，可以采取临时控制措施。对遭受或者可能遭受急性职业病危害的劳动者，用人单位应当及时组织救治、进行健康检查和医学观察，所需费用由用人单位承担。

（三）职业病患者的待遇

1. 休养和调换工作

用人单位对于职业病患者，应当按照国家的有关规定，安排职业病病人进行治疗、康复和定期检查。用人单位对不宜继续从事原工作的职业病病人，应当调离原工作岗位，并妥善安置。《职业病范围和职业病患者处理办法的规定》第六条规定：职工被确认患有职业病后，其所在的单位应当根据职业确诊机构的意见，安排其医治或疗养。在医治或疗养后被确认不宜继续从事原有害作业或者工作的，应在确认之日起两个月内将其调离原工作岗位，另行安排工作。对于因工作需要暂不能调离的生产、工作的技术骨干，调离期限最长不得超过半年。

2. 享受工伤待遇。《职业病防治法》第五十七条规定：职业病病人的诊疗、康复费用，伤残以及丧失劳动能力的职业病人的社会保障，按照国家有关工伤社会保险的规定执行。

《职业病范围和职业病患者处理办法的规定》第七条也规定：从事有害职业的职工，因按规定接受职业性健康检查所占用的生产、工作时间，应按正常出勤处理；如职业病防治诊断组认为需要住院进一步检查时，不论其最后是否诊断为职业病，在此期间可享受职业病待遇。

《职业病防治法》第五十九条规定：劳动者被诊断患有职业病，但用人单位没有依法参加工伤社会保险的，其医疗和生活保障由最后的用人单位承担。《职业病范围和职业病患者处理办法的规定》第九条也规定：劳动合同制工人、临时工终止或者解除劳动合同后，在待业期间新发现的职业病与上一个劳动合同期工作有关时，其职业病待遇由原终止或解除劳动合同的单位负责；如原单位已与其他单位合并，由合并后的单位负责；如原单位已经撤销，应由原单位的上级主管机关负责。

3. 提前退休的有关规定。《国务院关于工人退休、退职的暂行办法》第一条第（二）项是这样规定的：从事井下、高空、高温、特别繁重体力劳动者或者其他有害身体健康的工作，男年满55周岁，女年满45周岁，连续工作满十年的，可办理退休手续。

三、 我国职业病范围

根据《职业病防治法》第二条规定，职业病的分类和目录由国务院卫生行政部门会同国务院劳动保障行政部门制定、调整并公布。法定职业病由原来的99种增加到132种，包括职业性尘肺病及其他呼吸系统疾病、职业性皮肤病、职业性眼病、职业性耳鼻喉口腔疾病、职业性化学中毒、物理因素所致职业病、职业性放射性疾病、职业性传染病、职业性肿瘤、其他职业病等。

（一）职业性尘肺病及其他呼吸系统疾病

1. 尘肺病

（1）矽肺

（2）煤工尘肺

（3）石墨尘肺

（4）碳黑尘肺

（5）石棉肺

（6）滑石尘肺

（7）水泥尘肺

（8）云母尘肺

（9）陶工尘肺

（10）铝尘肺

（11）电焊工尘肺

（12）铸工尘肺

（13）根据《尘肺病诊断标准》和《尘肺病理诊断标准》可以诊断的其他尘肺病

2. 其他呼吸系统疾病

（1）过敏性肺炎

（2）棉尘病

（3）哮喘

（4）金属及其化合物粉尘肺沉着病（锡、铁、锑、钡及其化合物等）

（5）刺激性化学物所致慢性阻塞性肺疾病

（6）硬金属肺病

（二）职业性皮肤病

1. 接触性皮炎

2. 光接触性皮炎

3. 电光性皮炎

4. 黑变病

5. 痤疮

6. 溃疡

7. 化学性皮肤灼伤

8. 白斑

9. 根据《职业性皮肤病的诊断总则》可以诊断的其他职业性皮肤病

（三）职业性眼病

1. 化学性眼部灼伤

2. 电光性眼炎

3. 白内障（含放射性白内障、三硝基甲苯白内障）

（四）职业性耳鼻喉口腔疾病

1. 噪声聋

2. 铬鼻病

3. 牙酸蚀病

4. 爆震聋

（五）职业性化学中毒

1. 铅及其化合物中毒（不包括四乙基铅）

2. 汞及其化合物中毒

3. 锰及其化合物中毒

4. 镉及其化合物中毒

5. 铍病

6. 铊及其化合物中毒

7. 钡及其化合物中毒

8. 钒及其化合物中毒

9. 磷及其化合物中毒

10. 砷及其化合物中毒

11. 铀及其化合物中毒

12. 砷化氢中毒

13. 氯气中毒

14. 二氧化硫中毒

15. 光气中毒

16. 氨中毒

17. 偏二甲基肼中毒

18. 氮氧化合物中毒

19. 一氧化碳中毒

20. 二硫化碳中毒

21. 硫化氢中毒

22. 磷化氢、磷化锌、磷化铝中毒

23. 氟及其无机化合物中毒

24. 氰及腈类化合物中毒

25. 四乙基铅中毒

26. 有机锡中毒

27. 羰基镍中毒

28. 苯中毒

29. 甲苯中毒

30. 二甲苯中毒

31. 正己烷中毒

32. 汽油中毒

33. 一甲胺中毒

34. 有机氟聚合物单体及其热裂解物中毒

35. 二氯乙烷中毒

36. 四氯化碳中毒

37. 氯乙烯中毒

38. 三氯乙烯中毒

39. 氯丙烯中毒

40. 氯丁二烯中毒

41. 苯的氨基及硝基化合物（不包括三硝基甲苯）中毒

42. 三硝基甲苯中毒

43. 甲醇中毒

44. 酚中毒

45. 五氯酚（钠）中毒

46. 甲醛中毒

47. 硫酸二甲酯中毒

48. 丙烯酰胺中毒

49. 二甲基甲酰胺中毒

50. 有机磷中毒

51. 氨基甲酸酯类中毒

52. 杀虫脒中毒

53. 溴甲烷中毒

54. 拟除虫菊酯类中毒

55. 铟及其化合物中毒

56. 溴丙烷中毒

57. 碘甲烷中毒

58. 氯乙酸中毒

59. 环氧乙烷中毒

60. 上述条目未提及的与职业有害因素接触之间存在直接因果联系的其他

化学中毒

（六）物理因素所致职业病

1. 中暑

2. 减压病

3. 高原病

4. 航空病

5. 手臂振动病

6. 激光所致眼（角膜、晶状体、视网膜）损伤

7. 冻伤

（七）职业性放射性疾病

1. 外照射急性放射病

2. 外照射亚急性放射病

3. 外照射慢性放射病

4. 内照射放射病

5. 放射性皮肤疾病

6. 放射性肿瘤（含矿工高氡暴露所致肺癌）

7. 放射性骨损伤

8. 放射性甲状腺疾病

9. 放射性性腺疾病

10. 放射复合伤

11. 根据《职业性放射性疾病诊断标准（总则）》可以诊断的其他放射性损伤

（八）职业性传染病

1. 炭疽

2. 森林脑炎

3. 布鲁氏菌病

4. 艾滋病（限于医疗卫生人员及人民警察）

5. 莱姆病

（九）职业性肿瘤

1. 石棉所致肺癌、间皮瘤

2. 联苯胺所致膀胱癌

3. 苯所致白血病

4. 氯甲醚、双氯甲醚所致肺癌

5. 砷及其化合物所致肺癌、皮肤癌

6. 氯乙烯所致肝血管肉瘤

7. 焦炉逸散物所致肺癌

8. 六价铬化合物所致肺癌

9. 毛沸石所致肺癌、胸膜间皮瘤

10. 煤焦油、煤焦油沥青、石油沥青所致皮肤癌

11. β-萘胺所致膀胱癌

（十）其他职业病

1. 金属烟热

2. 滑囊炎（限于井下工人）

3. 股静脉血栓综合征、股动脉闭塞症或淋巴管闭塞症（限于刮研作业人员）

第八章 劳动争议处理

一、 劳动争议概述

（一）劳动争议和劳动争议处理

劳动争议是指劳动关系的双方当事人因实现劳动权利和履行劳动义务而发生的纠纷。用人单位与职工是劳动争议案件的当事人。

劳动争议处理的核心制度是劳动争议仲裁，劳动争议仲裁是保障企业与职工的合法权益，维护社会正常的生产生活秩序，将用人单位与劳动者的关系全面纳入法治化，使双方的纠纷和争议得到合法、公正、及时的处理的重要法律制度。1993 年国务院颁布了《中华人民共和国企业劳动争议处理条例》（以下简称《企业劳动争议处理条例》），后于 2011 年经国务院令第 588 号废止。2007年 12 月 29 日，全国人大常务委员会第三十一次会议通过了《中华人民共和国劳动争议调解仲裁法》（以下简称《劳动争议调解仲裁法》），2008 年 5 月 1 日生效，成为规范劳动争议的主要的法律法规。

（二）《劳动争议调解仲裁法》的适用范围

1. 因确认劳动关系发生的争议；

2. 因订立、履行、变更、解除和终止劳动合同发生的争议；

3. 因除名、辞退和辞职、离职发生的争议；

4. 因工作时间、休息休假、社会保险、福利、培训以及劳动保护发生的争议；

5. 因劳动报酬、工伤医疗费、经济补偿或者赔偿金等发生的争议；

6. 法律、法规规定的其他劳动争议。

除了上述劳动争议事项外，法律、行政法规或者地方性法规规定的其他劳动争议，也可以纳入《劳动争议调解仲裁法》的调整范围。

（三）处理劳动争议的原则

处理劳动争议，应当根据事实，遵循合法、公正、及时、着重调解的原则，依法保护当事人的合法权益。此处重点阐明着重调解的原则。着重调解原则包含两方面的内容：一是调解作为解决劳动争议的基本手段，贯穿于劳动争议的全过程。即使进入仲裁和诉讼程序后，劳动争议仲裁委员会和人民法院在处理劳动争议时，仍必须先进行调解，调解不成的，才能作出裁决和判决；二是调解必须遵循自愿原则，在双方当事人自愿的基础上进行，不能勉强和强制，否则即使达成协议或者作出调解书也不能发生法律效力。随着市场经济的发展，劳动用工形式越来越灵活，劳动争议数量持续上升，调解对解决劳动争议的作用也越来越重要。第一，劳动争议通过调解解决，不仅节省了争议双方在人力、财力上的支出，同时也能够大大减轻劳动争议仲裁机构和人民法院的工作压力。第二，调解解决争议的方式是民主协商，相互不伤和气，这种氛围下争议双方不仅容易达成一致，而且所达成的调解协议也更容易让当事人遵守和履行。2019 年，苏州市劳动争议案件调解成功率达到 95%，深圳市达到 85%，其他地方的成功率基本达到 65% 左右。

二、 劳动争议处理程序

劳动争议处理程序是专门处理劳动争议的程序。根据劳动争议所具有的特点，处理劳动争议不采用处理一般民事纠纷的程序，而是采用行政程序和诉讼程序相结合的特别程序。处理劳动争议的方式有以下几种。

（一）协商

一般来说，如果发生了劳动争议，劳动者可以首先与用人单位协商，也可以请工会或者第三方与用人单位协商，达成和解协议。《劳动争议调解仲裁法》在《企业劳动争议处理条例》的基础上，进一步完善了协商制度，除了规定争议的双方当事人可以自行协商和解外，还增加了劳动者可以请工会或者第三方共同与用人单位进行协商。这样做的目的主要是考虑到劳动者与用人单位相比，通常处于弱势地位，如果单纯由劳动者与用人单位进行协商和解，双方由于存在地位上的不平等性，一般很难达成和解协议，因此增加了劳动者可以请工会或者第三方帮助共同与用人单位进行协商的规定，目的是通过工会和第三方的加入，促成用人单位与劳动者能够坐下来协商，进而达成和解协议，充分发挥"协商"这一方式在处理劳动争议方面的作用。

当然协商不是劳动争议的必经程序，如果不愿协商、协商不成或者达成和解协议后不履行的，可以向调解组织申请调解或者申请劳动仲裁。

（二）请求劳动争议调解组织调解

1. 劳动争议调解概述

劳动争议调解是由第三方帮助争议的当事人就解决劳动争议案件自愿达成协议。调解和仲裁、审判有着本质的区别，主要在于调解是自愿的，不是强制的行为，而仲裁和审判都属于强制行为。调解是在自愿的基础上由第三人帮助争议双方达成协议，不是第三方最后做出决定。当然在调解过程中，有时也会出现争议双方拿不出调解方案的情况，这时可由第三方提出协议的条款，但是条款必须由双方当事人同意才有效。

2. 劳动争议调解组织机构

劳动争议调解组织有三类：一是用人单位劳动争议调解委员会，二是依法设立的基层人民调解组织，三是在乡镇、街道设立的具有劳动争议调解职能的组织，企业劳动争议调解委员会是劳动争议调解的主要机构。

（1）用人单位劳动争议调解委员会人员组成

在用人单位内，可以设立劳动争议调解委员会。劳动争议调解委员会由职工代表、用人单位代表和工会代表组成。劳动争议调解委员会主任由工会代表担任。调解委员会是调解本单位劳动争议的群众性组织，它的工作接受用人单位所在地工会或者行业工会和地方劳动争议仲裁委员会的指导。调解委员会具有相对独立性，在调解劳动争议案件时，调解活动不受用人单位行政领导的干预，因为在调解过程中，用人单位的行政只是作为争议的一方当事人参加调解，而不能凌驾于调解委员会之上。

（2）调解委员会的任务

①依法调解本企业的劳动争议案件；

②检查督促争议双方当事人履行调解协议；

③对职工进行法律、法规的宣传教育，做好劳动争议的预防工作。

（3）调解工作应当坚持的基本原则

①当事人自愿申请，依据事实及时调解；

②当事人在法律面前一律平等；

③当事人民主协商原则；

④调解协议的内容不能违反法律法规规定。如果第三人需要承担责任的，第三人必须在调解书上签字。

（4）调解委员会的工作程序

①争议双方一方当事人向调解委员会申请调解，书面口头方式均可；

②调解委员会审查申请调解的内容是否属于劳动争议的范围，如果不属于受理的范围，应当向当事人说明事项。申请请求属于调解范围的，应及时通知当事人做好参加调解的准备工作；

③调解委员会对申请陈述的事实、理由进行调查核实，调查核实可以找当事人单独会晤，也可以召集有关人员开会调查，找出矛盾的主要原因，为下一步调解掌握第一手资料；

④召开调解委员会会议进行调解，在调解过程中允许双方各自陈述事实理由，会议主持人要引导双方当事人围绕重点，围绕解决问题来陈述。促成最后达成协议的方法有两种：一是根据双方当事人的意愿进行协商形成；二是由调

解员分析争议的原因与责任以及有关文件的依据，提出解决问题的方案，然后交给当事人去协商，调解成功率的高低和调解员的业务素质与技巧有很大的关系。

同《企业劳动争议处理条例》相比，《劳动争议调解仲裁法》将调解的时间由 30 天缩短到 15 天，调解委员会调解的期限要求自收到申请之日起 15 日结束。如果在 15 日内不能结案的，视为调解不成，申请人按规定的时效向当地仲裁委员会申请仲裁。如果双方达成调解协议，一方当事人在协议约定期限内不履行调解协议，另一方可以依法申请仲裁。

经调解达成协议的，应当制作调解协议书。调解协议书由双方当事人签名或者盖章，经调解员签名并加盖调解组织印章后生效，对双方当事人具有约束力，当事人应当履行。

（5）支付令——调解协议未按期履行的特殊救济途径

需要特别指出的是：因为支付拖欠劳动报酬、工伤医疗费、经济补偿金或者赔偿金等事宜达成调解协议，用人单位在协议约定的期限内不履行的，劳动者可以持调解协议书依法向人民法院申请支付令，人民法院应当依法发出支付令。

什么是支付令呢？"支付令"来源于我国《民事诉讼法》第二百一十四条之规定：债权人请求债务人给付金钱、有价证券，符合两个条件就可以向有管辖权的基层人民法院申请支付令。这两个条件是：第一，债权人与债务人没有其他债务纠纷；第二，支付令能够送达债务人。"支付令申请书"应当写明请求给付金钱或者有价证券的数量和所根据的事实、证据。"支付令"是债权人向法院申请讨回债务的最简便的方法。对于一些事实清楚的欠薪案件，劳动者申请支付令解决，较之通过传统的途径——申请仲裁、提起诉讼等，既提高了效率，又节省了司法资源。

关于劳动报酬的支付令申请书，应向用人单位所在地的基层人民法院提交（这里"用人单位所在地"应为用人单位注册登记所在地）。根据《民事诉讼法》第二百一十五条、第二百一十六条规定：债权人提出申请后，人民法院应当在 5 日内通知债权人是否受理。人民法院受理申请后，经审查债权人提供的事实、证据，对债权债务关系明确、合法的，应当在受理之日起 15 日内向债务人发出支付令；申请不成立的，裁定予以驳回。劳动者因薪水被拖欠申请支付令，也适用上述期限的规定。

实践当中许多争议案件久拖不决，劳动者一方面迫于生计急需用钱，另一方面却还要应付官司，支付令的规定有力地缓解了此种冲突，劳动者可以直接申请支付令而无须经过仲裁中间环节，减少了维权成本，对于劳动争议的解决将起到积极的推动作用。

当然，调解程序也是一个自愿程序，当事人不愿调解的，可以直接向劳动争议仲裁委员会申请仲裁；如果自劳动争议调解组织收到调解申请之日起 15 日内没有达成调解协议，或者达成调解协议后在协议约定的期限内，一方当事人不履行的，另一方当事人可以向劳动争议仲裁委员会申请仲裁。

（三）劳动争议仲裁

1. 劳动争议仲裁概述

劳动争议仲裁指的是劳动争议仲裁机构根据法律的规定，由当事人申请，以第三者身份对争议事项居中调解、做出判断和裁决，是劳动争议处理的法定必经程序。

（1）劳动争议仲裁的性质

劳动争议仲裁是保障用人单位与职工的合法权益，维护正常的经济生活秩序，将用人单位与劳动者的关系全面纳入法治化，使争议与纠纷得到合法、公正、及时处理的重要制度。劳动仲裁委员会是国家赋予专门处理劳动争议案件权力的机构，具有行政和司法的双重职能。行政职能是监督、检查、调整劳动关系，促进劳动关系良性发展。准司法职能是指劳动争议仲裁机构审理案件不受任何组织和个人干扰，具有依法独立办理案件的权力，可以行使自由裁量权。

（2）劳动争议仲裁机构的设置

劳动争议仲裁机构按照统筹规划、合理布局和适应实际需要的原则设立。

省、自治区人民政府可以决定在市县设立；直辖市人民政府可以决定在区县设立。直辖市、设区的市可以设立一个或者若干个劳动争议仲裁委员会，不按照行政区划层层设立。比如，在企业比较集中的区域可以设多个劳动争议仲裁机构，体现了服务群众、以人为本的思想。

（3）劳动仲裁委员会的组成及职责

劳动争议仲裁委员会是由同级劳动行政主管部门的代表、工会代表和与企业方面的代表组成，组成人数必须是单数，一般来说仲裁委主任由劳动行政主管部门负责人担任。仲裁委员会的基本职责有：第一，聘任、解聘专职或者兼职仲裁员。仲裁委员会可以聘任劳动行政主管部门或者政府其他有关部门的人员、工会工作者、专家学者和律师为专职的或者兼职的仲裁员。仲裁员除了公道正派、坚持原则之外，还必须具备以下条件：①曾经担任审判员的；②从事法律研究、教学工作并具有中级以上职称的；③具有法律知识、从事人力资源管理或者工会等专业工作满五年的；④律师执业满三年的。第二，受理劳动争议案件。这是仲裁委的主要职责。第三，讨论重大或者疑难的劳动争议案件。第四，对仲裁员的仲裁活动进行监督。

2. 劳动争议仲裁的受案范围

（1）因确认劳动关系发生的争议案件。与《企业劳动争议处理条例》相比较，"因确认劳动关系发生的争议"属于《劳动争议调解仲裁法》的新增内容。"确认劳动关系争议"包括"是否有劳动关系、什么时候存在劳动关系、与谁存在劳动关系等等"的纠纷。根据《劳动合同法》第七条之规定：用人单位自用工之日起即与劳动者建立劳动关系。这也意味着围绕"什么是用工"将有大量的争议产生，派遣用工、学生兼职、个人代理、特殊劳动关系等都可能卷入"确认劳动关系"的纠纷，立法扩大了受诉范围，有利于对劳动者的保护。例如：劳动者与用人单位是否存在劳动关系是工伤认定的前提，当劳动者与用人单位之间有订立书面劳动合同时，双方的劳动关系很明确，工伤认定部门也会较为容易进行判断。可是，当双方之间是一种事实劳动关系时，引发了一个问题，该事实劳动关系的确认是由劳动保障行政部门来确认，还是由其他部门来确认，由于此前存在一定的空白，往往在实践中容易引起争议及相互推诿。

（2）因为订立、履行、变更、解除和终止劳动合同发生的争议。在订立、履行、变更、解除和终止劳动合同时发生的争议，属于受案的范围，此项规定非常明了。

（3）因为除名、辞退和辞职、离职发生的争议。用人单位开除、除名职工应发给通知书，辞退职工应发辞退证明书，职工对此不服申请仲裁，应提交通知书或证明书，如遇特殊情况，职工无法得到此类文书，也可以提供其他形式的证明材料，仲裁委员会应酌情决定可否作为受理案件的依据。

（4）因工作时间、休息休假、社会保险、福利、培训以及劳动保护发生的争议。工作时间是指劳动者在企业、事业、机关、团体等单位中，必须用来完成其所担负的工作任务的时间，一般由法律规定劳动者在一定时间内（工作日、工作周）应该完成的任务，以保证最有效地利用工作时间，不断提高工作效率，工作时间包括工作时间的长短、工作时间方式的确定。休息休假是指企业、事业机关、团体等单位的劳动者按照规定不必进行工作，而自行支配的时间。休息休假是每个国家的公民都应享受的权利。保险是指工伤保险、医疗保险、生育保险、失业保险、养老保险等社会保险。福利是指用人单位用于职工补贴及家属举办集体福利事业的费用，包括集体福利费、职工上下班交通补助费、探亲路费、取暖补助等。培训是指职工在职期间的职业技术培训，包括在各类专业学校和各种职业学校技术班、进修班的培训以及相关的培训费用等。劳动保护是指为保障劳动者在劳动过程中，获得适宜的劳动条件而采取的各项保护措施。《非法用工单位伤亡人员一次性赔偿办法》规定，无营业执照或者未经依法登记、备案的单位以及依法被吊销营业执照或者撤销登记、备案的单位受到事故伤害或者患职业病的职工，或者用人单位使用童工造成的伤残、死亡童工，其近亲属就赔偿数额与单位发生争议的，按照处理劳动争议的有关规定处理。

（5）因为劳动报酬、医疗费、经济补偿或者赔偿金等发生的争议。工资是指按照国家统计局规定应统计在职职工工资总额中的各种劳动报酬，包括标准工资、有规定标准的各种奖金津贴和补贴。企业与下岗职工因减发工资、奖金而引发的争议，也属于《劳动调解仲裁法》的管理范围，按照工资争议处理。因用人单位不支付职工的医疗费引发的争议属于受案范围。原劳动部办公厅给原浙江省劳动厅《关于企业退休人员追索医疗费争议是否受理的复函》中规定，在目前退休人员的医疗保险费仍由本单位支出的情况下，退休人员向本单位追索医疗费的争议，可视为劳动争议，劳动争议仲裁委员会应予受理。经济补偿金是用人单位依据国家规定或者合同约定，同员工解除劳动合同时以货币形式直接支付给职工的经济上的补助。赔偿金是用人单位违反《劳动合同法》的规定解除或者终止劳动合同，劳动者要求继续履行劳动合同的，用人单位应当继续履行，劳动者不要求继续履行劳动合同或者劳动合同已经不能继续履行的，用人单位应当依照《劳动合同法》支付给劳动者赔偿金。追索赔偿金属于受案范围。

（6）法律法规规定的其他劳动争议。法律法规规定的其他劳动争议，主要散见于行政规章中，例如原劳动部《关于退休职工向企业追索退休金引起的争议如何受理的复函》规定：职工退休后虽然与企业已不存在劳动关系，但是退休职工在岗期间履行的劳动义务，是其退休后享受养老保险金的前提和基础，而且退休金的计算标准要由企业提供依据。因此，我们认为，由于企业核定退休金标准或企业发放退休金而引起的退休职工与企业行政之间的争议，可视为劳动争议……可比照劳动争议有关规定处理。原劳动和社会保障部办公厅《关于劳动争议案中涉及商业秘密侵权问题的函》规定：劳动合同中如果明确约定了有关保守商业秘密的内容，由于劳动者未履行，造成用人单位商业秘密受到侵害而发生的争议，当事人向劳动争议仲裁委员会申请仲裁的，仲裁委员会应该受理。

综上所述，员工在申请劳动仲裁前，一定要对照受案范围，认真分析自己的情况是否属于仲裁管辖的范围，以免发生对自己不利的法律后果。

3. 劳动争议仲裁管辖

当发生劳动争议的用人单位与职工的具体工作地址不在同一个仲裁委员会管辖地区的，劳动争议由劳动合同履行地或者用人单位所在地的劳动争议仲裁委员会管辖。双方当事人分别向劳动合同履行地和用人单位所在地的劳动争议仲裁委员会申请仲裁的，由劳动合同履行地的劳动争议仲裁委员会管辖。在实践当中，许多用人单位注册地与劳动合同履行地相距甚远，特别是一些集团公司在分公司、办事处工作的员工，如果安排在用人单位注册地进行仲裁、诉讼将极大地增加劳动者的成本（路费、餐饮、住宿等），此规定确立了劳动合同履行地优先的管辖原则，劳动者可以就地维护自身权益，而不必车马劳累跑到用人单位所在地参加仲裁。

4. 劳动争议仲裁当事人

一般来说，发生劳动争议的劳动者和用人单位是仲裁案件的当事人。当然，如果劳务派遣单位或者用工单位与劳动者发生劳动争议，劳务派遣单位和用工单位为共同当事人。如果案件的处理结果会对第三人造成影响的话，第三人可以申请参加仲裁活动，仲裁委员会也可以主动通知其参加仲裁活动。

原劳动部办公厅《关于已撤诉的劳动争议案件劳动争议仲裁委员会是否可以再受理的复函》规定：当事人撤诉或劳动争议仲裁委员会按撤诉处理的案件，如当事人就同一请求再次申请仲裁，只要符合受理条件，劳动争议仲裁委员会应当再次立案审理，申请仲裁时效从撤诉之日重新开始计算。

5. 劳动争议不予受理案件的种类

（1）与社会保险机构的工伤待遇争议

职工与社会保险机构发生的工伤保险待遇给付争议不属于劳动争议。原劳动部办公厅《关于处理工伤争议有关问题的复函》规定：职工因为工伤待遇问题与用人单位发生争议，属于劳动争议，可以向当地的劳动争议仲裁委员会申请仲裁。但是，职工与社会保险机构发生的工伤待遇给付争议不属于劳动争议，不予受理，职工应该依法通过行政复议或者行政诉讼的方式解决。

（2）公务员与原单位发生劳动争议

原劳动和社会保障部办公厅《关于能否受理原公务员身份职工诉机关补交社会保险金的复函》规定：根据《关于职工在机关事业单位与企业之间流动时社会保险关系处理意见的通知》规定，公务员及依照公务员制度管理的单位工作人员流动到企业后，由其原所在单位给予一次性补贴。因流动到企业的公务员与原所在单位不属于劳动合同关系，不在《劳动法》调整的主体范围，劳动争议仲裁委员会不宜受理。

（3）确定新中国成立前参加革命工作时间的争议

原劳动和社会保障部办公厅《关于劳动争议仲裁机构能否受理退休干部要求更改参加革命工作时间问题的复函》规定：中央组织部、劳动人事部1982年9月印发的《关于新中国成立前参加革命工作时间的规定》对确定新中国成立前干部参加革命工作时间认定程序、职权范围等方面均有明确的规定。因此，因确定新中国成立前参加革命工作时间的争议，不属于劳动争议仲裁委员会的受理范围。

（4）为家庭或个人提供非全日制劳动时的争议

《劳动和社会保障部关于非全日制用工若干问题的意见》第十四条规定：劳动者直接向其他家庭或个人提供非全日制劳动的，当事人双方的争议不适用劳动争议处理规定。

（5）签订集体合同发生的争议

根据《劳动法》第八十四条规定：因签订集体合同发生争议，当事人协商解决不成的，当地人民政府劳动行政部门可以组织有关各方协调处理。

6. 劳动争议仲裁时效

劳动争议仲裁时效是权利人通过法定程序请求仲裁委员会保护其劳动权利的有效时限。在规定的时限以内，根据权利人的请求，劳动仲裁委员会对其合法的权益予以保护。如果权利人不积极地主张权利，在时限届满以后，仲裁委员会对权利人的权益不再予以保护。

发生争议的当事人请求劳动争议仲裁机构仲裁，必须在知道或者应当知道自身权利被侵害之日起1年内，以书面的形式向有管辖权地劳动争议仲裁委员会提出仲裁申请。

但是劳动关系存续期间，因拖欠劳动报酬发生争议的，劳动者申请仲裁不受前述仲裁时效期间的限制，仲裁时效随着劳动关系的存续而相应地延长。但是，劳动关系终止的，应当自劳动关系终止之日起一年内提出。

这是《劳动争议调解仲裁法》最大的变化之一，1993年通过的《企业劳动争议处理条例》第二十三条规定：当事人应当从知道或者应当知道其权利被侵害之日起六个月内，以书面形式向劳动争议仲裁委员会申请仲裁。《劳动法》将六个月改成了60天，当时立法的目的是为了尽快解决劳动争议，结果在实践中发现，时效太短反而不利于保护劳动者的权益，时效短、周期长、维权成本高，用人单位恶意拖延劳动争议的解决，损害劳动者的合法权益，造成社会矛盾的激化，走向了良好愿望的反面，所以《劳动争议调解仲裁法》将申请仲裁时效改为1年。

链接：

万某是青岛某化工公司高管。2013年5月开始，化工公司生产经营陷入困难，开始裁员和拖欠员工工资。万某虽然是公司骨干人员，也被停发了4个月工资。直到2013年9月，公司由新股东注入资金后运营恢复正常。但对于以前拖欠的4个月工资，公司却闭口不提，万某询问了多次也没有结果，后来由于开发新项目便将此事搁置。2014年11月，万某再次问起此事，人力资源部表示，新的股东说老股东已经退股，拖欠的工资过了一年的仲裁时效，打官司也打不赢，可以不给。万某遂将公司告上仲裁委，要求公司支付拖欠的工资。根据《劳动争议调解仲裁法》第二十七条第四款规定，劳动关系存续期间因拖欠劳动报酬发生争议的，劳动者申请仲裁不受本条第一款规定的仲裁时效期间的限制。本案中，万某还在化工公司工作，双方劳动关系存续，万某生申请仲裁时（即劳动争议发生时间）并未超过1年仲裁时效期间，化工公司必然败诉。

7. 仲裁申请

一般来说仲裁申请书上应当写明：（1）劳动者的姓名、性别、年龄、职业、工作单位和住所，用人单位的名称、住所和法定代表人或者主要负责人的姓名、职务；（2）仲裁请求和所根据的事实和理由；（3）证据和证据来源、证人姓名和住所。

仲裁委员会的工作人员收到仲裁申请书后，应对下列事项进行审查：（1）申请人是否与本案有直接利害关系；（2）争议是否属于劳动争议仲裁委员会的受案范围；（3）劳动争议是否属于本仲裁委员会管辖；（4）申请书及有关材料是否齐备并符合要求；（5）申请时间是否符合时效规定。

仲裁委员会应当自收到仲裁申请之日起 5 日内作出受理或者不予受理的决定。仲裁委员会决定受理的，应当自作出决定之日起 5 日内将仲裁申请书的副本送达被申请人，并组成仲裁庭；决定不予受理的，应当说明理由。被申请人应当自收到仲裁申请书副本之日起 10 日内提交答辩书和有关证据。仲裁委收到答辩书后，应当在五日内将答辩书副本送达申请人。被申请人没有按时提交或者不提交答辩书的，不影响案件的审理。

8. 仲裁庭

劳动争议仲裁委员会裁决劳动争议案件实行仲裁庭制度。仲裁庭由三名仲裁员组成，设首席仲裁员。简单劳动争议案件可以设一名仲裁员独任仲裁。仲裁委员会应当在受理申请之日起五日内将仲裁庭的组成情况书面通知当事人。仲裁员有下列情况之一，应当回避，当事人也有权以口头或者书面方式提出回避申请：第一，是本案当事人或者当事人、代理人的近亲属的；第二，与本案有利害关系的；第三，与本案当事人、代理人有其他利害关系，可能影响公正裁决的；第四，私自会见当事人、代理人，或者接受当事人、代理人的请客送礼的。一般来说，劳动争议仲裁委员会对回避应当及时作出决定，并以口头或者书面的方式通知到当事人。如果仲裁员有私自会见当事人、代理人，或者接受当事人、代理人的请客送礼的，或者有索贿受贿、徇私舞弊、枉法裁决等行为的，依法承担法律责任，仲裁委应当依法将其解聘。

仲裁庭处理争议案件，应从劳动争议仲裁委员会受理仲裁申请之日起 45 日内结案。案情复杂需要延期的，需报仲裁委员会主任批准后可适当延期，但是延长期限不得超过 15 天。

9. 仲裁时效中断、中止

（1）中断是指仲裁进行期间，因为发生一定的法定事由，使已经经过的时效统统无效，等到中断的事由消除后，诉讼时效重新计算。中断的事由主要是当事人一方向对方当事人主张权利，或者向有关部门请求权利救济，或者对方当事人同意履行义务而中断。从中断时起，仲裁时效期间重新计算。

（2）中止是指仲裁进行期间，因为发生一定的法定事由，使权利人不能行使请求权，暂时停止计算仲裁时效期间，等到中止的事由消除后，仲裁时效继续计算。中止的主要事由是因不可抗力或者其他正当理由，当事人不能在规定的仲裁时效期间申请仲裁的，仲裁时效中止。从中止时效的原因消除之日起，仲裁时效期间继续计算。

在仲裁过程中，有两种情况需要中止时效：①有下列情形之一的，经仲裁委员会主任或者其委托的仲裁院负责人批准的情形，可以中止案件审理：劳动者一方当事人死亡，需要等待继承人表明是否参加仲裁的；劳动者一方当事人丧失民事行为能力，尚未确定法定代理人参加仲裁的；用人单位终止，尚未确定权利义务承继者的；一方当事人因不可抗拒的事由，不能参加仲裁的；案件审理需要以其他案件的审理结果为依据，且其他案件尚未审结的；案件处理需要等待工伤认定、伤残等级鉴定以及其他鉴定结论的；其他应当中止仲裁审理的情形。②劳动争议仲裁委员会的办事机构对未予受理的仲裁申请，应逐件向仲裁委员会报告并说明情况，仲裁委员会认为应当受理的，应当及时通知当事人，当事人从申请至受理期间应视为时效中止。

10. 仲裁参加人

在仲裁过程中，仲裁参加人是指直接参加劳动仲裁，进行仲裁活动的人。按照我国民事诉讼和劳动争议处理的有关法律法规，劳动仲裁参加人包括以下人员：（1）劳动争议当事人。用人单位与职工是劳动仲裁的当事人。企业法人由其法定代表人参加仲裁活动，其他用人单位由主要负责人参加活动。（2）代理人。受当事人的委托，在其授权范围内代理其参加仲裁活动的称为代理人。当事人可以委托一至二名律师或其他人参加代理活动。委托他人参加代理活动，必须向仲裁委员会提交有委托人签名或者盖章的授权委托书，委托书必须明确委托事项和权限。（3）代表人。如果属于集体诉讼，可以推选出代表参加仲裁活动。(4) 第三人。与劳动仲裁处理结果有利害关系的第三人，可以申请参加仲裁活动，仲裁委员会也可以通知其参加。

11. 仲裁的一般程序

仲裁庭应当于开庭前 5 日内，将开庭时间、地点的书面通知送达当事人。当事人接到通知后，无正当理由拒不到庭或者未经仲裁庭同意中途退庭的，对申请人按照撤回仲裁申请处理，对被申请人可以缺席裁决。

具体：

这里有一个非常关键的问题，就是根据《劳动争议调解仲裁法》第二十九条规定，对于劳动争议仲裁委员会不予受理或者逾期未做出决定的，申请人可以就该劳动争议事项向人民法院提起诉讼。仲裁前置程序是我国处理劳动争议案件的一大特色，就是说，如果没有仲裁程序，法院是不会受理劳动争议案件的。那么按照本条之规定，劳动争议仲裁委员会逾期未做出决定，劳动者也就没有得到不予受理的书面通知。依据此规定，申请人可以直接向人民法院起诉，但是法院会受理吗？申请人用什么办法向法院证明已经"仲裁前置了"呢？要是仅凭口说法院就受理的话，那仲裁前置程序就又值得我们思考了。

仲裁委员会处理劳动争议案件应当先行调解，在查明事件真相的基础上促使当事人自愿达成协议，调解达成协议的，仲裁庭应当制作调解书，调解书自送达之日起具有法律效力。调解未达成协议或调解书送达前当事人反悔的，仲裁庭应当及时作出裁决。当事人对仲裁裁决不服的，自收到裁决书之日起 15 日内，可以向人民法院起诉；期满不起诉的，裁决书即发生法律效力。

12. 集体劳动人事争议处理程序

所谓集体争议，是指职工一方在十人以上并有共同请求的争议案件，或者因履行集体合同发生的劳动争议案件。因履行集体合同发生的劳动争议，经协商解决不成的，工会可以依法申请仲裁；尚未建立工会的，由上级工会指导劳动者推举产生的代表依法申请仲裁。审理集体争议案件，应按照就近的原则，开庭场所可设在发生争议的用人单位或其他便于及时处理争议的地方。审理集体争议案件的时效，仲裁委员会应该自收到集体劳动人事争议仲裁申请之日起

5 日内做出受理或者不予受理的决定，对不予受理的应当说明理由。决定受理的，应当自受理之日起 5 日内将仲裁庭组成人员、答辩期限、举证期限、开庭日期和地点等事项一次性通知当事人。仲裁庭处理集体劳动人事争议，开庭前应当引导当事人自行协商，或者先行调解，可以邀请法律工作者、律师、专家学者等第三方共同参与调解。协商或者调解未能达成协议的，仲裁庭应当及时裁决。

13. 证据及举证责任

（1）证据

证据必须具备客观性、关联性和合法性的特点。

客观性。证据必须没有任何主观性，不以人们的意志为转移，任何的主观推测、假设等情况都不能作为证据。

关联性。作为证据的事实不仅是一种客观存在，而且必须与案件有着密切的关系。一般可以分为直接证据和间接证据。

合法性。收集证据必须按照法定程序，没有按照法定程序收集的证据就不能作为案件的依据。

证据的种类：

①当事人陈述。当事人陈述也是一种证据形式，包括当事人在庭审过程中说明案件事实和对案件事实的承认两种，当事人的陈述必须由书记员记录，当事人签名盖章。

②书证。是指以文字、图画在纸上、木料、塑料、金属等物品上表现一定的思想，其内容能够证明案件事实的一部分或者是全部的一种证据形式。劳动仲裁案件中，书证一般有劳动合同、文书单据以及票据等。

③物证。凡是用物品的外形特征、质量等证明事实的一部分或者全部的，称为物证。书证和物证应该提交原件，提交原件有困难的，应该提交复制品、照片、副本、节录本等。

④视听资料。是指与案件有关的足以证明案件真实情况的录音、音像、电子计算机存储的数据资料。收集视听资料应该对其辨别真伪，并结合案件的其

他证据，审查确定能否作为认定事实的依据。

⑤电子数据。电子数据是案件发生过程中形成的，以数字化形式存储、处理、传输的，能够证明案件事实的数据。

⑥证人证言。证人向仲裁机构所作的书面或者口头的陈述。任何有行为能力的人都有实事求是做证的义务，有利害关系的人也可以出庭做证，但是要加以斟酌，采用这种证言时应该谨慎。

⑦鉴定意见。鉴定人用自己的专业知识和经验对案件中某些专门性的问题做出的科学的、客观的分析，并提出结论性的意见。

⑧勘验笔录。为了案情需要，对争议案件的现场或物品等进行勘察、检查，制作勘验笔录，勘验人、当事人和被邀请者需在勘验笔录上签名盖章。

在仲裁活动中，需要勘验或者鉴定的问题，交给法定部门勘验或者鉴定；没有法定部门的，由仲裁部门委托有关部门勘验或者鉴定。

（2）仲裁举证责任

举证责任，又称证明责任，是指当事人对自己提出的主张，有提出证据并加以证明的责任。如果当事人未能尽到上述责任，则有可能承担对其不利的法律后果。举证责任的基本含义包括以下三层：第一，当事人对自己提出的主张，应当提出证据；第二，当事人对自己提供的证据，应当予以证明，以表明自己所提供的证据能够证明其主张；第三，若当事人对自己的主张不能提供证据或提供证据后不能证明自己的主张，将可能导致对自己不利的法律后果。

仲裁举证责任的一般原则：第一，谁主张，谁举证。《劳动人事争议仲裁办案规则》第十三条规定：当事人对自己提出的主张有责任提供证据。第二，用人单位的特殊举证责任（举证责任倒置）。《劳动争议调解仲裁法》第三十九条第二款规定：劳动者无法提供由用人单位掌握管理的与仲裁请求有关的证据，仲裁庭可以要求用人单位在指定期限内提供。用人单位在指定期限内不提供的，应当承担不利后果。这一规定是基于对当事人所能提供证据的可能性和现实性的考虑，因为劳动者和用人单位双方的地位在劳动争议处理程序中处于事实上的不平等，表现在：一是在劳动争议处理程序中，劳动者仍然是一个个体，通常情况下与掌握大量人力、物力和财力的组织体——用人单位相比，是弱者，其在劳动争议处理程序中的对抗能力远不及用人单位；二是劳动者在劳动关系中的弱者地位、隶属地位常常使其在劳动争议处理程序中继续处于弱势地位；三是劳动争议处理程序中的劳动者常常由于劳动关系尚未解除而仍然处于用人单位的管理之下，这时劳动者在劳动争议处理程序中的行为仍然直接受制于用人单位，劳动者在维系其劳动关系的较量中，不可能与用人单位同日而语；四是有些与争议事项有关的证据是用人单位掌握管理的，例如人事档案、用工花名册，劳动者无法提供或者很难举证，在这种情况下仍然坚持"谁主张，谁举证"，对于劳动者来说就是有失公平的，所以这些由用人单位掌握管理的证据应当由用人单位提供，用人单位不提供的，就必然因为自己不提供其应当提供的证据而承担不利的法律后果。

14. 期间和送达

（1）期间

劳动争议仲裁委员会的办案期间，是指仲裁委员会及其他仲裁活动参加人进行仲裁行为的期限。

期间可以分为法定期间和指定期间。法定期间是指法律直接规定的期间，它可以分为两种，一种是《劳动人事争议仲裁办案规则》直接规定的，一种是《劳动人事争议仲裁办案规则》没有规定的。指定期间是指仲裁委员会根据审理案件的总体情况需要，决定当事人、有关单位和个人为一定行为的期限，如在裁决书上限定当事人履行裁决书的期限。指定期间一经指定一般不能改变，但是，当事人如果遇到特殊情况可以申请改变，须经仲裁委员会批准。期间以日、月、年计算，期间开始之日计算在期间内，期间届满的最后一日是法定节假日的，以节假日后的第一天为期间届满的日期，期间不包括在途时间，仲裁文书在期满前邮递的，不算过期。

（2）送达

送达是指仲裁委员会依法定方式把仲裁文书交给当事人、其他仲裁活动参与人和有关单位或个人的一种诉讼行为。送达仲裁文书必须有送达回证，由受送达人在送达回证上记明收到日期，并签名或者盖章。受送达人在送达回证上的签收日期为送达日期。

送达的方式有直接送达、留置送达、委托送达、邮寄送达、公告送达。

①直接送达。仲裁委派专人把仲裁文书送交受送达人。这种方式送达快而且可靠，有利于保障当事人权利和及时审结案件。

②留置送达。一般是受送达人拒绝签收仲裁文书时，把仲裁文书留置于受送达人的住所的方式。采取留置送达是有条件的，第一，受送达人拒绝签收仲裁文书；第二，必须邀请有关基层组织的代表、所在单位的代表现场说明情况，在送达回执上注明拒收理由和日期；第三，送达人、见证人署名和盖章，以便负责。

③委托送达。仲裁委员会把应该给受达人的法律文书，委托有关组织机构或者有关单位代为交给受送达人。其条件是：第一，委托的仲裁机构应该办理委托手续；第二，填好送达回证；第三，在委托函中，应将受送达人的姓名、住址等有关情况交代清楚，否则送达会产生误差，受委托的仲裁机构收到仲裁文书后，应立即将仲裁文书直接送达，不能再采取其他方式。

④邮寄送达。仲裁委员会通过邮寄的方式把仲裁文书交给受送达人，在直接送达有困难的情况下，一般采取此种办法，以挂号查询回执上注明的收件日期为送达日期（一般用 EMS）。

⑤公告送达。由仲裁机构发布公告，通知受送达人，要求受送达人在规定的期间或者指定的地点接受送达文件或为一定的仲裁行为的送达方式。其条件是：第一，受送达人下落不明；第二，在直接送达、留置送达、委托送达、邮寄送达等方式都无法送达时，才采取这种方式；第三，公告送达期限为60天。

15. 仲裁过程中必须坚持的基本原则

（1）以事实为依据，以法律为准绳。这是办理任何案件都必须坚持的基本原则。以事实为依据是指审理劳动争议案件必须从实际情况出发，调查研究，忠于事实真相，不能靠主观推测；以法律为准绳是指仲裁委在查明事实的基础上，按照法律的规定分清是非责任。

（2）法律面前人人平等。劳动争议案件中，双方当事人法律地位平等，不允许一方当事人享有比另一方当事人更多的权利，任何当事人的合法权益都应该受到法律的保护。

（3）适用法律位阶与冲突解决原则。第一，宪法具有最高的法律效力。其他任何法律都不允许同宪法的规定相抵触；第二，法律的效力高于行政法规、地方性法规和规章；第三，地方性法规高于本级和下级地方政府规章；第四，部门规章之间、部门规章与地方政府规章之间具有同等的法律效力，在各自的权限范围内施行。

16. 裁决

经仲裁庭调解无效或仲裁调解书送达前当事人反悔，调解失败的，劳动争议的处理便进入裁决阶段。

仲裁庭的裁决要通过召开仲裁会议的形式作出，裁决应当按照多数仲裁员的意见作出，少数仲裁员的不同意见应当记入笔录。仲裁庭不能形成多数意见时，裁决应当按照首席仲裁员的意见作出。

裁决书应当载明仲裁请求、争议事实、裁决理由、裁决结果和裁决日期。裁决书由仲裁员签名，加盖劳动争议仲裁委员会印章。对裁决持不同意见的仲裁员，可以签名，也可以不签名。对裁决书中的文字、计算错误或者仲裁庭已经裁决但在裁决书中遗漏的事项，仲裁庭应当及时制作决定书予以补正并送达当事人。

当事人对仲裁裁决不服的，可以自收到仲裁裁决书之日起15日内向人民法院提起诉讼；期满不起诉的，裁决书发生法律效力。但下列劳动争议，仲裁裁决为终局裁决，裁决书自作出之日起发生法律效力：①追索劳动报酬、工伤医疗费、经济补偿或者赔偿金，不超过当地月最低工资标准十二个月金额的争议；②因执行国家的劳动标准在工作时间、休息休假、社会保险等方面发生的争议。当然，对于前述终局裁决不服的，仍可自收到仲裁裁决书之日起15日内向人民法院提起诉讼。

当事人对发生法律效力的裁决书，应当依照规定的期限履行。一方当事人逾期不履行的，另一方当事人可以依照民事诉讼法的有关规定向人民法院申请执行。受理申请的人民法院应当依法执行。

17. 仲裁先予执行

《劳动争议调解仲裁法》第四十四条规定：仲裁庭对追索劳动报酬、工伤医疗费、经济补偿或者赔偿金的案件，根据当事人的申请，可以裁决先予执行，移送人民法院执行。仲裁庭裁决先予执行的，应当符合两个基本条件：

第一，不先予执行将严重影响申请人的生活。执行本应在仲裁裁决发生法律效力之后，先予执行是为了解决个别当事人由于生活或生产的迫切需要，必须在裁决之前采取措施，以解燃眉之急。例如，申请人遭受工伤，造成严重的身体伤害，急需住院治疗，申请人无力负担费用，而负有承担医疗费用义务的被申请人不积极主动协商解决，申请人向劳动争议仲裁委员会申请劳动争议仲裁。仲裁庭裁决劳动争议案件，应当自劳动争议仲裁委员会受理仲裁申请之日起45日内结束，这一段时间，如果不先予执行，必然使申请人的治疗耽误时间，或者造成严重后果。在这样的案件中，如果不先予执行，等仲裁庭作出生效裁决后再由义务人履行义务，就会使权利人不能得到及时治疗。先予执行就可以解决这个问题。

第二，当事人之间权利义务关系明确。是指该案件的事实十分清楚，当事人之间的是非责任显而易见，不存在模糊内容。

先予执行需要注意的几个问题：一是执行主体是人民法院。先予执行措施带有强制性，只能由人民法院采取，但劳动争议仲裁程序作为独立的程序，如果没有该制度的保障，保障当事人合法权益的程序机制就是不完善的。仲裁庭不能直接采取先予执行措施，但仲裁庭可以裁决先予执行，移送人民法院执行。二是必须根据当事人的申请。只有当事人申请，仲裁庭才能作出先予执行的裁决。如果当事人不申请，仲裁庭不能主动作出先予执行的裁决。三是申请执行，可以不提供担保。

18. 仲裁费用

《劳动争议调解仲裁法》第五十三条明确规定：劳动争议仲裁不收费，劳动争议仲裁委员会的经费由财政予以保障。过去审理劳动争议时，法院几乎不要钱，但仲裁庭收取的费用，对劳动者来说，实在有些偏高，很多劳动者既想保护自己的合法权益，但面对高昂的仲裁费和律师费，只能是望而却步。有了这一条，仲裁庭不会再收取高昂的"处理费"了，劳动者可以更好地维护自己的合法权益。

（四）诉讼

1. 诉讼概述

当事人不服劳动争议仲裁裁决的，可以自收到仲裁裁决书之日起15日内向人民法院起诉。

2. 人民法院受理案件的范围

根据《最高人民法院关于审理劳动争议案件适用法律问题的解释（一）》第一条，劳动者与用人单位发生的下列纠纷，属于劳动争议，当事人不服劳动争议仲裁委员会作出的裁决，依法向人民法院起诉的，人民法院应当受理：

（1）劳动者与用人单位在履行劳动合同过程中发生的纠纷；

（2）劳动者与用人单位之间没有订立书面劳动合同，但已形成劳动关系后发生的纠纷；

（3）劳动者与用人单位因劳动关系是否已经解除或者终止，以及应否支付解除或者终止劳动关系经济补偿金发生的纠纷；

（4）劳动者与用人单位解除或者终止劳动关系后，请求用人单位返还其收取的劳动合同定金、保证金、抵押金、抵押物发生的纠纷，或者办理劳动者的人事档案、社会保险关系等移转手续发生的纠纷；

（5）劳动者以用人单位未为其办理社会保险手续，且社会保险经办机构不能补办导致其无法享受社会保险待遇为由，要求用人单位赔偿损失发生的纠纷；

（6）劳动者退休后，与尚未参加社会保险统筹的原用人单位因追索养老金、医疗费、工伤保险待遇和其他社会保险待遇而发生的纠纷；

（7）劳动者因为工伤、职业病，请求用人单位依法给予工伤保险待遇发生的纠纷；

（8）劳动者依据《劳动合同法》第八十五条规定，要求用人单位支付加付赔偿金发生的纠纷；

（9）因企业自主进行改制发生的纠纷。

《最高人民法院关于审理劳动争议案件适用法律问题的解释（一）》第六条规定：劳动争议仲裁机构以当事人申请仲裁的事项不属于劳动争议为由，作出不予受理的书面裁决、决定或者通知，当事人不服依法提起诉讼的，人民法院应当分别情况予以处理：（1）属于劳动争议案件的，应当受理；（2）虽不属于劳动争议案件，但属于人民法院主管的其他案件，应当依法受理。对于劳动仲裁委员会以申请仲裁的主体不适格为由，作出不予受理的书面裁决、决定或者通知，当事人不服依法提起诉讼，经审查确属主体不适格的，人民法院不予受理；已经受理的，裁定驳回起诉。劳动争议仲裁机构为纠正原仲裁裁决错误重新作出裁决，当事人不服依法提起诉讼的，人民法院应当受理。人民法院受理劳动争议案件后，当事人增加诉讼请求的，如该诉讼请求与讼争的劳动争议具有不可分性，应当合并审理；如属独立的劳动争议，应当告知当事人向劳动争议仲裁机构申请仲裁。

3. 人民法院的管辖

《最高人民法院关于审理劳动争议案件适用法律问题的解释（一）》第三条规定：劳动争议案件由用人单位所在地或者劳动合同履行地的基层人民法院管辖；劳动合同履行地不明确的，由用人单位所在地的基层人民法院管辖。法律另有规定的，依照其规定。第四条规定：劳动者与用人单位均不服劳动争议仲裁机构的同一裁决，向同一人民法院起诉的，人民法院应当并案审理，双方当事人互为原告和被告，对双方的诉讼请求，人民法院应当一并作出裁决。在诉讼过程中，一方当事人撤诉的，人民法院应当根据另一方当事人的诉讼请求继续审理。双方当事人就同一仲裁裁决分别向有管辖权的人民法院起诉的，后受理的人民法院应当将案件移送给先受理的人民法院。

　　劳动争议仲裁机构仲裁的事项不属于人民法院受理的案件范围，当事人不服依法提起诉讼的，人民法院不予受理；已经受理的，裁定驳回起诉。用人单位对劳动者作出的开除、除名、辞退等处理，或者因其他原因解除劳动合同确有错误的，人民法院可以依法判决予以撤销。对于追索劳动报酬、养老金、医疗费以及工伤保险待遇、经济补偿金、培训费及其他相关费用等案件，给付数额不当的，人民法院可以予以变更。

4. 其他几个问题

　　《最高人民法院关于审理劳动争议案件适用法律问题的解释（一）》第五十条规定：用人单位根据《劳动合同法》第四条规定，通过民主程序制定的规章制度，不违反国家法律、行政法规及政策规定，并已向劳动者公示的，可以作为确定双方权利义务的依据。用人单位制定的内部规章制度与集体合同或者劳动合同约定的内容不一致，劳动者请求优先适用合同约定的，人民法院应予支持。

　　《最高人民法院关于在民事审判工作中适用〈中华人民共和国工会法〉若干问题的解释》第六条规定：根据《工会法》第五十二条的规定，人民法院审理涉及职工和工会工作人员因参加工会活动或者履行工会法规定的职责而被解除劳动合同的劳动争议案件，可以根据当事人的请求裁判用人单位恢复其工作，并补发被解除劳动合同期间应得的报酬；或者根据当事人的请求裁判用人单位给予本人年收入二倍的赔偿，并根据《劳动合同法》第四十六条、第四十七条规定给予解除劳动合同时的经济补偿。

　　当事人申请人民法院执行劳动争议仲裁机构作出的发生法律效力的裁决书、调解书，被申请人提出证据证明劳动争议仲裁裁决书、调解书有下列情形之一，并经审查核实的，人民法院可以根据《民事诉讼法》第二百三十七条规定，裁定不予执行：（1）裁决的事项不属于劳动争议仲裁范围，或者劳动争议仲裁机构无权仲裁的；（2）适用法律、法规确有错误的；（3）违反法定程序的；（4）裁决所根据的证据是伪造的；（5）对方当事人隐瞒了足以影响公正裁决的证据的；（6）仲裁员在仲裁该案时有索贿受贿、徇私舞弊、枉法裁决行为的；（7）人民法院认定执行该劳动争议仲裁裁决违背社会公共利益的。人民法院在不予执行的裁定书中，应当告知当事人在收到裁定书之次日起三十日内，可以就该劳动争议事项向人民法院提起诉讼。

　　劳动争议仲裁委员会做出仲裁裁决后，当事人对裁决中的部分事项不服，依法向人民法院起诉的，劳动争议仲裁不发生法律效力。《最高人民法院关于人民法院对经劳动争议仲裁裁决的纠纷准予撤诉或驳回起诉后劳动争议仲裁裁决从何时起生效的解释》规定：当事人不服劳动争议仲裁裁决向人民法院起诉后又申请撤诉，经人民法院审查准予撤诉的，原仲裁裁决自人民法院裁定送达当事人之日起发生法律效力。当事人因为超过起诉期间而被人民法院裁定驳回起诉的，原仲裁裁决自起诉期间届满之次日起恢复法律效力。

附　录

附录一：部分劳动法律法规一览表

部分劳动法律法规一览表

序号	名称	颁布时间	颁布部门	效力
1	《国务院关于工人退休、退职的暂行办法》	1978 - 6 - 2	国务院	有效
2	《国务院关于安置老弱病残干部的暂行办法》	1978 - 6 - 2	国务院	有效
3	《关于职业病范围和职业病患者处理办法的规定》	1987 - 11 - 5	财政部、劳动人事部、中华全国总工会、卫生部	部分失效（"职业病目录"已失效）
4	《关于工资总额组成的规定》	1990 - 1 - 1	国家统计局	有效
5	《国务院关于企业职工养老保险制度改革的决定》	1991 - 6 - 26	国务院	有效
6	《国有企业富余职工安置规定》	1993 - 4 - 20	国务院	有效
7	《企业职工患病或非因工负伤医疗期规定》	1994 - 12 - 1	劳动部	有效
8	《工资支付暂行规定》	1994 - 12 - 6	劳动部	有效
9	《企业职工生育保险试行办法》	1994 - 12 - 14	劳动部	有效
10	山东省劳动厅转发劳动部《关于发布〈企业职工患病或非因工负伤医疗期规定〉的通知》的通知	1995 - 3 - 9	山东省劳动厅	有效
11	《国务院关于职工工作时间的规定（1995年修订)》	1995 - 3 - 25	国务院	有效
12	《对"关于除名职工重新参加工作后工龄计算有关问题的请示"的复函》	1995 - 4 - 22	劳动部办公厅	有效

序号	名称	颁布时间	颁布部门	效力
13	《关于贯彻执行〈中华人民共和国劳动法〉若干问题的意见》	1995 - 8 - 4	劳动部	有效
14	《劳动部办公厅对〈关于劳动用工管理有关问题的请示〉的复函》	1996 - 1 - 16	劳动部办公厅	有效
15	《关于实行劳动合同制度若干问题的通知》	1996 - 10 - 31	劳动部	有效
16	《关于对企业以自己名义为无证照个人提供生产经营场地和条件发生伤亡事故后有关问题如何处理的请示〉的复函》	1996 - 11 - 25	劳动部办公厅	有效
17	《关于对劳部发〔1996〕354号文件有关问题解释的通知》	1997 - 2 - 5	劳动部办公厅	有效
18	《对〈关于取保候审的原固定工不签订劳动合同的请示〉的复函》	1997 - 3 - 3	劳动部办公厅	有效
19	《关于已撤诉的劳动争议案件劳动争议仲裁委员会是否可以再受理的复函》	1997 - 7 - 8	劳动部办公厅	有效
20	《国务院关于建立统一的企业职工基本养老保险制度的决定》	1997 - 7 - 16	国务院	有效
21	《民办非企业单位登记管理暂行条例》	1998 - 10 - 25	国务院	有效
22	《关于进一步做好国有企业下岗职工基本生活保障和企业离退休人员养老金发放工作有关问题的通知》	1999 - 2 - 3	国务院办公厅	有效
23	《关于制止和纠正违反国家规定办理企业职工提前退休有关问题的通知》	1999 - 3 - 9	劳动和社会保障部	有效

（续表）

序号	名称	颁布时间	颁布部门	效力
24	《关于职工在工作中遭受他人蓄意伤害是否认定工伤的复函》	2000-1-13	劳动和社会保障部办公厅	有效
25	《关于处理工伤争议有关问题的复函》	2000-4-11	劳动和社会保障部	有效
26	《关于无证驾驶车辆发生交通事故是否认定工伤问题的复函》	2000-12-14	劳动和社会保障部办公厅	有效
27	《关于个人与用人单位解除劳动关系取得的一次性补偿收入征免个人所得税问题的通知》	2001-9-10	财政部、国家税务总局	部分失效
28	《职业病诊断与鉴定管理办法（2021）》	2021-1-4	国家卫生健康委员会	有效
29	《职工非因工伤残或因病丧失劳动能力程度鉴定标准（试行)》	2002-4-5	劳动和社会保障部	有效
30	《使用有毒物品作业场所劳动保护条例》	2002-5-12	国务院	有效
31	《关于人民法院对经劳动争议仲裁裁决的纠纷准予撤诉或驳回起诉后劳动争议仲裁裁决从何时起生效的解释》	2000-7-10	最高人民法院	有效
32	《关于劳动争议仲裁机构能否受理退休干部要求更改参加革命工作时间问题的复函》	2002-7-25	劳动部	有效
33	《劳动和社会保障部关于劳动合同制职工工龄计算问题的复函》	2002-9-25	劳动和社会保障部办公厅	有效
34	《禁止使用童工规定》	2002-10-1	国务院	有效
35	《关于非全日制用工若干问题的意见》	2003-5-30	劳动和社会保障部	有效
36	《高毒物品目录》	2003-6-10	卫生部	有效

序号	名称	颁布时间	颁布部门	效力
37	《因工死亡职工供养亲属范围规定》	2003 - 9 - 23	劳动和社会保障部	有效
38	《集体合同规定（2004）》	2004 - 1 - 20	劳动和社会保障部	有效
39	《劳动保障监察条例》	2004 - 11 - 1	国务院	有效
40	《禁止传销条例》	2005 - 8 - 23	国务院	有效
41	《国务院关于完善企业职工基本养老保险制度的决定》	2005 - 12 - 3	国务院	有效
42	《山东省工伤认定工作规程》	2006 - 4 - 24	山东省人民政府	有效
43	《山东省工伤职工停工留薪期管理办法》	2006 - 4 - 24	山东省劳动和社会保障厅	有效
44	《山东省企业工资支付规定（2021修订）》	2021 - 2 - 7	山东省人民政府	有效
45	《中华全国总工会关于做好帮助和指导职工签订劳动合同工作的意见》	2006 - 8 - 1	中华全国总工会	有效
46	《山东省企业职工生育保险规定（2021）》	2021 - 1 - 30	山东省人民政府	有效
47	《生产安全事故报告和调查处理条例》	2007 - 4 - 9	国务院	有效
48	《中华人民共和国劳动合同法实施条例》	2008 - 9 - 18	国务院	有效
49	《就业服务与就业管理规定（2018修订）》	2018 - 12 - 14	劳动和社会保障部	有效
50	《职工带薪年休假条例》	2007 - 12 - 14	国务院	有效
51	《中华人民共和国劳动争议调解仲裁法》	2007 - 12 - 29	全国人民代表大会常务委员会	有效
52	《中华人民共和国工会法（2009修正）》	2009 - 8 - 27	全国人民代表大会常务委员会	有效

（续表）

序号	名称	颁布时间	颁布部门	效力
53	《工伤保险条例（2010 修订）》	2010 – 12 – 20	国务院	有效
54	《山东省贯彻〈工伤保险条例〉实施办法》	2011 – 7 – 1	山东省人民政府	有效
55	《企业劳动争议协商调解规定》	2011 – 11 – 30	人力资源和社会保障部	有效
56	《女职工劳动保护特别规定》	2012 – 4 – 28	国务院	有效
57	《中华人民共和国劳动合同法（2012 修正)》	2012 – 12 – 28	全国人民代表大会常务委员会	有效
58	《全国年节及纪念日放假办法（2013 修订)》	2013 – 12 – 11	国务院	有效
59	《职业病分类和目录》	2013 – 12 – 23	国家卫生和计划生育委员会、人力资源和社会保障部、国家安全生产监督管理总局、中华全国总工会	有效
60	《最高人民法院关于审理工伤保险行政案件若干问题的规定》	2014 – 6 – 18	最高人民法院	有效
61	《劳动人事争议仲裁办案规则》	2017 – 5 – 8	人力资源和社会保障部	有效
62	《劳动人事争议仲裁组织规则》	2017 – 5 – 8	人力资源和社会保障部	有效
63	《用人单位劳动防护用品管理规范》	2018 – 1 – 15	国家安全生产监督管理总局	有效
64	《中华人民共和国个人所得税法（2018 修正)》	2018 – 8 – 31	全国人民代表大会常务委员会	有效
65	《工伤职工劳动能力鉴定管理办法》	2018 – 12 – 14	人力资源和社会保障部	有效

序号	名称	颁布时间	颁布部门	效力
66	《中华人民共和国劳动法（2018修正)》	2018 - 12 - 29	全国人民代表大会常务委员会	有效
67	《中华人民共和国职业病防治法（2018修正)》	2018 - 12 - 29	全国人民代表大会常务委员会	有效
68	《中华人民共和国社会保险法（2018修正)》	2018 - 12 - 29	全国人民代表大会常务委员会	有效
69	《住房公积金管理条例（2019修订)》	2019 - 3 - 24	国务院	有效
70	《最高人民法院关于民事诉讼证据的若干规定（2019修正)》	2019 - 12 - 25	最高人民法院	有效
71	《关于订立电子劳动合同有关问题的函》	2020 - 3 - 4	人力资源社会保障部办公厅	有效
72	《最高人民法院关于审理劳动争议案件适用法律问题的解释（一)》	2020 - 12 - 29	最高人民法院	有效

附录二：中华人民共和国劳动法

中华人民共和国劳动法

(1994 年 7 月 5 日第八届全国人民代表大会常务委员会第八次会议通过
根据 2009 年 8 月 27 日第十一届全国人民代表大会常务委员会第十次会议《关
于修改部分法律的决定》第一次修正 根据 2018 年 12 月 29 日第十三届全国人
民代表大会常务委员会第七次会议《关于修改〈中华人民共和国劳动法〉等七
部法律的决定》第二次修正)

目录

第一章 总 则

第二章 促进就业

第三章 劳动合同和集体合同

第四章 工作时间和休息休假

第五章 工 资

第六章 劳动安全卫生

第七章 女职工和未成年工特殊保护

第八章 职业培训

第九章 社会保险和福利

第十章 劳动争议

第十一章 监督检查

第十二章 法律责任

第十三章 附 则

第一章 总 则

第一条 为了保护劳动者的合法权益，调整劳动关系，建立和维护适应社
会主义市场经济的劳动制度，促进经济发展和社会进步，根据宪法，制定本法。

第二条　在中华人民共和国境内的企业、个体经济组织（以下统称用人单位）和与之形成劳动关系的劳动者，适用本法。

国家机关、事业组织、社会团体和与之建立劳动合同关系的劳动者，依照本法执行。

第三条　劳动者享有平等就业和选择职业的权利、取得劳动报酬的权利、休息休假的权利、获得劳动安全卫生保护的权利、接受职业技能培训的权利、享受社会保险和福利的权利、提请劳动争议处理的权利以及法律规定的其他劳动权利。

劳动者应当完成劳动任务，提高职业技能，执行劳动安全卫生规程，遵守劳动纪律和职业道德。

第四条　用人单位应当依法建立和完善规章制度，保障劳动者享有劳动权利和履行劳动义务。

第五条　国家采取各种措施，促进劳动就业，发展职业教育，制定劳动标准，调节社会收入，完善社会保险，协调劳动关系，逐步提高劳动者的生活水平。

第六条　国家提倡劳动者参加社会义务劳动，开展劳动竞赛和合理化建议活动，鼓励和保护劳动者进行科学研究、技术革新和发明创造，表彰和奖励劳动模范和先进工作者。

第七条　劳动者有权依法参加和组织工会。

工会代表和维护劳动者的合法权益，依法独立自主地开展活动。

第八条　劳动者依照法律规定，通过职工大会、职工代表大会或者其他形式，参与民主管理或者就保护劳动者合法权益与用人单位进行平等协商。

第九条　国务院劳动行政部门主管全国劳动工作。

县级以上地方人民政府劳动行政部门主管本行政区域内的劳动工作。

第二章　促进就业

第十条　国家通过促进经济和社会发展，创造就业条件，扩大就业机会。

国家鼓励企业、事业组织、社会团体在法律、行政法规规定的范围内兴办产业或者拓展经营,增加就业。

国家支持劳动者自愿组织起来就业和从事个体经营实现就业。

第十一条 地方各级人民政府应当采取措施,发展多种类型的职业介绍机构,提供就业服务。

第十二条 劳动者就业,不因民族、种族、性别、宗教信仰不同而受歧视。

第十三条 妇女享有与男子平等的就业权利。在录用职工时,除国家规定的不适合妇女的工种或者岗位外,不得以性别为由拒绝录用妇女或者提高对妇女的录用标准。

第十四条 残疾人、少数民族人员、退出现役的军人的就业,法律、法规有特别规定的,从其规定。

第十五条 禁止用人单位招用未满十六周岁的未成年人。

文艺、体育和特种工艺单位招用未满十六周岁的未成年人,必须依照国家有关规定,履行审批手续,并保障其接受义务教育的权利。

第三章 劳动合同和集体合同

第十六条 劳动合同是劳动者与用人单位确立劳动关系、明确双方权利和义务的协议。

建立劳动关系应当订立劳动合同。

第十七条 订立和变更劳动合同,应当遵循平等自愿、协商一致的原则,不得违反法律、行政法规的规定。

劳动合同依法订立即具有法律约束力,当事人必须履行劳动合同规定的义务。

第十八条 下列劳动合同无效:

(一)违反法律、行政法规的劳动合同;

(二)采取欺诈、威胁等手段订立的劳动合同。

无效的劳动合同,从订立的时候起,就没有法律约束力。确认劳动合同部分无效的，如果不影响其余部分的效力，其余部分仍然有效。

劳动合同的无效，由劳动争议仲裁委员会或者人民法院确认。

第十九条　劳动合同应当以书面形式订立，并具备以下条款：

（一）劳动合同期限；

（二）工作内容；

（三）劳动保护和劳动条件；

（四）劳动报酬；

（五）劳动纪律；

（六）劳动合同终止的条件；

（七）违反劳动合同的责任。

劳动合同除前款规定的必备条款外，当事人可以协商约定其他内容。

第二十条　劳动合同的期限分为有固定期限、无固定期限和以完成一定的工作为期限。

劳动者在同一用人单位连续工作满十年以上，当事人双方同意续延劳动合同的，如果劳动者提出订立无固定期限的劳动合同，应当订立无固定期限的劳动合同。

第二十一条　劳动合同可以约定试用期。试用期最长不得超过六个月。

第二十二条　劳动合同当事人可以在劳动合同中约定保守用人单位商业秘密的有关事项。

第二十三条　劳动合同期满或者当事人约定的劳动合同终止条件出现，劳动合同即行终止。

第二十四条　经劳动合同当事人协商一致，劳动合同可以解除。

第二十五条　劳动者有下列情形之一的，用人单位可以解除劳动合同：

（一）在试用期间被证明不符合录用条件的；

（二）严重违反劳动纪律或者用人单位规章制度的；

（三）严重失职，营私舞弊，对用人单位利益造成重大损害的；

（四）被依法追究刑事责任的。

第二十六条　有下列情形之一的，用人单位可以解除劳动合同，但是应当提前三十日以书面形式通知劳动者本人：

（一）劳动者患病或者非因工负伤，医疗期满后，不能从事原工作也不能从事由用人单位另行安排的工作的；

（二）劳动者不能胜任工作，经过培训或者调整工作岗位，仍不能胜任工作的；

（三）劳动合同订立时所依据的客观情况发生重大变化，致使原劳动合同无法履行，经当事人协商不能就变更劳动合同达成协议的。

第二十七条　用人单位濒临破产进行法定整顿期间或者生产经营状况发生严重困难，确需裁减人员的，应当提前三十日向工会或者全体职工说明情况，听取工会或者职工的意见，经向劳动行政部门报告后，可以裁减人员。

用人单位依据本条规定裁减人员，在六个月内录用人员的，应当优先录用被裁减的人员。

第二十八条　用人单位依据本法第二十四条、第二十六条、第二十七条的规定解除劳动合同的，应当依照国家有关规定给予经济补偿。

第二十九条　劳动者有下列情形之一的，用人单位不得依据本法第二十六条、第二十七条的规定解除劳动合同：

（一）患职业病或者因工负伤并被确认丧失或者部分丧失劳动能力的；

（二）患病或者负伤，在规定的医疗期内的；

（三）女职工在孕期、产期、哺乳期内的；

（四）法律、行政法规规定的其他情形。

第三十条　用人单位解除劳动合同，工会认为不适当的，有权提出意见。如果用人单位违反法律、法规或者劳动合同，工会有权要求重新处理；劳动者申请仲裁或者提起诉讼的，工会应当依法给予支持和帮助。

第三十一条　劳动者解除劳动合同，应当提前三十日以书面形式通知用人单位。

第三十二条　有下列情形之一的，劳动者可以随时通知用人单位解除劳动合同：

（一）在试用期内的；

（二）用人单位以暴力、威胁或者非法限制人身自由的手段强迫劳动的；

（三）用人单位未按照劳动合同约定支付劳动报酬或者提供劳动条件的。

第三十三条　企业职工一方与企业可以就劳动报酬、工作时间、休息休假、劳动安全卫生、保险福利等事项，签订集体合同。集体合同草案应当提交职工代表大会或者全体职工讨论通过。

集体合同由工会代表职工与企业签订；没有建立工会的企业，由职工推举的代表与企业签订。

第三十四条　集体合同签订后应当报送劳动行政部门；劳动行政部门自收到集体合同文本之日起十五日内未提出异议的，集体合同即行生效。

第三十五条　依法签订的集体合同对企业和企业全体职工具有约束力。职工个人与企业订立的劳动合同中劳动条件和劳动报酬等标准不得低于集体合同的规定。

第四章　工作时间和休息休假

第三十六条　国家实行劳动者每日工作时间不超过八小时、平均每周工作时间不超过四十四小时的工时制度。

第三十七条　对实行计件工作的劳动者，用人单位应当根据本法第三十六条规定的工时制度合理确定其劳动定额和计件报酬标准。

第三十八条　用人单位应当保证劳动者每周至少休息一日。

第三十九条　企业因生产特点不能实行本法第三十六条、第三十八条规定的，经劳动行政部门批准，可以实行其他工作和休息办法。

第四十条　用人单位在下列节日期间应当依法安排劳动者休假：

（一）元旦；

（二）春节；

（三）国际劳动节；

（四）国庆节；

（五）法律、法规规定的其他休假节日。

第四十一条 用人单位由于生产经营需要，经与工会和劳动者协商后可以延长工作时间，一般每日不得超过一小时；因特殊原因需要延长工作时间的，在保障劳动者身体健康的条件下延长工作时间每日不得超过三小时，但是每月不得超过三十六小时。

第四十二条 有下列情形之一的，延长工作时间不受本法第四十一条的限制：

（一）发生自然灾害、事故或者因其他原因，威胁劳动者生命健康和财产安全，需要紧急处理的；

（二）生产设备、交通运输线路、公共设施发生故障，影响生产和公众利益，必须及时抢修的；

（三）法律、行政法规规定的其他情形。

第四十三条 用人单位不得违反本法规定延长劳动者的工作时间。

第四十四条 有下列情形之一的，用人单位应当按照下列标准支付高于劳动者正常工作时间工资的工资报酬：

（一）安排劳动者延长工作时间的，支付不低于工资的百分之一百五十的工资报酬；

（二）休息日安排劳动者工作又不能安排补休的，支付不低于工资的百分之二百的工资报酬；

（三）法定休假日安排劳动者工作的，支付不低于工资的百分之三百的工资报酬。

第四十五条 国家实行带薪年休假制度。

劳动者连续工作一年以上的，享受带薪年休假。具体办法由国务院规定。

第五章　工　资

第四十六条 工资分配应当遵循按劳分配原则，实行同工同酬。

工资水平在经济发展的基础上逐步提高。国家对工资总量实行宏观调控。

第四十七条　用人单位根据本单位的生产经营特点和经济效益，依法自主确定本单位的工资分配方式和工资水平。

第四十八条　国家实行最低工资保障制度。最低工资的具体标准由省、自治区、直辖市人民政府规定，报国务院备案。

用人单位支付劳动者的工资不得低于当地最低工资标准。

第四十九条　确定和调整最低工资标准应当综合参考下列因素：

（一）劳动者本人及平均赡养人口的最低生活费用；

（二）社会平均工资水平；

（三）劳动生产率；

（四）就业状况；

（五）地区之间经济发展水平的差异。

第五十条　工资应当以货币形式按月支付给劳动者本人。不得克扣或者无故拖欠劳动者的工资。

第五十一条　劳动者在法定休假日和婚丧假期间以及依法参加社会活动期间，用人单位应当依法支付工资。

第六章　劳动安全卫生

第五十二条　用人单位必须建立、健全劳动安全卫生制度，严格执行国家劳动安全卫生规程和标准，对劳动者进行劳动安全卫生教育，防止劳动过程中的事故，减少职业危害。

第五十三条　劳动安全卫生设施必须符合国家规定的标准。

新建、改建、扩建工程的劳动安全卫生设施必须与主体工程同时设计、同时施工、同时投入生产和使用。

第五十四条　用人单位必须为劳动者提供符合国家规定的劳动安全卫生条件和必要的劳动防护用品，对从事有职业危害作业的劳动者应当定期进行健康检查。

第五十五条 从事特种作业的劳动者必须经过专门培训并取得特种作业资格。

第五十六条 劳动者在劳动过程中必须严格遵守安全操作规程。

劳动者对用人单位管理人员违章指挥、强令冒险作业，有权拒绝执行；对危害生命安全和身体健康的行为，有权提出批评、检举和控告。

第五十七条 国家建立伤亡事故和职业病统计报告和处理制度。县级以上各级人民政府劳动行政部门、有关部门和用人单位应当依法对劳动者在劳动过程中发生的伤亡事故和劳动者的职业病状况，进行统计、报告和处理。

第七章 女职工和未成年工特殊保护

第五十八条 国家对女职工和未成年工实行特殊劳动保护。

未成年工是指年满十六周岁未满十八周岁的劳动者。

第五十九条 禁止安排女职工从事矿山井下、国家规定的第四级体力劳动强度的劳动和其他禁忌从事的劳动。

第六十条 不得安排女职工在经期从事高处、低温、冷水作业和国家规定的第三级体力劳动强度的劳动。

第六十一条 不得安排女职工在怀孕期间从事国家规定的第三级体力劳动强度的劳动和孕期禁忌从事的劳动。对怀孕七个月以上的女职工，不得安排其延长工作时间和夜班劳动。

第六十二条 女职工生育享受不少于九十天的产假。

第六十三条 不得安排女职工在哺乳未满一周岁的婴儿期间从事国家规定的第三级体力劳动强度的劳动和哺乳期禁忌从事的其他劳动，不得安排其延长工作时间和夜班劳动。

第六十四条 不得安排未成年工从事矿山井下、有毒有害、国家规定的第四级体力劳动强度的劳动和其他禁忌从事的劳动。

第六十五条 用人单位应当对未成年工定期进行健康检查。

第八章　职业培训

第六十六条　国家通过各种途径，采取各种措施，发展职业培训事业，开发劳动者的职业技能，提高劳动者素质，增强劳动者的就业能力和工作能力。

第六十七条　各级人民政府应当把发展职业培训纳入社会经济发展的规划，鼓励和支持有条件的企业、事业组织、社会团体和个人进行各种形式的职业培训。

第六十八条　用人单位应当建立职业培训制度，按照国家规定提取和使用职业培训经费，根据本单位实际，有计划地对劳动者进行职业培训。

从事技术工种的劳动者，上岗前必须经过培训。

第六十九条　国家确定职业分类，对规定的职业制定职业技能标准，实行职业资格证书制度，由经过政府批准的考核鉴定机构负责对劳动者实施职业技能考核鉴定。

第九章　社会保险和福利

第七十条　国家发展社会保险事业，建立社会保险制度，设立社会保险基金，使劳动者在年老、患病、工伤、失业、生育等情况下获得帮助和补偿。

第七十一条　社会保险水平应当与社会经济发展水平和社会承受能力相适应。

第七十二条　社会保险基金按照保险类型确定资金来源，逐步实行社会统筹。用人单位和劳动者必须依法参加社会保险，缴纳社会保险费。

第七十三条　劳动者在下列情形下，依法享受社会保险待遇：

（一）退休；

（二）患病、负伤；

（三）因工伤残或者患职业病；

（四）失业；

（五）生育。

劳动者死亡后，其遗属依法享受遗属津贴。

劳动者享受社会保险待遇的条件和标准由法律、法规规定。

劳动者享受的社会保险金必须按时足额支付。

第七十四条 社会保险基金经办机构依照法律规定收支、管理和运营社会保险基金，并负有使社会保险基金保值增值的责任。

社会保险基金监督机构依照法律规定，对社会保险基金的收支、管理和运营实施监督。

社会保险基金经办机构和社会保险基金监督机构的设立和职能由法律规定。

任何组织和个人不得挪用社会保险基金。

第七十五条 国家鼓励用人单位根据本单位实际情况为劳动者建立补充保险。

国家提倡劳动者个人进行储蓄性保险。

第七十六条 国家发展社会福利事业，兴建公共福利设施，为劳动者休息、休养和疗养提供条件。

用人单位应当创造条件，改善集体福利，提高劳动者的福利待遇。

第十章　劳动争议

第七十七条 用人单位与劳动者发生劳动争议，当事人可以依法申请调解、仲裁、提起诉讼，也可以协商解决。

调解原则适用于仲裁和诉讼程序。

第七十八条 解决劳动争议，应当根据合法、公正、及时处理的原则，依法维护劳动争议当事人的合法权益。

第七十九条 劳动争议发生后，当事人可以向本单位劳动争议调解委员会申请调解；调解不成，当事人一方要求仲裁的，可以向劳动争议仲裁委员会申请仲裁。当事人一方也可以直接向劳动争议仲裁委员会申请仲裁。对仲裁裁决不服的，可以向人民法院提起诉讼。

第八十条 在用人单位内，可以设立劳动争议调解委员会。劳动争议调解委员会由职工代表、用人单位代表和工会代表组成。

劳动争议调解委员会主任由工会代表担任。劳动争议经调解达成协议的，当事人应当履行。

第八十一条　劳动争议仲裁委员会由劳动行政部门代表、同级工会代表、用人单位方面的代表组成。劳动争议仲裁委员会主任由劳动行政部门代表担任。

第八十二条　提出仲裁要求的一方应当自劳动争议发生之日起六十日内向劳动争议仲裁委员会提出书面申请。仲裁裁决一般应在收到仲裁申请的六十日内作出。对仲裁裁决无异议的，当事人必须履行。

第八十三条　劳动争议当事人对仲裁裁决不服的，可以自收到仲裁裁决书之日起十五日内向人民法院提起诉讼。一方当事人在法定期限内不起诉又不履行仲裁裁决的，另一方当事人可以申请人民法院强制执行。

第八十四条　因签订集体合同发生争议，当事人协商解决不成的，当地人民政府劳动行政部门可以组织有关各方协调处理。

因履行集体合同发生争议，当事人协商解决不成的，可以向劳动争议仲裁委员会申请仲裁；对仲裁裁决不服的，可以自收到仲裁裁决书之日起十五日内向人民法院提起诉讼。

第十一章　监督检查

第八十五条　县级以上各级人民政府劳动行政部门依法对用人单位遵守劳动法律、法规的情况进行监督检查，对违反劳动法律、法规的行为有权制止，并责令改正。

第八十六条　县级以上各级人民政府劳动行政部门监督检查人员执行公务，有权进入用人单位了解执行劳动法律、法规的情况，查阅必要的资料，并对劳动场所进行检查。

县级以上各级人民政府劳动行政部门监督检查人员执行公务，必须出示证件，秉公执法并遵守有关规定。

第八十七条　县级以上各级人民政府有关部门在各自职责范围内，对用人单位遵守劳动法律、法规的情况进行监督。

第八十八条 各级工会依法维护劳动者的合法权益，对用人单位遵守劳动法律、法规的情况进行监督。

任何组织和个人对于违反劳动法律、法规的行为有权检举和控告。

第十二章 法律责任

第八十九条 用人单位制定的劳动规章制度违反法律、法规规定的，由劳动行政部门给予警告，责令改正；对劳动者造成损害的，应当承担赔偿责任。

第九十条 用人单位违反本法规定，延长劳动者工作时间的，由劳动行政部门给予警告，责令改正，并可以处以罚款。

第九十一条 用人单位有下列侵害劳动者合法权益情形之一的，由劳动行政部门责令支付劳动者的工资报酬、经济补偿，并可以责令支付赔偿金：

（一）克扣或者无故拖欠劳动者工资的；

（二）拒不支付劳动者延长工作时间工资报酬的；

（三）低于当地最低工资标准支付劳动者工资的；

（四）解除劳动合同后，未依照本法规定给予劳动者经济补偿的。

第九十二条 用人单位的劳动安全设施和劳动卫生条件不符合国家规定或者未向劳动者提供必要的劳动防护用品和劳动保护设施的，由劳动行政部门或者有关部门责令改正，可以处以罚款；情节严重的，提请县级以上人民政府决定责令停产整顿；对事故隐患不采取措施，致使发生重大事故，造成劳动者生命和财产损失的，对责任人员比照刑法有关规定追究刑事责任。

第九十三条 用人单位强令劳动者违章冒险作业，发生重大伤亡事故，造成严重后果的，对责任人员依法追究刑事责任。

第九十四条 用人单位非法招用未满十六周岁的未成年人的，由劳动行政部门责令改正，处以罚款；情节严重的，由市场监督管理吊销营业执照。

第九十五条 用人单位违反本法对女职工和未成年工的保护规定，侵害其合法权益的，由劳动行政部门责令改正，处以罚款；对女职工或者未成年工造成损害的，应当承担赔偿责任。

第九十六条　用人单位有下列行为之一，由公安机关对责任人员处以十五日以下拘留、罚款或者警告；构成犯罪的，对责任人员依法追究刑事责任：

（一）以暴力、威胁或者非法限制人身自由的手段强迫劳动的；

（二）侮辱、体罚、殴打、非法搜查和拘禁劳动者的。

第九十七条　由于用人单位的原因订立的无效合同，对劳动者造成损害的，应当承担赔偿责任。

第九十八条　用人单位违反本法规定的条件解除劳动合同或者故意拖延不订立劳动合同的，由劳动行政部门责令改正；对劳动者造成损害的，应当承担赔偿责任。

第九十九条　用人单位招用尚未解除劳动合同的劳动者，对原用人单位造成经济损失的，该用人单位应当依法承担连带赔偿责任。

第一百条　用人单位无故不缴纳社会保险费的，由劳动行政部门责令其限期缴纳，逾期不缴的，可以加收滞纳金。

第一百零一条　用人单位无理阻挠劳动行政部门、有关部门及其工作人员行使监督检查权，打击报复举报人员的，由劳动行政部门或者有关部门处以罚款；构成犯罪的，对责任人员依法追究刑事责任。

第一百零二条　劳动者违反本法规定的条件解除劳动合同或者违反劳动合同中约定的保密事项，对用人单位造成经济损失的，应当依法承担赔偿责任。

第一百零三条　劳动行政部门或者有关部门的工作人员滥用职权、玩忽职守、徇私舞弊，构成犯罪的，依法追究刑事责任；不构成犯罪的，给予行政处分。

第一百零四条　国家工作人员和社会保险基金经办机构的工作人员挪用社会保险基金，构成犯罪的，依法追究刑事责任。

第一百零五条　违反本法规定侵害劳动者合法权益，其他法律、行政法规已规定处罚的，依照该法律、行政法规的规定处罚。

第十三章　附　则

第一百零六条　省、自治区、直辖市人民政府根据本法和本地区的实际情况，规定劳动合同制度的实施步骤，报国务院备案。

第一百零七条　本法自 1995 年 1 月 1 日起施行。

附录三：中华人民共和国劳动合同法

中华人民共和国劳动合同法

（2007 年 6 月 29 日第十届全国人民代表大会常务委员会第二十八次会议通过根据 2012 年 12 月 28 日第十一届全国人民代表大会常务委员会第三十次会议《关于修改＜中华人民共和国劳动合同法＞的决定》修正）

目录

第一章　总　则

第二章　劳动合同的订立

第三章　劳动合同的履行和变更

第四章　劳动合同的解除和终止

第五章　特别规定

第一节　集体合同

第二节　劳务派遣

第三节　非全日制用工

第六章　监督检查

第七章　法律责任

第八章　附　则

第一章　总　则

第一条　为了完善劳动合同制度，明确劳动合同双方当事人的权利和义务，保护劳动者的合法权益，构建和发展和谐稳定的劳动关系，制定本法。

第二条　中华人民共和国境内的企业、个体经济组织、民办非企业单位等组织（以下称用人单位）与劳动者建立劳动关系，订立、履行、变更、解除或者终止劳动合同，适用本法。

国家机关、事业单位、社会团体和与其建立劳动关系的劳动者，订立、履行、变更、解除或者终止劳动合同，依照本法执行。

　　第三条　订立劳动合同，应当遵循合法、公平、平等自愿、协商一致、诚实信用的原则。

　　依法订立的劳动合同具有约束力，用人单位与劳动者应当履行劳动合同约定的义务。

　　第四条　用人单位应当依法建立和完善劳动规章制度，保障劳动者享有劳动权利、履行劳动义务。

　　用人单位在制定、修改或者决定有关劳动报酬、工作时间、休息休假、劳动安全卫生、保险福利、职工培训、劳动纪律以及劳动定额管理等直接涉及劳动者切身利益的规章制度或者重大事项时，应当经职工代表大会或者全体职工讨论，提出方案和意见，与工会或者职工代表平等协商确定。

　　在规章制度和重大事项决定实施过程中，工会或者职工认为不适当的，有权向用人单位提出，通过协商予以修改完善。

　　用人单位应当将直接涉及劳动者切身利益的规章制度和重大事项决定公示，或者告知劳动者。

　　第五条　县级以上人民政府劳动行政部门会同工会和企业方面代表，建立健全协调劳动关系三方机制，共同研究解决有关劳动关系的重大问题。

　　第六条　工会应当帮助、指导劳动者与用人单位依法订立和履行劳动合同，并与用人单位建立集体协商机制，维护劳动者的合法权益。

第二章　劳动合同的订立

　　第七条　用人单位自用工之日起即与劳动者建立劳动关系。用人单位应当建立职工名册备查。

　　第八条　用人单位招用劳动者时，应当如实告知劳动者工作内容、工作条件、工作地点、职业危害、安全生产状况、劳动报酬，以及劳动者要求了解的其他情况；用人单位有权了解劳动者与劳动合同直接相关的基本情况，劳动者应当如实说明。

第九条　用人单位招用劳动者，不得扣押劳动者的居民身份证和其他证件，不得要求劳动者提供担保或者以其他名义向劳动者收取财物。

第十条　建立劳动关系，应当订立书面劳动合同。

已建立劳动关系，未同时订立书面劳动合同的，应当自用工之日起一个月内订立书面劳动合同。

用人单位与劳动者在用工前订立劳动合同的，劳动关系自用工之日起建立。

第十一条　用人单位未在用工的同时订立书面劳动合同，与劳动者约定的劳动报酬不明确的，新招用的劳动者的劳动报酬按照集体合同规定的标准执行；没有集体合同或者集体合同未规定的，实行同工同酬。

第十二条　劳动合同分为固定期限劳动合同、无固定期限劳动合同和以完成一定工作任务为期限的劳动合同。

第十三条　固定期限劳动合同，是指用人单位与劳动者约定合同终止时间的劳动合同。

用人单位与劳动者协商一致，可以订立固定期限劳动合同。

第十四条　无固定期限劳动合同，是指用人单位与劳动者约定无确定终止时间的劳动合同。

用人单位与劳动者协商一致，可以订立无固定期限劳动合同。有下列情形之一，劳动者提出或者同意续订、订立劳动合同的，除劳动者提出订立固定期限劳动合同外，应当订立无固定期限劳动合同：

（一）劳动者在该用人单位连续工作满十年的；

（二）用人单位初次实行劳动合同制度或者国有企业改制重新订立劳动合同时，劳动者在该用人单位连续工作满十年且距法定退休年龄不足十年的；

（三）连续订立二次固定期限劳动合同，且劳动者没有本法第三十九条和第四十条第一项、第二项规定的情形，续订劳动合同的。

用人单位自用工之日起满一年不与劳动者订立书面劳动合同的，视为用人单位与劳动者已订立无固定期限劳动合同。

第十五条　以完成一定工作任务为期限的劳动合同，是指用人单位与劳动者约定以某项工作的完成为合同期限的劳动合同。

用人单位与劳动者协商一致，可以订立以完成一定工作任务为期限的劳动合同。

第十六条 劳动合同由用人单位与劳动者协商一致，并经用人单位与劳动者在劳动合同文本上签字或者盖章生效。

劳动合同文本由用人单位和劳动者各执一份。

第十七条 劳动合同应当具备以下条款：

（一）用人单位的名称、住所和法定代表人或者主要负责人；

（二）劳动者的姓名、住址和居民身份证或者其他有效身份证件号码；

（三）劳动合同期限；

（四）工作内容和工作地点；

（五）工作时间和休息休假；

（六）劳动报酬；

（七）社会保险；

（八）劳动保护、劳动条件和职业危害防护；

（九）法律、法规规定应当纳入劳动合同的其他事项。

劳动合同除前款规定的必备条款外，用人单位与劳动者可以约定试用期、培训、保守秘密、补充保险和福利待遇等其他事项。

第十八条 劳动合同对劳动报酬和劳动条件等标准约定不明确，引发争议的，用人单位与劳动者可以重新协商；协商不成的，适用集体合同规定；没有集体合同或者集体合同未规定劳动报酬的，实行同工同酬；没有集体合同或者集体合同未规定劳动条件等标准的，适用国家有关规定。

第十九条 劳动合同期限三个月以上不满一年的，试用期不得超过一个月；劳动合同期限一年以上不满三年的，试用期不得超过二个月；三年以上固定期限和无固定期限的劳动合同，试用期不得超过六个月。

同一用人单位与同一劳动者只能约定一次试用期。

以完成一定工作任务为期限的劳动合同或者劳动合同期限不满三个月的，

不得约定试用期。

试用期包含在劳动合同期限内。劳动合同仅约定试用期的，试用期不成立，该期限为劳动合同期限。

第二十条　劳动者在试用期的工资不得低于本单位相同岗位最低档工资或者劳动合同约定工资的百分之八十，并不得低于用人单位所在地的最低工资标准。

第二十一条　在试用期中，除劳动者有本法第三十九条和第四十条第一项、第二项规定的情形外，用人单位不得解除劳动合同。用人单位在试用期解除劳动合同的，应当向劳动者说明理由。

第二十二条　用人单位为劳动者提供专项培训费用，对其进行专业技术培训的，可以与该劳动者订立协议，约定服务期。

劳动者违反服务期约定的，应当按照约定向用人单位支付违约金。违约金的数额不得超过用人单位提供的培训费用。用人单位要求劳动者支付的违约金不得超过服务期尚未履行部分所应分摊的培训费用。

用人单位与劳动者约定服务期的，不影响按照正常的工资调整机制提高劳动者在服务期期间的劳动报酬。

第二十三条　用人单位与劳动者可以在劳动合同中约定保守用人单位的商业秘密和与知识产权相关的保密事项。

对负有保密义务的劳动者，用人单位可以在劳动合同或者保密协议中与劳动者约定竞业限制条款，并约定在解除或者终止劳动合同后，在竞业限制期限内按月给予劳动者经济补偿。劳动者违反竞业限制约定的，应当按照约定向用人单位支付违约金。

第二十四条　竞业限制的人员限于用人单位的高级管理人员、高级技术人员和其他负有保密义务的人员。竞业限制的范围、地域、期限由用人单位与劳动者约定，竞业限制的约定不得违反法律、法规的规定。

在解除或者终止劳动合同后，前款规定的人员到与本单位生产或者经营同类产品、从事同类业务的有竞争关系的其他用人单位，或者自己开业生产或者经营同类产品、从事同类业务的竞业限制期限，不得超过二年。

第二十五条　除本法第二十二条和第二十三条规定的情形外，用人单位不得与劳动者约定由劳动者承担违约金。

第二十六条　下列劳动合同无效或者部分无效：

（一）以欺诈、胁迫的手段或者乘人之危，使对方在违背真实意思的情况下订立或者变更劳动合同的；

（二）用人单位免除自己的法定责任、排除劳动者权利的；

（三）违反法律、行政法规强制性规定的。

对劳动合同的无效或者部分无效有争议的，由劳动争议仲裁机构或者人民法院确认。

第二十七条　劳动合同部分无效，不影响其他部分效力的，其他部分仍然有效。

第二十八条　劳动合同被确认无效，劳动者已付出劳动的，用人单位应当向劳动者支付劳动报酬。劳动报酬的数额，参照本单位相同或者相近岗位劳动者的劳动报酬确定。

第三章　劳动合同的履行和变更

第二十九条　用人单位与劳动者应当按照劳动合同的约定，全面履行各自的义务。

第三十条　用人单位应当按照劳动合同约定和国家规定，向劳动者及时足额支付劳动报酬。

用人单位拖欠或者未足额支付劳动报酬的，劳动者可以依法向当地人民法院申请支付令，人民法院应当依法发出支付令。

第三十一条　用人单位应当严格执行劳动定额标准，不得强迫或者变相强迫劳动者加班。用人单位安排加班的，应当按照国家有关规定向劳动者支付加班费。

第三十二条　劳动者拒绝用人单位管理人员违章指挥、强令冒险作业的，不视为违反劳动合同。

劳动者对危害生命安全和身体健康的劳动条件，有权对用人单位提出批评、检举和控告。

第三十三条　用人单位变更名称、法定代表人、主要负责人或者投资人等事项，不影响劳动合同的履行。

第三十四条　用人单位发生合并或者分立等情况，原劳动合同继续有效，劳动合同由承继其权利和义务的用人单位继续履行。

第三十五条　用人单位与劳动者协商一致，可以变更劳动合同约定的内容。变更劳动合同，应当采用书面形式。

变更后的劳动合同文本由用人单位和劳动者各执一份。

第四章　劳动合同的解除和终止

第三十六条　用人单位与劳动者协商一致，可以解除劳动合同。

第三十七条　劳动者提前三十日以书面形式通知用人单位，可以解除劳动合同。劳动者在试用期内提前三日通知用人单位，可以解除劳动合同。

第三十八条　用人单位有下列情形之一的，劳动者可以解除劳动合同：

（一）未按照劳动合同约定提供劳动保护或者劳动条件的；

（二）未及时足额支付劳动报酬的；

（三）未依法为劳动者缴纳社会保险费的；

（四）用人单位的规章制度违反法律、法规的规定，损害劳动者权益的；

（五）因本法第二十六条第一款规定的情形致使劳动合同无效的；

（六）法律、行政法规规定劳动者可以解除劳动合同的其他情形。

用人单位以暴力、威胁或者非法限制人身自由的手段强迫劳动者劳动的，或者用人单位违章指挥、强令冒险作业危及劳动者人身安全的，劳动者可以立即解除劳动合同，不需事先告知用人单位。

第三十九条　劳动者有下列情形之一的，用人单位可以解除劳动合同：

（一）在试用期间被证明不符合录用条件的；

（二）严重违反用人单位的规章制度的；

（三）严重失职，营私舞弊，给用人单位造成重大损害的；

（四）劳动者同时与其他用人单位建立劳动关系，对完成本单位的工作任务造成严重影响，或者经用人单位提出，拒不改正的；

（五）因本法第二十六条第一款第一项规定的情形致使劳动合同无效的；

（六）被依法追究刑事责任的。

第四十条 有下列情形之一的，用人单位提前三十日以书面形式通知劳动者本人或者额外支付劳动者一个月工资后，可以解除劳动合同：

（一）劳动者患病或者非因工负伤，在规定的医疗期满后不能从事原工作，也不能从事由用人单位另行安排的工作的；

（二）劳动者不能胜任工作，经过培训或者调整工作岗位，仍不能胜任工作的；

（三）劳动合同订立时所依据的客观情况发生重大变化，致使劳动合同无法履行，经用人单位与劳动者协商，未能就变更劳动合同内容达成协议的。

第四十一条 有下列情形之一，需要裁减人员二十人以上或者裁减不足二十人但占企业职工总数百分之十以上的，用人单位提前三十日向工会或者全体职工说明情况，听取工会或者职工的意见后，裁减人员方案经向劳动行政部门报告，可以裁减人员：

（一）依照企业破产法规定进行重整的；

（二）生产经营发生严重困难的；

（三）企业转产、重大技术革新或者经营方式调整，经变更劳动合同后，仍需裁减人员的；

（四）其他因劳动合同订立时所依据的客观经济情况发生重大变化，致使劳动合同无法履行的。

裁减人员时，应当优先留用下列人员：

（一）与本单位订立较长期限的固定期限劳动合同的；

（二）与本单位订立无固定期限劳动合同的；

（三）家庭无其他就业人员，有需要扶养的老人或者未成年人的。

用人单位依照本条第一款规定裁减人员，在六个月内重新招用人员的，应当通知被裁减的人员，并在同等条件下优先招用被裁减的人员。

第四十二条　劳动者有下列情形之一的，用人单位不得依照本法第四十条、第四十一条的规定解除劳动合同：

（一）从事接触职业病危害作业的劳动者未进行离岗前职业健康检查，或者疑似职业病病人在诊断或者医学观察期间的；

（二）在本单位患职业病或者因工负伤并被确认丧失或者部分丧失劳动能力的；

（三）患病或者非因工负伤，在规定的医疗期内的；

（四）女职工在孕期、产期、哺乳期的；

（五）在本单位连续工作满十五年，且距法定退休年龄不足五年的；

（六）法律、行政法规规定的其他情形。

第四十三条　用人单位单方解除劳动合同，应当事先将理由通知工会。用人单位违反法律、行政法规规定或者劳动合同约定的，工会有权要求用人单位纠正。用人单位应当研究工会的意见，并将处理结果书面通知工会。

第四十四条　有下列情形之一的，劳动合同终止：

（一）劳动合同期满的；

（二）劳动者开始依法享受基本养老保险待遇的；

（三）劳动者死亡，或者被人民法院宣告死亡或者宣告失踪的；

（四）用人单位被依法宣告破产的；

（五）用人单位被吊销营业执照、责令关闭、撤销或者用人单位决定提前解散的；

（六）法律、行政法规规定的其他情形。

第四十五条　劳动合同期满，有本法第四十二条规定情形之一的，劳动合同应当续延至相应的情形消失时终止。但是，本法第四十二条第二项规定丧失或者部分丧失劳动能力劳动者的劳动合同的终止，按照国家有关工伤保险的规定执行。

第四十六条 有下列情形之一的，用人单位应当向劳动者支付经济补偿：

（一）劳动者依照本法第三十八条规定解除劳动合同的；

（二）用人单位依照本法第三十六条规定向劳动者提出解除劳动合同并与劳动者协商一致解除劳动合同的；

（三）用人单位依照本法第四十条规定解除劳动合同的；

（四）用人单位依照本法第四十一条第一款规定解除劳动合同的；

（五）除用人单位维持或者提高劳动合同约定条件续订劳动合同，劳动者不同意续订的情形外，依照本法第四十四条第一项规定终止固定期限劳动合同的；

（六）依照本法第四十四条第四项、第五项规定终止劳动合同的；

（七）法律、行政法规规定的其他情形。

第四十七条 经济补偿按劳动者在本单位工作的年限，每满一年支付一个月工资的标准向劳动者支付。六个月以上不满一年的，按一年计算；不满六个月的，向劳动者支付半个月工资的经济补偿。

劳动者月工资高于用人单位所在直辖市、设区的市级人民政府公布的本地区上年度职工月平均工资三倍的，向其支付经济补偿的标准按职工月平均工资三倍的数额支付，向其支付经济补偿的年限最高不超过十二年。

本条所称月工资是指劳动者在劳动合同解除或者终止前十二个月的平均工资。

第四十八条 用人单位违反本法规定解除或者终止劳动合同，劳动者要求继续履行劳动合同的，用人单位应当继续履行；劳动者不要求继续履行劳动合同或者劳动合同已经不能继续履行的，用人单位应当依照本法第八十七条规定支付赔偿金。

第四十九条 国家采取措施，建立健全劳动者社会保险关系跨地区转移接续制度。

第五十条 用人单位应当在解除或者终止劳动合同时出具解除或者终止劳

动合同的证明，并在十五日内为劳动者办理档案和社会保险关系转移手续。

　　劳动者应当按照双方约定，办理工作交接。用人单位依照本法有关规定应当向劳动者支付经济补偿的，在办结工作交接时支付。

　　用人单位对已经解除或者终止的劳动合同的文本，至少保存二年备查。

第五章　特别规定

第一节　集体合同

　　第五十一条　企业职工一方与用人单位通过平等协商，可以就劳动报酬、工作时间、休息休假、劳动安全卫生、保险福利等事项订立集体合同。集体合同草案应当提交职工代表大会或者全体职工讨论通过。

　　集体合同由工会代表企业职工一方与用人单位订立；尚未建立工会的用人单位，由上级工会指导劳动者推举的代表与用人单位订立。

　　第五十二条　企业职工一方与用人单位可以订立劳动安全卫生、女职工权益保护、工资调整机制等专项集体合同。

　　第五十三条　在县级以下区域内，建筑业、采矿业、餐饮服务业等行业可以由工会与企业方面代表订立行业性集体合同，或者订立区域性集体合同。

　　第五十四条　集体合同订立后，应当报送劳动行政部门；劳动行政部门自收到集体合同文本之日起十五日内未提出异议的，集体合同即行生效。

　　依法订立的集体合同对用人单位和劳动者具有约束力。行业性、区域性集体合同对当地本行业、本区域的用人单位和劳动者具有约束力。

　　第五十五条　集体合同中劳动报酬和劳动条件等标准不得低于当地人民政府规定的最低标准；用人单位与劳动者订立的劳动合同中劳动报酬和劳动条件等标准不得低于集体合同规定的标准。

　　第五十六条　用人单位违反集体合同，侵犯职工劳动权益的，工会可以依法要求用人单位承担责任；因履行集体合同发生争议，经协商解决不成的，工会可以依法申请仲裁、提起诉讼。

第二节　劳务派遣

第五十七条　经营劳务派遣业务应当具备下列条件：

（一）注册资本不得少于人民币二百万元；

（二）有与开展业务相适应的固定的经营场所和设施；

（三）有符合法律、行政法规规定的劳务派遣管理制度；

（四）法律、行政法规规定的其他条件。

经营劳务派遣业务，应当向劳动行政部门依法申请行政许可；经许可的，依法办理相应的公司登记。未经许可，任何单位和个人不得经营劳务派遣业务。

第五十八条　劳务派遣单位是本法所称用人单位，应当履行用人单位对劳动者的义务。劳务派遣单位与被派遣劳动者订立的劳动合同，除应当载明本法第十七条规定的事项外，还应当载明被派遣劳动者的用工单位以及派遣期限、工作岗位等情况。

劳务派遣单位应当与被派遣劳动者订立二年以上的固定期限劳动合同，按月支付劳动报酬；被派遣劳动者在无工作期间，劳务派遣单位应当按照所在地人民政府规定的最低工资标准，向其按月支付报酬。

第五十九条　劳务派遣单位派遣劳动者应当与接受以劳务派遣形式用工的单位（以下称用工单位）订立劳务派遣协议。劳务派遣协议应当约定派遣岗位和人员数量、派遣期限、劳动报酬和社会保险费的数额与支付方式以及违反协议的责任。

用工单位应当根据工作岗位的实际需要与劳务派遣单位确定派遣期限，不得将连续用工期限分割订立数个短期劳务派遣协议。

第六十条　劳务派遣单位应当将劳务派遣协议的内容告知被派遣劳动者。

劳务派遣单位不得克扣用工单位按照劳务派遣协议支付给被派遣劳动者的劳动报酬。

劳务派遣单位和用工单位不得向被派遣劳动者收取费用。

第六十一条　劳务派遣单位跨地区派遣劳动者的，被派遣劳动者享有的劳动报酬和劳动条件，按照用工单位所在地的标准执行。

第六十二条　用工单位应当履行下列义务：

（一）执行国家劳动标准，提供相应的劳动条件和劳动保护；

（二）告知被派遣劳动者的工作要求和劳动报酬；

（三）支付加班费、绩效奖金，提供与工作岗位相关的福利待遇；

（四）对在岗被派遣劳动者进行工作岗位所必需的培训；

（五）连续用工的，实行正常的工资调整机制。

用工单位不得将被派遣劳动者再派遣到其他用人单位。

第六十三条　被派遣劳动者享有与用工单位的劳动者同工同酬的权利。用工单位应当按照同工同酬原则，对被派遣劳动者与本单位同类岗位的劳动者实行相同的劳动报酬分配办法。用工单位无同类岗位劳动者的，参照用工单位所在地相同或相近岗位劳动者的劳动报酬确定。

劳务派遣单位与被派遣劳动者订立的劳动合同和与用工单位订立的劳务派遣协议，载明或者约定的向被派遣劳动者支付的劳动报酬应当符合前款规定。

第六十四条　被派遣劳动者有权在劳务派遣单位或者用工单位依法参加或者组织工会，维护自身的合法权益。

第六十五条　被派遣劳动者可以依照本法第三十六条、第三十八条的规定与劳务派遣单位解除劳动合同。

被派遣劳动者有本法第三十九条和第四十条第一项、第二项规定情形的，用工单位可以将劳动者退回劳务派遣单位，劳务派遣单位依照本法有关规定，可以与劳动者解除劳动合同。

第六十六条　劳动合同用工是我国的企业基本用工形式。劳务派遣用工是补充形式，只能在临时性、辅助性或者替代性的工作岗位上实施。

前款规定的临时性工作岗位是指存续时间不超过六个月的岗位；辅助性工作岗位是指为主营业务岗位提供服务的非主营业务岗位；替代性工作岗位是指用工单位的劳动者因脱产学习、休假等原因无法工作的一定期间内，可以由其他劳动者替代工作的岗位。

用工单位应当严格控制劳务派遣用工数量，不得超过其用工总量的一定比例，具体比例由国务院劳动行政部门规定。

第六十七条 用人单位不得设立劳务派遣单位向本单位或者所属单位派遣劳动者。

第三节 非全日制用工

第六十八条 非全日制用工，是指以小时计酬为主，劳动者在同一用人单位一般平均每日工作时间不超过四小时，每周工作时间累计不超过二十四小时的用工形式。

第六十九条 非全日制用工双方当事人可以订立口头协议。

从事非全日制用工的劳动者可以与一个或者一个以上用人单位订立劳动合同；但是，后订立的劳动合同不得影响先订立的劳动合同的履行。

第七十条 非全日制用工双方当事人不得约定试用期。

第七十一条 非全日制用工双方当事人任何一方都可以随时通知对方终止用工。终止用工，用人单位不向劳动者支付经济补偿。

第七十二条 非全日制用工小时计酬标准不得低于用人单位所在地人民政府规定的最低小时工资标准。

非全日制用工劳动报酬结算支付周期最长不得超过十五日。

第六章 监督检查

第七十三条 国务院劳动行政部门负责全国劳动合同制度实施的监督管理。

县级以上地方人民政府劳动行政部门负责本行政区域内劳动合同制度实施的监督管理。

县级以上各级人民政府劳动行政部门在劳动合同制度实施的监督管理工作中，应当听取工会、企业方面代表以及有关行业主管部门的意见。

第七十四条 县级以上地方人民政府劳动行政部门依法对下列实施劳动合同制度的情况进行监督检查：

（一）用人单位制定直接涉及劳动者切身利益的规章制度及其执行的情况；

（二）用人单位与劳动者订立和解除劳动合同的情况；

（三）劳务派遣单位和用工单位遵守劳务派遣有关规定的情况；

（四）用人单位遵守国家关于劳动者工作时间和休息休假规定的情况；

（五）用人单位支付劳动合同约定的劳动报酬和执行最低工资标准的情况；

（六）用人单位参加各项社会保险和缴纳社会保险费的情况；

（七）法律、法规规定的其他劳动监察事项。

第七十五条　县级以上地方人民政府劳动行政部门实施监督检查时，有权查阅与劳动合同、集体合同有关的材料，有权对劳动场所进行实地检查，用人单位和劳动者都应当如实提供有关情况和材料。

劳动行政部门的工作人员进行监督检查，应当出示证件，依法行使职权，文明执法。

第七十六条　县级以上人民政府建设、卫生、安全生产监督管理等有关主管部门在各自职责范围内，对用人单位执行劳动合同制度的情况进行监督管理。

第七十七条　劳动者合法权益受到侵害的，有权要求有关部门依法处理，或者依法申请仲裁、提起诉讼。

第七十八条　工会依法维护劳动者的合法权益，对用人单位履行劳动合同、集体合同的情况进行监督。用人单位违反劳动法律、法规和劳动合同、集体合同的，工会有权提出意见或者要求纠正；劳动者申请仲裁、提起诉讼的，工会依法给予支持和帮助。

第七十九条　任何组织或者个人对违反本法的行为都有权举报，县级以上人民政府劳动行政部门应当及时核实、处理，并对举报有功人员给予奖励。

第七章　法律责任

第八十条　用人单位直接涉及劳动者切身利益的规章制度违反法律、法规规定的，由劳动行政部门责令改正，给予警告；给劳动者造成损害的，应当承担赔偿责任。

第八十一条　用人单位提供的劳动合同文本未载明本法规定的劳动合同必备条款或者用人单位未将劳动合同文本交付劳动者的，由劳动行政部门责令改正；给劳动者造成损害的，应当承担赔偿责任。

第八十二条 用人单位自用工之日起超过一个月不满一年未与劳动者订立书面劳动合同的，应当向劳动者每月支付二倍的工资。

用人单位违反本法规定不与劳动者订立无固定期限劳动合同的，自应当订立无固定期限劳动合同之日起向劳动者每月支付二倍的工资。

第八十三条 用人单位违反本法规定与劳动者约定试用期的，由劳动行政部门责令改正；违法约定的试用期已经履行的，由用人单位以劳动者试用期满月工资为标准，按已经履行的超过法定试用期的期间向劳动者支付赔偿金。

第八十四条 用人单位违反本法规定，扣押劳动者居民身份证等证件的，由劳动行政部门责令限期退还劳动者本人，并依照有关法律规定给予处罚。

用人单位违反本法规定，以担保或者其他名义向劳动者收取财物的，由劳动行政部门责令限期退还劳动者本人，并以每人五百元以上二千元以下的标准处以罚款；给劳动者造成损害的，应当承担赔偿责任。

劳动者依法解除或者终止劳动合同，用人单位扣押劳动者档案或者其他物品的，依照前款规定处罚。

第八十五条 用人单位有下列情形之一的，由劳动行政部门责令限期支付劳动报酬、加班费或者经济补偿；劳动报酬低于当地最低工资标准的，应当支付其差额部分；逾期不支付的，责令用人单位按应付金额百分之五十以上百分之一百以下的标准向劳动者加付赔偿金：

（一）未按照劳动合同的约定或者国家规定及时足额支付劳动者劳动报酬的；

（二）低于当地最低工资标准支付劳动者工资的；

（三）安排加班不支付加班费的；

（四）解除或者终止劳动合同，未依照本法规定向劳动者支付经济补偿的。

第八十六条 劳动合同依照本法第二十六条规定被确认无效，给对方造成损害的，有过错的一方应当承担赔偿责任。

第八十七条 用人单位违反本法规定解除或者终止劳动合同的，应当依照本法第四十七条规定的经济补偿标准的二倍向劳动者支付赔偿金。

第八十八条　用人单位有下列情形之一的，依法给予行政处罚；构成犯罪的，依法追究刑事责任；给劳动者造成损害的，应当承担赔偿责任：

（一）以暴力、威胁或者非法限制人身自由的手段强迫劳动的；

（二）违章指挥或者强令冒险作业危及劳动者人身安全的；

（三）侮辱、体罚、殴打、非法搜查或者拘禁劳动者的；

（四）劳动条件恶劣、环境污染严重，给劳动者身心健康造成严重损害的。

第八十九条　用人单位违反本法规定未向劳动者出具解除或者终止劳动合同的书面证明，由劳动行政部门责令改正；给劳动者造成损害的，应当承担赔偿责任。

第九十条　劳动者违反本法规定解除劳动合同，或者违反劳动合同中约定的保密义务或者竞业限制，给用人单位造成损失的，应当承担赔偿责任。

第九十一条　用人单位招用与其他用人单位尚未解除或者终止劳动合同的劳动者，给其他用人单位造成损失的，应当承担连带赔偿责任。

第九十二条　违反本法规定，未经许可，擅自经营劳务派遣业务的，由劳动行政部门责令停止违法行为，没收违法所得，并处违法所得一倍以上五倍以下的罚款；没有违法所得的，可以处五万元以下的罚款。

劳务派遣单位、用工单位违反本法有关劳务派遣规定的，由劳动行政部门责令限期改正；逾期不改正的，以每人五千元以上一万元以下的标准处以罚款，对劳务派遣单位，吊销其劳务派遣业务经营许可证。用工单位给被派遣劳动者造成损害的，劳务派遣单位与用工单位承担连带赔偿责任。

第九十三条　对不具备合法经营资格的用人单位的违法犯罪行为，依法追究法律责任；劳动者已经付出劳动的，该单位或者其出资人应当依照本法有关规定向劳动者支付劳动报酬、经济补偿、赔偿金；给劳动者造成损害的，应当承担赔偿责任。

第九十四条　个人承包经营违反本法规定招用劳动者，给劳动者造成损害的，发包的组织与个人承包经营者承担连带赔偿责任。

第九十五条 劳动行政部门和其他有关主管部门及其工作人员玩忽职守、不履行法定职责，或者违法行使职权，给劳动者或者用人单位造成损害的，应当承担赔偿责任；对直接负责的主管人员和其他直接责任人员，依法给予行政处分；构成犯罪的，依法追究刑事责任。

第八章　附　则

第九十六条 事业单位与实行聘用制的工作人员订立、履行、变更、解除或者终止劳动合同，法律、行政法规或者国务院另有规定的，依照其规定；未作规定的，依照本法有关规定执行。

第九十七条 本法施行前已依法订立且在本法施行之日存续的劳动合同，继续履行；本法第十四条第二款第三项规定连续订立固定期限劳动合同的次数，自本法施行后续订固定期限劳动合同时开始计算。

本法施行前已建立劳动关系，尚未订立书面劳动合同的，应当自本法施行之日起一个月内订立。

本法施行之日存续的劳动合同在本法施行后解除或者终止，依照本法第四十六条规定应当支付经济补偿的，经济补偿年限自本法施行之日起计算；本法施行前按照当时有关规定，用人单位应当向劳动者支付经济补偿的，按照当时有关规定执行。

第九十八条 本法自2008年1月1日起施行。

附录四：中华人民共和国劳动争议调解仲裁法

中华人民共和国劳动争议调解仲裁法

（2007 年 12 月 29 日第十届全国人民代表大会常务委员会第三十一次会议通过）

目录

第一章　总　则

第二章　调　解

第三章　仲　裁

第一节　一般规定

第二节　申请和受理

第三节　开庭和裁决

第四章　附　则

第一章　总　则

第一条　为了公正及时解决劳动争议，保护当事人合法权益，促进劳动关系和谐稳定，制定本法。

第二条　中华人民共和国境内的用人单位与劳动者发生的下列劳动争议，适用本法：

（一）因确认劳动关系发生的争议；

（二）因订立、履行、变更、解除和终止劳动合同发生的争议；

（三）因除名、辞退和辞职、离职发生的争议；

（四）因工作时间、休息休假、社会保险、福利、培训以及劳动保护发生的争议；

（五）因劳动报酬、工伤医疗费、经济补偿或者赔偿金等发生的争议；

（六）法律、法规规定的其他劳动争议。

第三条　解决劳动争议，应当根据事实，遵循合法、公正、及时、着重调解的原则，依法保护当事人的合法权益。

第四条　发生劳动争议，劳动者可以与用人单位协商，也可以请工会或者第三方共同与用人单位协商，达成和解协议。

第五条　发生劳动争议，当事人不愿协商、协商不成或者达成和解协议后不履行的，可以向调解组织申请调解；不愿调解、调解不成或者达成调解协议后不履行的，可以向劳动争议仲裁委员会申请仲裁；对仲裁裁决不服的，除本法另有规定的外，可以向人民法院提起诉讼。

第六条　发生劳动争议，当事人对自己提出的主张，有责任提供证据。与争议事项有关的证据属于用人单位掌握管理的，用人单位应当提供；用人单位不提供的，应当承担不利后果。

第七条　发生劳动争议的劳动者一方在十人以上，并有共同请求的，可以推举代表参加调解、仲裁或者诉讼活动。

第八条　县级以上人民政府劳动行政部门会同工会和企业方面代表建立协调劳动关系三方机制，共同研究解决劳动争议的重大问题。

第九条　用人单位违反国家规定，拖欠或者未足额支付劳动报酬，或者拖欠工伤医疗费、经济补偿或者赔偿金的，劳动者可以向劳动行政部门投诉，劳动行政部门应当依法处理。

第二章　调　解

第十条　发生劳动争议，当事人可以到下列调解组织申请调解：

（一）企业劳动争议调解委员会；

（二）依法设立的基层人民调解组织；

（三）在乡镇、街道设立的具有劳动争议调解职能的组织。

企业劳动争议调解委员会由职工代表和企业代表组成。职工代表由工会成员担任或者由全体职工推举产生，企业代表由企业负责人指定。企业劳动争议调解委员会主任由工会成员或者双方推举的人员担任。

第十一条　劳动争议调解组织的调解员应当由公道正派、联系群众、热心调解工作，并具有一定法律知识、政策水平和文化水平的成年公民担任。

第十二条　当事人申请劳动争议调解可以书面申请，也可以口头申请。口头申请的，调解组织应当当场记录申请人基本情况、申请调解的争议事项、理由和时间。

第十三条　调解劳动争议，应当充分听取双方当事人对事实和理由的陈述，耐心疏导，帮助其达成协议。

第十四条　经调解达成协议的，应当制作调解协议书。

调解协议书由双方当事人签名或者盖章，经调解员签名并加盖调解组织印章后生效，对双方当事人具有约束力，当事人应当履行。

自劳动争议调解组织收到调解申请之日起十五日内未达成调解协议的，当事人可以依法申请仲裁。

第十五条　达成调解协议后，一方当事人在协议约定期限内不履行调解协议的，另一方当事人可以依法申请仲裁。

第十六条　因支付拖欠劳动报酬、工伤医疗费、经济补偿或者赔偿金事项达成调解协议，用人单位在协议约定期限内不履行的，劳动者可以持调解协议书依法向人民法院申请支付令。人民法院应当依法发出支付令。

第三章　仲　裁

第一节　一般规定

第十七条　劳动争议仲裁委员会按照统筹规划、合理布局和适应实际需要的原则设立。省、自治区人民政府可以决定在市、县设立；直辖市人民政府可以决定在区、县设立。直辖市、设区的市也可以设立一个或者若干个劳动争议仲裁委员会。劳动争议仲裁委员会不按行政区划层层设立。

第十八条　国务院劳动行政部门依照本法有关规定制定仲裁规则。省、自治区、直辖市人民政府劳动行政部门对本行政区域的劳动争议仲裁工作进行指导。

第十九条　劳动争议仲裁委员会由劳动行政部门代表、工会代表和企业方面代表组成。劳动争议仲裁委员会组成人员应当是单数。

劳动争议仲裁委员会依法履行下列职责：

（一）聘任、解聘专职或者兼职仲裁员；

（二）受理劳动争议案件；

（三）讨论重大或者疑难的劳动争议案件；

（四）对仲裁活动进行监督。

劳动争议仲裁委员会下设办事机构，负责办理劳动争议仲裁委员会的日常工作。

第二十条　劳动争议仲裁委员会应当设仲裁员名册。

仲裁员应当公道正派并符合下列条件之一：

（一）曾任审判员的；

（二）从事法律研究、教学工作并具有中级以上职称的；

（三）具有法律知识、从事人力资源管理或者工会等专业工作满五年的；

（四）律师执业满三年的。

第二十一条　劳动争议仲裁委员会负责管辖本区域内发生的劳动争议。

劳动争议由劳动合同履行地或者用人单位所在地的劳动争议仲裁委员会管辖。双方当事人分别向劳动合同履行地和用人单位所在地的劳动争议仲裁委员会申请仲裁的，由劳动合同履行地的劳动争议仲裁委员会管辖。

第二十二条　发生劳动争议的劳动者和用人单位为劳动争议仲裁案件的双方当事人。

劳务派遣单位或者用工单位与劳动者发生劳动争议的，劳务派遣单位和用工单位为共同当事人。

第二十三条　与劳动争议案件的处理结果有利害关系的第三人，可以申请参加仲裁活动或者由劳动争议仲裁委员会通知其参加仲裁活动。

第二十四条　当事人可以委托代理人参加仲裁活动。委托他人参加仲裁活动，应当向劳动争议仲裁委员会提交有委托人签名或者盖章的委托书，委托书应当载明委托事项和权限。

　　第二十五条　丧失或者部分丧失民事行为能力的劳动者，由其法定代理人代为参加仲裁活动；无法定代理人的，由劳动争议仲裁委员会为其指定代理人。劳动者死亡的，由其近亲属或者代理人参加仲裁活动。

　　第二十六条　劳动争议仲裁公开进行，但当事人协议不公开进行或者涉及国家秘密、商业秘密和个人隐私的除外。

第二节　申请和受理

　　第二十七条　劳动争议申请仲裁的时效期间为一年。仲裁时效期间从当事人知道或者应当知道其权利被侵害之日起计算。

　　前款规定的仲裁时效，因当事人一方向对方当事人主张权利，或者向有关部门请求权利救济，或者对方当事人同意履行义务而中断。从中断时起，仲裁时效期间重新计算。

　　因不可抗力或者有其他正当理由，当事人不能在本条第一款规定的仲裁时效期间申请仲裁的，仲裁时效中止。从中止时效的原因消除之日起，仲裁时效期间继续计算。

　　劳动关系存续期间因拖欠劳动报酬发生争议的，劳动者申请仲裁不受本条第一款规定的仲裁时效期间的限制；但是，劳动关系终止的，应当自劳动关系终止之日起一年内提出。

　　第二十八条　申请人申请仲裁应当提交书面仲裁申请，并按照被申请人人数提交副本。

　　仲裁申请书应当载明下列事项：

　　（一）劳动者的姓名、性别、年龄、职业、工作单位和住所，用人单位的名称、住所和法定代表人或者主要负责人的姓名、职务；

　　（二）仲裁请求和所根据的事实、理由；

　　（三）证据和证据来源、证人姓名和住所。

　　书写仲裁申请确有困难的，可以口头申请，由劳动争议仲裁委员会记入笔录，并告知对方当事人。

第二十九条　劳动争议仲裁委员会收到仲裁申请之日起五日内，认为符合受理条件的，应当受理，并通知申请人；认为不符合受理条件的，应当书面通知申请人不予受理，并说明理由。对劳动争议仲裁委员会不予受理或者逾期未做出决定的，申请人可以就该劳动争议事项向人民法院提起诉讼。

第三十条　劳动争议仲裁委员会受理仲裁申请后，应当在五日内将仲裁申请书副本送达被申请人。

被申请人收到仲裁申请书副本后，应当在十日内向劳动争议仲裁委员会提交答辩书。劳动争议仲裁委员会收到答辩书后，应当在五日内将答辩书副本送达申请人。被申请人未提交答辩书的，不影响仲裁程序的进行。

第三节　开庭和裁决

第三十一条　劳动争议仲裁委员会裁决劳动争议案件实行仲裁庭制。仲裁庭由三名仲裁员组成，设首席仲裁员。简单劳动争议案件可以由一名仲裁员独任仲裁。

第三十二条　劳动争议仲裁委员会应当在受理仲裁申请之日起五日内将仲裁庭的组成情况书面通知当事人。

第三十三条　仲裁员有下列情形之一，应当回避，当事人也有权以口头或者书面方式提出回避申请：

（一）是本案当事人或者当事人、代理人的近亲属的；

（二）与本案有利害关系的；

（三）与本案当事人、代理人有其他关系，可能影响公正裁决的；

（四）私自会见当事人、代理人，或者接受当事人、代理人的请客送礼的。

劳动争议仲裁委员会对回避申请应当及时做出决定，并以口头或者书面方式通知当事人。

第三十四条　仲裁员有本法第三十三条第四项规定情形，或者有索贿受贿、徇私舞弊、枉法裁决行为的，应当依法承担法律责任。劳动争议仲裁委员会应当将其解聘。

第三十五条　仲裁庭应当在开庭五日前，将开庭日期、地点书面通知双方当事人。当事人有正当理由的，可以在开庭三日前请求延期开庭。是否延期，由劳动争议仲裁委员会决定。

第三十六条　申请人收到书面通知，无正当理由拒不到庭或者未经仲裁庭同意中途退庭的，可以视为撤回仲裁申请。

被申请人收到书面通知，无正当理由拒不到庭或者未经仲裁庭同意中途退庭的，可以缺席裁决。

第三十七条　仲裁庭对专门性问题认为需要鉴定的，可以交由当事人约定的鉴定机构鉴定；当事人没有约定或者无法达成约定的，由仲裁庭指定的鉴定机构鉴定。

根据当事人的请求或者仲裁庭的要求，鉴定机构应当派鉴定人参加开庭。当事人经仲裁庭许可，可以向鉴定人提问。

第三十八条　当事人在仲裁过程中有权进行质证和辩论。质证和辩论终结时，首席仲裁员或者独任仲裁员应当征询当事人的最后意见。

第三十九条　当事人提供的证据经查证属实的，仲裁庭应当将其作为认定事实的根据。

劳动者无法提供由用人单位掌握管理的与仲裁请求有关的证据，仲裁庭可以要求用人单位在指定期限内提供。用人单位在指定期限内不提供的，应当承担不利后果。

第四十条　仲裁庭应当将开庭情况记入笔录。当事人和其他仲裁参加人认为对自己陈述的记录有遗漏或者差错的，有权申请补正。如果不予补正，应当记录该申请。

笔录由仲裁员、记录人员、当事人和其他仲裁参加人签名或者盖章。

第四十一条　当事人申请劳动争议仲裁后，可以自行和解。达成和解协议的，可以撤回仲裁申请。

第四十二条　仲裁庭在做出裁决前，应当先行调解。

调解达成协议的，仲裁庭应当制作调解书。

调解书应当写明仲裁请求和当事人协议的结果。调解书由仲裁员签名，加盖劳动争议仲裁委员会印章，送达双方当事人。调解书经双方当事人签收后，发生法律效力。

调解不成或者调解书送达前，一方当事人反悔的，仲裁庭应当及时做出裁决。

第四十三条 仲裁庭裁决劳动争议案件，应当自劳动争议仲裁委员会受理仲裁申请之日起四十五日内结束。案情复杂需要延期的，经劳动争议仲裁委员会主任批准，可以延期并书面通知当事人，但是延长期限不得超过十五日。逾期未做出仲裁裁决的，当事人可以就该劳动争议事项向人民法院提起诉讼。

仲裁庭裁决劳动争议案件时，其中一部分事实已经清楚，可以就该部分先行裁决。

第四十四条 仲裁庭对追索劳动报酬、工伤医疗费、经济补偿或者赔偿金的案件，根据当事人的申请，可以裁决先予执行，移送人民法院执行。

仲裁庭裁决先予执行的，应当符合下列条件：

（一）当事人之间权利义务关系明确；

（二）不先予执行将严重影响申请人的生活。

劳动者申请先予执行的，可以不提供担保。

第四十五条 裁决应当按照多数仲裁员的意见做出，少数仲裁员的不同意见应当记入笔录。仲裁庭不能形成多数意见时，裁决应当按照首席仲裁员的意见作出。

第四十六条 裁决书应当载明仲裁请求、争议事实、裁决理由、裁决结果和裁决日期。裁决书由仲裁员签名，加盖劳动争议仲裁委员会印章。对裁决持不同意见的仲裁员，可以签名，也可以不签名。

第四十七条 下列劳动争议，除本法另有规定的外，仲裁裁决为终局裁决，裁决书自作出之日起发生法律效力：

（一）追索劳动报酬、工伤医疗费、经济补偿或者赔偿金，不超过当地月最低工资标准十二个月金额的争议；

（二）因执行国家的劳动标准在工作时间、休息休假、社会保险等方面发生的争议。

第四十八条　劳动者对本法第四十七条规定的仲裁裁决不服的，可以自收到仲裁裁决书之日起十五日内向人民法院提起诉讼。

第四十九条　用人单位有证据证明本法第四十七条规定的仲裁裁决有下列情形之一，可以自收到仲裁裁决书之日起三十日内向劳动争议仲裁委员会所在地的中级人民法院申请撤销裁决：

（一）适用法律、法规确有错误的；

（二）劳动争议仲裁委员会无管辖权的；

（三）违反法定程序的；

（四）裁决所根据的证据是伪造的；

（五）对方当事人隐瞒了足以影响公正裁决的证据的；

（六）仲裁员在仲裁该案时有索贿受贿、徇私舞弊、枉法裁决行为的。

人民法院经组成合议庭审查核实裁决有前款规定情形之一的，应当裁定撤销。

仲裁裁决被人民法院裁定撤销的，当事人可以自收到裁定书之日起十五日内就该劳动争议事项向人民法院提起诉讼。

第五十条　当事人对本法第四十七条规定以外的其他劳动争议案件的仲裁裁决不服的，可以自收到仲裁裁决书之日起十五日内向人民法院提起诉讼；期满不起诉的，裁决书发生法律效力。

第五十一条　当事人对发生法律效力的调解书、裁决书，应当依照规定的期限履行。一方当事人逾期不履行的，另一方当事人可以依照民事诉讼法的有关规定向人民法院申请执行。受理申请的人民法院应当依法执行。

第四章　附　则

第五十二条　事业单位实行聘用制的工作人员与本单位发生劳动争议的，依照本法执行；法律、行政法规或者国务院另有规定的，依照其规定。

第五十三条　劳动争议仲裁不收费。劳动争议仲裁委员会的经费由财政予以保障。

第五十四条　本法自 2008 年 5 月 1 日起施行。

附录五：工伤保险条例

工伤保险条例

(2003 年 4 月 27 日中华人民共和国国务院令第 375 号公布　根据 2010 年 12 月 20 日《国务院关于修改〈工伤保险条例〉的决定》修订)

第一章　总　则

第一条　为了保障因工作遭受事故伤害或者患职业病的职工获得医疗救治和经济补偿，促进工伤预防和职业康复，分散用人单位的工伤风险，制定本条例。

第二条　中华人民共和国境内的企业、事业单位、社会团体、民办非企业单位、基金会、律师事务所、会计师事务所等组织和有雇工的个体工商户（以下称用人单位）应当依照本条例规定参加工伤保险，为本单位全部职工或者雇工（以下称职工）缴纳工伤保险费。

中华人民共和国境内的企业、事业单位、社会团体、民办非企业单位、基金会、律师事务所、会计师事务所等组织的职工和个体工商户的雇工，均有依照本条例的规定享受工伤保险待遇的权利。

第三条　工伤保险费的征缴按照《社会保险费征缴暂行条例》关于基本养老保险费、基本医疗保险费、失业保险费的征缴规定执行。

第四条　用人单位应当将参加工伤保险的有关情况在本单位内公示。

用人单位和职工应当遵守有关安全生产和职业病防治的法律法规，执行安全卫生规程和标准，预防工伤事故发生，避免和减少职业病危害。

职工发生工伤时，用人单位应当采取措施使工伤职工得到及时救治。

第五条　国务院社会保险行政部门负责全国的工伤保险工作。

县级以上地方各级人民政府社会保险行政部门负责本行政区域内的工伤保险工作。

社会保险行政部门按照国务院有关规定设立的社会保险经办机构（以下称

经办机构）具体承办工伤保险事务。

第六条　社会保险行政部门等部门制定工伤保险的政策、标准，应当征求工会组织、用人单位代表的意见。

第二章　工伤保险基金

第七条　工伤保险基金由用人单位缴纳的工伤保险费、工伤保险基金的利息和依法纳入工伤保险基金的其他资金构成。

第八条　工伤保险费根据以支定收、收支平衡的原则，确定费率。

国家根据不同行业的工伤风险程度确定行业的差别费率，并根据工伤保险费使用、工伤发生率等情况在每个行业内确定若干费率档次。行业差别费率及行业内费率档次由国务院社会保险行政部门制定，报国务院批准后公布施行。

统筹地区经办机构根据用人单位工伤保险费使用、工伤发生率等情况，适用所属行业内相应的费率档次确定单位缴费费率。

第九条　国务院社会保险行政部门应当定期了解全国各统筹地区工伤保险基金收支情况，及时提出调整行业差别费率及行业内费率档次的方案，报国务院批准后公布施行。

第十条　用人单位应当按时缴纳工伤保险费。职工个人不缴纳工伤保险费。

用人单位缴纳工伤保险费的数额为本单位职工工资总额乘以单位缴费费率之积。

对难以按照工资总额缴纳工伤保险费的行业，其缴纳工伤保险费的具体方式，由国务院社会保险行政部门规定。

第十一条　工伤保险基金逐步实行省级统筹。

跨地区、生产流动性较大的行业，可以采取相对集中的方式异地参加统筹地区的工伤保险。具体办法由国务院社会保险行政部门会同有关行业的主管部门制定。

第十二条　工伤保险基金存入社会保障基金财政专户，用于本条例规定的工伤保险待遇，劳动能力鉴定，工伤预防的宣传、培训等费用，以及法律、法规规定的用于工伤保险的其他费用的支付。

工伤预防费用的提取比例、使用和管理的具体办法，由国务院社会保险行政部门会同国务院财政、卫生行政、安全生产监督管理等部门规定。

任何单位或者个人不得将工伤保险基金用于投资运营、兴建或者改建办公场所、发放奖金，或者挪作其他用途。

第十三条 工伤保险基金应当留有一定比例的储备金，用于统筹地区重大事故的工伤保险待遇支付；储备金不足支付的，由统筹地区的人民政府垫付。储备金占基金总额的具体比例和储备金的使用办法，由省、自治区、直辖市人民政府规定。

第三章 工伤认定

第十四条 职工有下列情形之一的，应当认定为工伤：

（一）在工作时间和工作场所内，因工作原因受到事故伤害的；

（二）工作时间前后在工作场所内，从事与工作有关的预备性或者收尾性工作受到事故伤害的；

（三）在工作时间和工作场所内，因履行工作职责受到暴力等意外伤害的；

（四）患职业病的；

（五）因工外出期间，由于工作原因受到伤害或者发生事故下落不明的；

（六）在上下班途中，受到非本人主要责任的交通事故或者城市轨道交通、客运轮渡、火车事故伤害的；

（七）法律、行政法规规定应当认定为工伤的其他情形。

第十五条 职工有下列情形之一的，视同工伤：

（一）在工作时间和工作岗位，突发疾病死亡或者在 48 小时之内经抢救无效死亡的；

（二）在抢险救灾等维护国家利益、公共利益活动中受到伤害的；

（三）职工原在军队服役，因战、因公负伤致残，已取得革命伤残军人证，到用人单位后旧伤复发的。

职工有前款第（一）项、第（二）项情形的，按照本条例的有关规定享受工伤保险待遇；职工有前款第（三）项情形的，按照本条例的有关规定享受除一次性伤残补助金以外的工伤保险待遇。

第十六条　职工符合本条例第十四条、第十五条的规定，但是有下列情形之一的，不得认定为工伤或者视同工伤：

（一）故意犯罪的；

（二）醉酒或者吸毒的；

（三）自残或者自杀的。

第十七条　职工发生事故伤害或者按照职业病防治法规定被诊断、鉴定为职业病，所在单位应当自事故伤害发生之日或者被诊断、鉴定为职业病之日起30日内，向统筹地区社会保险行政部门提出工伤认定申请。遇有特殊情况，经报社会保险行政部门同意，申请时限可以适当延长。

用人单位未按前款规定提出工伤认定申请的，工伤职工或者其近亲属、工会组织在事故伤害发生之日或者被诊断、鉴定为职业病之日起1年内，可以直接向用人单位所在地统筹地区社会保险行政部门提出工伤认定申请。

按照本条第一款规定应当由省级社会保险行政部门进行工伤认定的事项，根据属地原则由用人单位所在地的设区的市级社会保险行政部门办理。

用人单位未在本条第一款规定的时限内提交工伤认定申请，在此期间发生符合本条例规定的工伤待遇等有关费用由该用人单位负担。

第十八条　提出工伤认定申请应当提交下列材料：

（一）工伤认定申请表；

（二）与用人单位存在劳动关系（包括事实劳动关系）的证明材料；

（三）医疗诊断证明或者职业病诊断证明书（或者职业病诊断鉴定书）。

工伤认定申请表应当包括事故发生的时间、地点、原因以及职工伤害程度等基本情况。

工伤认定申请人提供材料不完整的，社会保险行政部门应当一次性书面告知工伤认定申请人需要补正的全部材料。申请人按照书面告知要求补正材料后，社会保险行政部门应当受理。

第十九条 社会保险行政部门受理工伤认定申请后，根据审核需要可以对事故伤害进行调查核实，用人单位、职工、工会组织、医疗机构以及有关部门应当予以协助。职业病诊断和诊断争议的鉴定，依照职业病防治法的有关规定执行。对依法取得职业病诊断证明书或者职业病诊断鉴定书的，社会保险行政部门不再进行调查核实。

职工或者其近亲属认为是工伤，用人单位不认为是工伤的，由用人单位承担举证责任。

第二十条 社会保险行政部门应当自受理工伤认定申请之日起 60 日内作出工伤认定的决定，并书面通知申请工伤认定的职工或者其近亲属和该职工所在单位。

社会保险行政部门对受理的事实清楚、权利义务明确的工伤认定申请，应当在 15 日内作出工伤认定的决定。

作出工伤认定决定需要以司法机关或者有关行政主管部门的结论为依据的，在司法机关或者有关行政主管部门尚未作出结论期间，作出工伤认定决定的时限中止。

社会保险行政部门工作人员与工伤认定申请人有利害关系的，应当回避。

第四章 劳动能力鉴定

第二十一条 职工发生工伤，经治疗伤情相对稳定后存在残疾、影响劳动能力的，应当进行劳动能力鉴定。

第二十二条 劳动能力鉴定是指劳动功能障碍程度和生活自理障碍程度的等级鉴定。

劳动功能障碍分为十个伤残等级，最重的为一级，最轻的为十级。

生活自理障碍分为三个等级：生活完全不能自理、生活大部分不能自理和生活部分不能自理。

劳动能力鉴定标准由国务院社会保险行政部门会同国务院卫生行政部门等

部门制定。

第二十三条　劳动能力鉴定由用人单位、工伤职工或者其近亲属向设区的市级劳动能力鉴定委员会提出申请，并提供工伤认定决定和职工工伤医疗的有关资料。

第二十四条　省、自治区、直辖市劳动能力鉴定委员会和设区的市级劳动能力鉴定委员会分别由省、自治区、直辖市和设区的市级社会保险行政部门、卫生行政部门、工会组织、经办机构代表以及用人单位代表组成。

劳动能力鉴定委员会建立医疗卫生专家库。列入专家库的医疗卫生专业技术人员应当具备下列条件：

（一）具有医疗卫生高级专业技术职务任职资格；

（二）掌握劳动能力鉴定的相关知识；

（三）具有良好的职业品德。

第二十五条　设区的市级劳动能力鉴定委员会收到劳动能力鉴定申请后，应当从其建立的医疗卫生专家库中随机抽取 3 名或者 5 名相关专家组成专家组，由专家组提出鉴定意见。设区的市级劳动能力鉴定委员会根据专家组的鉴定意见作出工伤职工劳动能力鉴定结论；必要时，可以委托具备资格的医疗机构协助进行有关的诊断。

设区的市级劳动能力鉴定委员会应当自收到劳动能力鉴定申请之日起 60 日内作出劳动能力鉴定结论，必要时，作出劳动能力鉴定结论的期限可以延长 30 日。劳动能力鉴定结论应当及时送达申请鉴定的单位和个人。

第二十六条　申请鉴定的单位或者个人对设区的市级劳动能力鉴定委员会作出的鉴定结论不服的，可以在收到该鉴定结论之日起 15 日内向省、自治区、直辖市劳动能力鉴定委员会提出再次鉴定申请。省、自治区、直辖市劳动能力鉴定委员会作出的劳动能力鉴定结论为最终结论。

第二十七条　劳动能力鉴定工作应当客观、公正。劳动能力鉴定委员会组成人员或者参加鉴定的专家与当事人有利害关系的，应当回避。

第二十八条　自劳动能力鉴定结论作出之日起 1 年后，工伤职工或者其近亲属、所在单位或者经办机构认为伤残情况发生变化的，可以申请劳动能力复查鉴定。

第二十九条 劳动能力鉴定委员会依照本条例第二十六条和第二十八条的规定进行再次鉴定和复查鉴定的期限，依照本条例第二十五条第二款的规定执行。

第五章　工伤保险待遇

第三十条 职工因工作遭受事故伤害或者患职业病进行治疗，享受工伤医疗待遇。

职工治疗工伤应当在签订服务协议的医疗机构就医，情况紧急时可以先到就近的医疗机构急救。

治疗工伤所需费用符合工伤保险诊疗项目目录、工伤保险药品目录、工伤保险住院服务标准的，从工伤保险基金支付。工伤保险诊疗项目目录、工伤保险药品目录、工伤保险住院服务标准，由国务院社会保险行政部门会同国务院卫生行政部门、食品药品监督管理部门等部门规定。

职工住院治疗工伤的伙食补助费，以及经医疗机构出具证明，报经办机构同意，工伤职工到统筹地区以外就医所需的交通、食宿费用从工伤保险基金支付，基金支付的具体标准由统筹地区人民政府规定。

工伤职工治疗非工伤引发的疾病，不享受工伤医疗待遇，按照基本医疗保险办法处理。

工伤职工到签订服务协议的医疗机构进行工伤康复的费用，符合规定的，从工伤保险基金支付。

第三十一条 社会保险行政部门作出认定为工伤的决定后发生行政复议、行政诉讼的，行政复议和行政诉讼期间不停止支付工伤职工治疗工伤的医疗费用。

第三十二条 工伤职工因日常生活或者就业需要，经劳动能力鉴定委员会确认，可以安装假肢、矫形器、假眼、假牙和配置轮椅等辅助器具，所需费用按照国家规定的标准从工伤保险基金支付。

第三十三条　职工因工作遭受事故伤害或者患职业病需要暂停工作接受工伤医疗的，在停工留薪期内，原工资福利待遇不变，由所在单位按月支付。

停工留薪期一般不超过 12 个月。伤情严重或者情况特殊，经设区的市级劳动能力鉴定委员会确认，可以适当延长，但延长不得超过 12 个月。工伤职工评定伤残等级后，停发原待遇，按照本章的有关规定享受伤残待遇。工伤职工在停工留薪期满后仍需治疗的，继续享受工伤医疗待遇。

生活不能自理的工伤职工在停工留薪期需要护理的，由所在单位负责。

第三十四条　工伤职工已经评定伤残等级并经劳动能力鉴定委员会确认需要生活护理的，从工伤保险基金按月支付生活护理费。

生活护理费按照生活完全不能自理、生活大部分不能自理或者生活部分不能自理 3 个不同等级支付，其标准分别为统筹地区上年度职工月平均工资的 50%、40% 或者 30%。

第三十五条　职工因工致残被鉴定为一级至四级伤残的，保留劳动关系，退出工作岗位，享受以下待遇：

（一）从工伤保险基金按伤残等级支付一次性伤残补助金，标准为：一级伤残为 27 个月的本人工资，二级伤残为 25 个月的本人工资，三级伤残为 23 个月的本人工资，四级伤残为 21 个月的本人工资；

（二）从工伤保险基金按月支付伤残津贴，标准为：一级伤残为本人工资的 90%，二级伤残为本人工资的 85%，三级伤残为本人工资的 80%，四级伤残为本人工资的 75%。伤残津贴实际金额低于当地最低工资标准的，由工伤保险基金补足差额；

（三）工伤职工达到退休年龄并办理退休手续后，停发伤残津贴，按照国家有关规定享受基本养老保险待遇。基本养老保险待遇低于伤残津贴的，由工伤保险基金补足差额。

职工因工致残被鉴定为一级至四级伤残的，由用人单位和职工个人以伤残津贴为基数，缴纳基本医疗保险费。

第三十六条　职工因工致残被鉴定为五级、六级伤残的，享受以下待遇：

（一）从工伤保险基金按伤残等级支付一次性伤残补助金，标准为：五级伤残为 18 个月的本人工资，六级伤残为 16 个月的本人工资；

（二）保留与用人单位的劳动关系，由用人单位安排适当工作。难以安排工作的，由用人单位按月发给伤残津贴，标准为：五级伤残为本人工资的70%，六级伤残为本人工资的 60%，并由用人单位按照规定为其缴纳应缴纳的各项社会保险费。伤残津贴实际金额低于当地最低工资标准的，由用人单位补足差额。

经工伤职工本人提出，该职工可以与用人单位解除或者终止劳动关系，由工伤保险基金支付一次性工伤医疗补助金，由用人单位支付一次性伤残就业补助金。一次性工伤医疗补助金和一次性伤残就业补助金的具体标准由省、自治区、直辖市人民政府规定。

第三十七条　职工因工致残被鉴定为七级至十级伤残的，享受以下待遇：

（一）从工伤保险基金按伤残等级支付一次性伤残补助金，标准为：七级伤残为 13 个月的本人工资，八级伤残为 11 个月的本人工资，九级伤残为 9 个月的本人工资，十级伤残为 7 个月的本人工资；

（二）劳动、聘用合同期满终止，或者职工本人提出解除劳动、聘用合同的，由工伤保险基金支付一次性工伤医疗补助金，由用人单位支付一次性伤残就业补助金。一次性工伤医疗补助金和一次性伤残就业补助金的具体标准由省、自治区、直辖市人民政府规定。

第三十八条　工伤职工工伤复发，确认需要治疗的，享受本条例第三十条、第三十二条和第三十三条规定的工伤待遇。

第三十九条　职工因工死亡，其近亲属按照下列规定从工伤保险基金领取丧葬补助金、供养亲属抚恤金和一次性工亡补助金：

（一）丧葬补助金为 6 个月的统筹地区上年度职工月平均工资；

（二）供养亲属抚恤金按照职工本人工资的一定比例发给由因工死亡职工生前提供主要生活来源、无劳动能力的亲属。标准为：配偶每月 40%，其他亲属每人每月 30%，孤寡老人或者孤儿每人每月在上述标准的基础上增加 10%。核定的各供养亲属的抚恤金之和不应高于因工死亡职工生前的工资。供养亲属的具体范围由国务院社会保险行政部门规定；

（三）一次性工亡补助金标准为上一年度全国城镇居民人均可支配收入的 20 倍。

伤残职工在停工留薪期内因工伤导致死亡的，其近亲属享受本条第一款规定的待遇。

一级至四级伤残职工在停工留薪期满后死亡的，其近亲属可以享受本条第一款第（一）项、第（二）项规定的待遇。

第四十条　伤残津贴、供养亲属抚恤金、生活护理费由统筹地区社会保险行政部门根据职工平均工资和生活费用变化等情况适时调整。调整办法由省、自治区、直辖市人民政府规定。

第四十一条　职工因工外出期间发生事故或者在抢险救灾中下落不明的，从事故发生当月起 3 个月内照发工资，从第 4 个月起停发工资，由工伤保险基金向其供养亲属按月支付供养亲属抚恤金。生活有困难的，可以预支一次性工亡补助金的 50%。职工被人民法院宣告死亡的，按照本条例第三十九条职工因工死亡的规定处理。

第四十二条　工伤职工有下列情形之一的，停止享受工伤保险待遇：

（一）丧失享受待遇条件的；

（二）拒不接受劳动能力鉴定的；

（三）拒绝治疗的。

第四十三条　用人单位分立、合并、转让的，承继单位应当承担原用人单位的工伤保险责任；原用人单位已经参加工伤保险的，承继单位应当到当地经办机构办理工伤保险变更登记。

用人单位实行承包经营的，工伤保险责任由职工劳动关系所在单位承担。

职工被借调期间受到工伤事故伤害的，由原用人单位承担工伤保险责任，但原用人单位与借调单位可以约定补偿办法。

企业破产的，在破产清算时依法拨付应当由单位支付的工伤保险待遇费用。

第四十四条 职工被派遣出境工作，依据前往国家或者地区的法律应当参加当地工伤保险的，参加当地工伤保险，其国内工伤保险关系中止；不能参加当地工伤保险的，其国内工伤保险关系不中止。

第四十五条 职工再次发生工伤，根据规定应当享受伤残津贴的，按照新认定的伤残等级享受伤残津贴待遇。

第六章 监督管理

第四十六条 经办机构具体承办工伤保险事务，履行下列职责：

（一）根据省、自治区、直辖市人民政府规定，征收工伤保险费；

（二）核查用人单位的工资总额和职工人数，办理工伤保险登记，并负责保存用人单位缴费和职工享受工伤保险待遇情况的记录；

（三）进行工伤保险的调查、统计；

（四）按照规定管理工伤保险基金的支出；

（五）按照规定核定工伤保险待遇；

（六）为工伤职工或者其近亲属免费提供咨询服务。

第四十七条 经办机构与医疗机构、辅助器具配置机构在平等协商的基础上签订服务协议，并公布签订服务协议的医疗机构、辅助器具配置机构的名单。具体办法由国务院社会保险行政部门分别会同国务院卫生行政部门、民政部门等部门制定。

第四十八条 经办机构按照协议和国家有关目录、标准对工伤职工医疗费用、康复费用、辅助器具费用的使用情况进行核查，并按时足额结算费用。

第四十九条 经办机构应当定期公布工伤保险基金的收支情况，及时向社会保险行政部门提出调整费率的建议。

第五十条 社会保险行政部门、经办机构应当定期听取工伤职工、医疗机构、辅助器具配置机构以及社会各界对改进工伤保险工作的意见。

第五十一条 社会保险行政部门依法对工伤保险费的征缴和工伤保险基金

的支付情况进行监督检查。

财政部门和审计机关依法对工伤保险基金的收支、管理情况进行监督。

第五十二条　任何组织和个人对有关工伤保险的违法行为，有权举报。社会保险行政部门对举报应当及时调查，按照规定处理，并为举报人保密。

第五十三条　工会组织依法维护工伤职工的合法权益，对用人单位的工伤保险工作实行监督。

第五十四条　职工与用人单位发生工伤待遇方面的争议，按照处理劳动争议的有关规定处理。

第五十五条　有下列情形之一的，有关单位或者个人可以依法申请行政复议，也可以依法向人民法院提起行政诉讼：

（一）申请工伤认定的职工或者其近亲属、该职工所在单位对工伤认定申请不予受理的决定不服的；

（二）申请工伤认定的职工或者其近亲属、该职工所在单位对工伤认定结论不服的；

（三）用人单位对经办机构确定的单位缴费费率不服的；

（四）签订服务协议的医疗机构、辅助器具配置机构认为经办机构未履行有关协议或者规定的；

（五）工伤职工或者其近亲属对经办机构核定的工伤保险待遇有异议的。

第七章　法律责任

第五十六条　单位或者个人违反本条例第十二条规定挪用工伤保险基金，构成犯罪的，依法追究刑事责任；尚不构成犯罪的，依法给予处分或者纪律处分。被挪用的基金由社会保险行政部门追回，并入工伤保险基金；没收的违法所得依法上缴国库。

第五十七条　社会保险行政部门工作人员有下列情形之一的，依法给予处分；情节严重，构成犯罪的，依法追究刑事责任：

（一）无正当理由不受理工伤认定申请，或者弄虚作假将不符合工伤条件的人员认定为工伤职工的；

（二）未妥善保管申请工伤认定的证据材料，致使有关证据灭失的；

（三）收受当事人财物的。

第五十八条 经办机构有下列行为之一的，由社会保险行政部门责令改正，对直接负责的主管人员和其他责任人员依法给予纪律处分；情节严重，构成犯罪的，依法追究刑事责任；造成当事人经济损失的，由经办机构依法承担赔偿责任：

（一）未按规定保存用人单位缴费和职工享受工伤保险待遇情况记录的；

（二）不按规定核定工伤保险待遇的；

（三）收受当事人财物的。

第五十九条 医疗机构、辅助器具配置机构不按服务协议提供服务的，经办机构可以解除服务协议。

经办机构不按时足额结算费用的，由社会保险行政部门责令改正；医疗机构、辅助器具配置机构可以解除服务协议。

第六十条 用人单位、工伤职工或者其近亲属骗取工伤保险待遇，医疗机构、辅助器具配置机构骗取工伤保险基金支出的，由社会保险行政部门责令退还，处骗取金额 2 倍以上 5 倍以下的罚款；情节严重，构成犯罪的，依法追究刑事责任。

第六十一条 从事劳动能力鉴定的组织或者个人有下列情形之一的，由社会保险行政部门责令改正，处 2000 元以上 1 万元以下的罚款；情节严重，构成犯罪的，依法追究刑事责任：

（一）提供虚假鉴定意见的；

（二）提供虚假诊断证明的；

（三）收受当事人财物的。

第六十二条 用人单位依照本条例规定应当参加工伤保险而未参加的，由社会保险行政部门责令限期参加，补缴应当缴纳的工伤保险费，并自欠缴之日起，按日加收万分之五的滞纳金；逾期仍不缴纳的，处欠缴数额 1 倍以上 3 倍以下的罚款。

依照本条例规定应当参加工伤保险而未参加工伤保险的用人单位职工发生工伤的，由该用人单位按照本条例规定的工伤保险待遇项目和标准支付费用。

用人单位参加工伤保险并补缴应当缴纳的工伤保险费、滞纳金后，由工伤保险基金和用人单位依照本条例的规定支付新发生的费用。

第六十三条　用人单位违反本条例第十九条的规定，拒不协助社会保险行政部门对事故进行调查核实的，由社会保险行政部门责令改正，处 2000 元以上 2 万元以下的罚款。

第八章　附　则

第六十四条　本条例所称工资总额，是指用人单位直接支付给本单位全部职工的劳动报酬总额。

本条例所称本人工资，是指工伤职工因工作遭受事故伤害或者患职业病前 12 个月平均月缴费工资。本人工资高于统筹地区职工平均工资 300% 的，按照统筹地区职工平均工资的 300% 计算；本人工资低于统筹地区职工平均工资 60% 的，按照统筹地区职工平均工资的 60% 计算。

第六十五条　公务员和参照公务员法管理的事业单位、社会团体的工作人员因工作遭受事故伤害或者患职业病的，由所在单位支付费用。具体办法由国务院社会保险行政部门会同国务院财政部门规定。

第六十六条　无营业执照或者未经依法登记、备案的单位以及被依法吊销营业执照或者撤销登记、备案的单位的职工受到事故伤害或者患职业病的，由该单位向伤残职工或者死亡职工的近亲属给予一次性赔偿，赔偿标准不得低于本条例规定的工伤保险待遇；用人单位不得使用童工，用人单位使用童工造成童工伤残、死亡的，由该单位向童工或者童工的近亲属给予一次性赔偿，赔偿标准不得低于本条例规定的工伤保险待遇。具体办法由国务院社会保险行政部门规定。

前款规定的伤残职工或者死亡职工的近亲属就赔偿数额与单位发生争议的，

以及前款规定的童工或者童工的近亲属就赔偿数额与单位发生争议的，按照处理劳动争议的有关规定处理。

第六十七条 本条例自 2004 年 1 月 1 日起施行。本条例施行前已受到事故伤害或者患职业病的职工尚未完成工伤认定的，按照本条例的规定执行。

附录六：中华人民共和国社会保险法

中华人民共和国社会保险法

（2010 年 10 月 28 日第十一届全国人民代表大会常务委员会第十七次会议通过　根据 2018 年 12 月 29 日第十三届全国人民代表大会常务委员会第七次会议《关于修改〈中华人民共和国社会保险法〉的决定》修正）

目录

第一章　总　　则

第二章　基本养老保险

第三章　基本医疗保险

第四章　工伤保险

第五章　失业保险

第六章　生育保险

第七章　社会保险费征缴

第八章　社会保险基金

第九章　社会保险经办

第十章　社会保险监督

第十一章　法律责任

第十二章　附　　则

第一章　总　　则

第一条　为了规范社会保险关系，维护公民参加社会保险和享受社会保险待遇的合法权益，使公民共享发展成果，促进社会和谐稳定，根据宪法，制定本法。

第二条　国家建立基本养老保险、基本医疗保险、工伤保险、失业保险、生育保险等社会保险制度，保障公民在年老、疾病、工伤、失业、生育等情况下依法从国家和社会获得物质帮助的权利。

第三条 社会保险制度坚持广覆盖、保基本、多层次、可持续的方针，社会保险水平应当与经济社会发展水平相适应。

第四条 中华人民共和国境内的用人单位和个人依法缴纳社会保险费，有权查询缴费记录、个人权益记录，要求社会保险经办机构提供社会保险咨询等相关服务。

个人依法享受社会保险待遇，有权监督本单位为其缴费情况。

第五条 县级以上人民政府将社会保险事业纳入国民经济和社会发展规划。

国家多渠道筹集社会保险资金。县级以上人民政府对社会保险事业给予必要的经费支持。

国家通过税收优惠政策支持社会保险事业。

第六条 国家对社会保险基金实行严格监管。

国务院和省、自治区、直辖市人民政府建立健全社会保险基金监督管理制度，保障社会保险基金安全、有效运行。

县级以上人民政府采取措施，鼓励和支持社会各方面参与社会保险基金的监督。

第七条 国务院社会保险行政部门负责全国的社会保险管理工作，国务院其他有关部门在各自的职责范围内负责有关的社会保险工作。

县级以上地方人民政府社会保险行政部门负责本行政区域的社会保险管理工作，县级以上地方人民政府其他有关部门在各自的职责范围内负责有关的社会保险工作。

第八条 社会保险经办机构提供社会保险服务，负责社会保险登记、个人权益记录、社会保险待遇支付等工作。

第九条 工会依法维护职工的合法权益，有权参与社会保险重大事项的研究，参加社会保险监督委员会，对与职工社会保险权益有关的事项进行监督。

第二章 基本养老保险

第十条 职工应当参加基本养老保险，由用人单位和职工共同缴纳基本养老保险费。

无雇工的个体工商户、未在用人单位参加基本养老保险的非全日制从业人员以及其他灵活就业人员可以参加基本养老保险，由个人缴纳基本养老保险费。

公务员和参照公务员法管理的工作人员养老保险的办法由国务院规定。

第十一条　基本养老保险实行社会统筹与个人账户相结合。

基本养老保险基金由用人单位和个人缴费以及政府补贴等组成。

第十二条　用人单位应当按照国家规定的本单位职工工资总额的比例缴纳基本养老保险费，记入基本养老保险统筹基金。

职工应当按照国家规定的本人工资的比例缴纳基本养老保险费，记入个人账户。

无雇工的个体工商户、未在用人单位参加基本养老保险的非全日制从业人员以及其他灵活就业人员参加基本养老保险的，应当按照国家规定缴纳基本养老保险费，分别记入基本养老保险统筹基金和个人账户。

第十三条　国有企业、事业单位职工参加基本养老保险前，视同缴费年限期间应当缴纳的基本养老保险费由政府承担。

基本养老保险基金出现支付不足时，政府给予补贴。

第十四条　个人账户不得提前支取，记账利率不得低于银行定期存款利率，免征利息税。个人死亡的，个人账户余额可以继承。

第十五条　基本养老金由统筹养老金和个人账户养老金组成。

基本养老金根据个人累计缴费年限、缴费工资、当地职工平均工资、个人账户金额、城镇人口平均预期寿命等因素确定。

第十六条　参加基本养老保险的个人，达到法定退休年龄时累计缴费满十五年的，按月领取基本养老金。

参加基本养老保险的个人，达到法定退休年龄时累计缴费不足十五年的，可以缴费至满十五年，按月领取基本养老金；也可以转入新型农村社会养老保险或者城镇居民社会养老保险，按照国务院规定享受相应的养老保险待遇。

第十七条　参加基本养老保险的个人，因病或者非因工死亡的，其遗属可以领取丧葬补助金和抚恤金；在未达到法定退休年龄时因病或者非因工致残完全丧失劳动能力的，可以领取病残津贴。所需资金从基本养老保险基金中支付。

第十八条 国家建立基本养老金正常调整机制。根据职工平均工资增长、物价上涨情况，适时提高基本养老保险待遇水平。

第十九条 个人跨统筹地区就业的，其基本养老保险关系随本人转移，缴费年限累计计算。个人达到法定退休年龄时，基本养老金分段计算、统一支付。具体办法由国务院规定。

第二十条 国家建立和完善新型农村社会养老保险制度。

新型农村社会养老保险实行个人缴费、集体补助和政府补贴相结合。

第二十一条 新型农村社会养老保险待遇由基础养老金和个人账户养老金组成。

参加新型农村社会养老保险的农村居民，符合国家规定条件的，按月领取新型农村社会养老保险待遇。

第二十二条 国家建立和完善城镇居民社会养老保险制度。

省、自治区、直辖市人民政府根据实际情况，可以将城镇居民社会养老保险和新型农村社会养老保险合并实施。

第三章 基本医疗保险

第二十三条 职工应当参加职工基本医疗保险，由用人单位和职工按照国家规定共同缴纳基本医疗保险费。

无雇工的个体工商户、未在用人单位参加职工基本医疗保险的非全日制从业人员以及其他灵活就业人员可以参加职工基本医疗保险，由个人按照国家规定缴纳基本医疗保险费。

第二十四条 国家建立和完善新型农村合作医疗制度。

新型农村合作医疗的管理办法，由国务院规定。

第二十五条 国家建立和完善城镇居民基本医疗保险制度。

城镇居民基本医疗保险实行个人缴费和政府补贴相结合。

享受最低生活保障的人、丧失劳动能力的残疾人、低收入家庭六十周岁以上的老年人和未成年人等所需个人缴费部分，由政府给予补贴。

第二十六条　职工基本医疗保险、新型农村合作医疗和城镇居民基本医疗保险的待遇标准按照国家规定执行。

第二十七条　参加职工基本医疗保险的个人，达到法定退休年龄时累计缴费达到国家规定年限的，退休后不再缴纳基本医疗保险费，按照国家规定享受基本医疗保险待遇；未达到国家规定年限的，可以缴费至国家规定年限。

第二十八条　符合基本医疗保险药品目录、诊疗项目、医疗服务设施标准以及急诊、抢救的医疗费用，按照国家规定从基本医疗保险基金中支付。

第二十九条　参保人员医疗费用中应当由基本医疗保险基金支付的部分，由社会保险经办机构与医疗机构、药品经营单位直接结算。

社会保险行政部门和卫生行政部门应当建立异地就医医疗费用结算制度，方便参保人员享受基本医疗保险待遇。

第三十条　下列医疗费用不纳入基本医疗保险基金支付范围：

（一）应当从工伤保险基金中支付的；

（二）应当由第三人负担的；

（三）应当由公共卫生负担的；

（四）在境外就医的。

医疗费用依法应当由第三人负担，第三人不支付或者无法确定第三人的，由基本医疗保险基金先行支付。基本医疗保险基金先行支付后，有权向第三人追偿。

第三十一条　社会保险经办机构根据管理服务的需要，可以与医疗机构、药品经营单位签订服务协议，规范医疗服务行为。

医疗机构应当为参保人员提供合理、必要的医疗服务。

第三十二条　个人跨统筹地区就业的，其基本医疗保险关系随本人转移，缴费年限累计计算。

第四章　工伤保险

第三十三条　职工应当参加工伤保险，由用人单位缴纳工伤保险费，职工不缴纳工伤保险费。

第三十四条　国家根据不同行业的工伤风险程度确定行业的差别费率，并根据使用工伤保险基金、工伤发生率等情况在每个行业内确定费率档次。行业差别费率和行业内费率档次由国务院社会保险行政部门制定，报国务院批准后公布施行。

社会保险经办机构根据用人单位使用工伤保险基金、工伤发生率和所属行业费率档次等情况，确定用人单位缴费费率。

第三十五条　用人单位应当按照本单位职工工资总额，根据社会保险经办机构确定的费率缴纳工伤保险费。

第三十六条　职工因工作原因受到事故伤害或者患职业病，且经工伤认定的，享受工伤保险待遇；其中，经劳动能力鉴定丧失劳动能力的，享受伤残待遇。

工伤认定和劳动能力鉴定应当简捷、方便。

第三十七条　职工因下列情形之一导致本人在工作中伤亡的，不认定为工伤：

（一）故意犯罪；

（二）醉酒或者吸毒；

（三）自残或者自杀；

（四）法律、行政法规规定的其他情形。

第三十八条　因工伤发生的下列费用，按照国家规定从工伤保险基金中支付：

（一）治疗工伤的医疗费用和康复费用；

（二）住院伙食补助费；

（三）到统筹地区以外就医的交通食宿费；

（四）安装配置伤残辅助器具所需费用；

（五）生活不能自理的，经劳动能力鉴定委员会确认的生活护理费；

（六）一次性伤残补助金和一至四级伤残职工按月领取的伤残津贴；

（七）终止或者解除劳动合同时，应当享受的一次性医疗补助金；

（八）因工死亡的，其遗属领取的丧葬补助金、供养亲属抚恤金和因工死亡补助金；

（九）劳动能力鉴定费。

第三十九条 因工伤发生的下列费用，按照国家规定由用人单位支付：

（一）治疗工伤期间的工资福利；

（二）五级、六级伤残职工按月领取的伤残津贴；

（三）终止或者解除劳动合同时，应当享受的一次性伤残就业补助金。

第四十条 工伤职工符合领取基本养老金条件的，停发伤残津贴，享受基本养老保险待遇。基本养老保险待遇低于伤残津贴的，从工伤保险基金中补足差额。

第四十一条 职工所在用人单位未依法缴纳工伤保险费，发生工伤事故的，由用人单位支付工伤保险待遇。用人单位不支付的，从工伤保险基金中先行支付。

从工伤保险基金中先行支付的工伤保险待遇应当由用人单位偿还。用人单位不偿还的，社会保险经办机构可以依照本法第六十三条的规定追偿。

第四十二条 由于第三人的原因造成工伤，第三人不支付工伤医疗费用或者无法确定第三人的，由工伤保险基金先行支付。工伤保险基金先行支付后，有权向第三人追偿。

第四十三条 工伤职工有下列情形之一的，停止享受工伤保险待遇：

（一）丧失享受待遇条件的；

（二）拒不接受劳动能力鉴定的；

（三）拒绝治疗的。

第五章　失业保险

第四十四条　职工应当参加失业保险，由用人单位和职工按照国家规定共同缴纳失业保险费。

第四十五条　失业人员符合下列条件的，从失业保险基金中领取失业保险金：

（一）失业前用人单位和本人已经缴纳失业保险费满一年的；

（二）非因本人意愿中断就业的；

（三）已经进行失业登记，并有求职要求的。

第四十六条　失业人员失业前用人单位和本人累计缴费满一年不足五年的，领取失业保险金的期限最长为十二个月；累计缴费满五年不足十年的，领取失业保险金的期限最长为十八个月；累计缴费十年以上的，领取失业保险金的期限最长为二十四个月。重新就业后，再次失业的，缴费时间重新计算，领取失业保险金的期限与前次失业应当领取而尚未领取的失业保险金的期限合并计算，最长不超过二十四个月。

第四十七条　失业保险金的标准，由省、自治区、直辖市人民政府确定，不得低于城市居民最低生活保障标准。

第四十八条　失业人员在领取失业保险金期间，参加职工基本医疗保险，享受基本医疗保险待遇。

失业人员应当缴纳的基本医疗保险费从失业保险基金中支付，个人不缴纳基本医疗保险费。

第四十九条　失业人员在领取失业保险金期间死亡的，参照当地对在职职工死亡的规定，向其遗属发给一次性丧葬补助金和抚恤金。所需资金从失业保险基金中支付。

个人死亡同时符合领取基本养老保险丧葬补助金、工伤保险丧葬补助金和失业保险丧葬补助金条件的，其遗属只能选择领取其中的一项。

第五十条　用人单位应当及时为失业人员出具终止或者解除劳动关系的证

明，并将失业人员的名单自终止或者解除劳动关系之日起十五日内告知社会保险经办机构。

失业人员应当持本单位为其出具的终止或者解除劳动关系的证明，及时到指定的公共就业服务机构办理失业登记。

失业人员凭失业登记证明和个人身份证明，到社会保险经办机构办理领取失业保险金的手续。失业保险金领取期限自办理失业登记之日起计算。

第五十一条　失业人员在领取失业保险金期间有下列情形之一的，停止领取失业保险金，并同时停止享受其他失业保险待遇：

（一）重新就业的；

（二）应征服兵役的；

（三）移居境外的；

（四）享受基本养老保险待遇的；

（五）无正当理由，拒不接受当地人民政府指定部门或者机构介绍的适当工作或者提供的培训的。

第五十二条　职工跨统筹地区就业的，其失业保险关系随本人转移，缴费年限累计计算。

第六章　生育保险

第五十三条　职工应当参加生育保险，由用人单位按照国家规定缴纳生育保险费，职工不缴纳生育保险费。

第五十四条　用人单位已经缴纳生育保险费的，其职工享受生育保险待遇；职工未就业配偶按照国家规定享受生育医疗费用待遇。所需资金从生育保险基金中支付。

生育保险待遇包括生育医疗费用和生育津贴。

第五十五条　生育医疗费用包括下列各项：

（一）生育的医疗费用；

（二）计划生育的医疗费用；

（三）法律、法规规定的其他项目费用。

第五十六条　职工有下列情形之一的，可以按照国家规定享受生育津贴：

（一）女职工生育享受产假；

（二）享受计划生育手术休假；

（三）法律、法规规定的其他情形。

生育津贴按照职工所在用人单位上年度职工月平均工资计发。

第七章　社会保险费征缴

第五十七条　用人单位应当自成立之日起三十日内凭营业执照、登记证书或者单位印章，向当地社会保险经办机构申请办理社会保险登记。社会保险经办机构应当自收到申请之日起十五日内予以审核，发给社会保险登记证件。

用人单位的社会保险登记事项发生变更或者用人单位依法终止的，应当自变更或者终止之日起三十日内，到社会保险经办机构办理变更或者注销社会保险登记。

市场监督管理部门、民政部门和机构编制管理机关应当及时向社会保险经办机构通报用人单位的成立、终止情况，公安机关应当及时向社会保险经办机构通报个人的出生、死亡以及户口登记、迁移、注销等情况。

第五十八条　用人单位应当自用工之日起三十日内为其职工向社会保险经办机构申请办理社会保险登记。未办理社会保险登记的，由社会保险经办机构核定其应当缴纳的社会保险费。

自愿参加社会保险的无雇工的个体工商户、未在用人单位参加社会保险的非全日制从业人员以及其他灵活就业人员，应当向社会保险经办机构申请办理社会保险登记。

国家建立全国统一的个人社会保障号码。个人社会保障号码为公民身份号码。

第五十九条　县级以上人民政府加强社会保险费的征收工作。

社会保险费实行统一征收，实施步骤和具体办法由国务院规定。

第六十条　用人单位应当自行申报、按时足额缴纳社会保险费，非因不可抗力等法定事由不得缓缴、减免。职工应当缴纳的社会保险费由用人单位代扣代缴，用人单位应当按月将缴纳社会保险费的明细情况告知本人。

无雇工的个体工商户、未在用人单位参加社会保险的非全日制从业人员以及其他灵活就业人员，可以直接向社会保险费征收机构缴纳社会保险费。

第六十一条　社会保险费征收机构应当依法按时足额征收社会保险费，并将缴费情况定期告知用人单位和个人。

第六十二条　用人单位未按规定申报应当缴纳的社会保险费数额的，按照该单位上月缴费额的百分之一百一十确定应当缴纳数额；缴费单位补办申报手续后，由社会保险费征收机构按照规定结算。

第六十三条　用人单位未按时足额缴纳社会保险费的，由社会保险费征收机构责令其限期缴纳或者补足。

用人单位逾期仍未缴纳或者补足社会保险费的，社会保险费征收机构可以向银行和其他金融机构查询其存款账户；并可以申请县级以上有关行政部门作出划拨社会保险费的决定，书面通知其开户银行或者其他金融机构划拨社会保险费。用人单位账户余额少于应当缴纳的社会保险费的，社会保险费征收机构可以要求该用人单位提供担保，签订延期缴费协议。

用人单位未足额缴纳社会保险费且未提供担保的，社会保险费征收机构可以申请人民法院扣押、查封、拍卖其价值相当于应当缴纳社会保险费的财产，以拍卖所得抵缴社会保险费。

第八章　社会保险基金

第六十四条　社会保险基金包括基本养老保险基金、基本医疗保险基金、工伤保险基金、失业保险基金和生育保险基金。除基本医疗保险基金与生育保险基金合并建账及核算外，其他各项社会保险基金按照社会保险险种分别建账，分账核算。社会保险基金执行国家统一的会计制度。

社会保险基金专款专用，任何组织和个人不得侵占或者挪用。

基本养老保险基金逐步实行全国统筹，其他社会保险基金逐步实行省级统筹，具体时间、步骤由国务院规定。

第六十五条 社会保险基金通过预算实现收支平衡。

县级以上人民政府在社会保险基金出现支付不足时，给予补贴。

第六十六条 社会保险基金按照统筹层次设立预算。除基本医疗保险基金与生育保险基金预算合并编制外，其他社会保险基金预算按照社会保险项目分别编制。

第六十七条 社会保险基金预算、决算草案的编制、审核和批准，依照法律和国务院规定执行。

第六十八条 社会保险基金存入财政专户，具体管理办法由国务院规定。

第六十九条 社会保险基金在保证安全的前提下，按照国务院规定投资运营实现保值增值。

社会保险基金不得违规投资运营，不得用于平衡其他政府预算，不得用于兴建、改建办公场所和支付人员经费、运行费用、管理费用，或者违反法律、行政法规规定挪作其他用途。

第七十条 社会保险经办机构应当定期向社会公布参加社会保险情况以及社会保险基金的收入、支出、结余和收益情况。

第七十一条 国家设立全国社会保障基金，由中央财政预算拨款以及国务院批准的其他方式筹集的资金构成，用于社会保障支出的补充、调剂。全国社会保障基金由全国社会保障基金管理运营机构负责管理运营，在保证安全的前提下实现保值增值。

全国社会保障基金应当定期向社会公布收支、管理和投资运营的情况。国务院财政部门、社会保险行政部门、审计机关对全国社会保障基金的收支、管理和投资运营情况实施监督。

第九章　社会保险经办

第七十二条 统筹地区设立社会保险经办机构。社会保险经办机构根据工作需要，经所在地的社会保险行政部门和机构编制管理机关批准，可以在本统筹地区设立分支机构和服务网点。

社会保险经办机构的人员经费和经办社会保险发生的基本运行费用、管理费用，由同级财政按照国家规定予以保障。

第七十三条　社会保险经办机构应当建立健全业务、财务、安全和风险管理制度。

社会保险经办机构应当按时足额支付社会保险待遇。

第七十四条　社会保险经办机构通过业务经办、统计、调查获取社会保险工作所需的数据，有关单位和个人应当及时、如实提供。

社会保险经办机构应当及时为用人单位建立档案，完整、准确地记录参加社会保险的人员、缴费等社会保险数据，妥善保管登记、申报的原始凭证和支付结算的会计凭证。

社会保险经办机构应当及时、完整、准确地记录参加社会保险的个人缴费和用人单位为其缴费，以及享受社会保险待遇等个人权益记录，定期将个人权益记录单免费寄送本人。

用人单位和个人可以免费向社会保险经办机构查询、核对其缴费和享受社会保险待遇记录，要求社会保险经办机构提供社会保险咨询等相关服务。

第七十五条　全国社会保险信息系统按照国家统一规划，由县级以上人民政府按照分级负责的原则共同建设。

第十章　社会保险监督

第七十六条　各级人民代表大会常务委员会听取和审议本级人民政府对社会保险基金的收支、管理、投资运营以及监督检查情况的专项工作报告，组织对本法实施情况的执法检查等，依法行使监督职权。

第七十七条　县级以上人民政府社会保险行政部门应当加强对用人单位和个人遵守社会保险法律、法规情况的监督检查。

社会保险行政部门实施监督检查时，被检查的用人单位和个人应当如实提供与社会保险有关的资料，不得拒绝检查或者谎报、瞒报。

第七十八条 财政部门、审计机关按照各自职责，对社会保险基金的收支、管理和投资运营情况实施监督。

第七十九条 社会保险行政部门对社会保险基金的收支、管理和投资运营情况进行监督检查，发现存在问题的，应当提出整改建议，依法作出处理决定或者向有关行政部门提出处理建议。社会保险基金检查结果应当定期向社会公布。

社会保险行政部门对社会保险基金实施监督检查，有权采取下列措施：

（一）查阅、记录、复制与社会保险基金收支、管理和投资运营相关的资料，对可能被转移、隐匿或者灭失的资料予以封存；

（二）询问与调查事项有关的单位和个人，要求其对与调查事项有关的问题作出说明、提供有关证明材料；

（三）对隐匿、转移、侵占、挪用社会保险基金的行为予以制止并责令改正。

第八十条 统筹地区人民政府成立由用人单位代表、参保人员代表，以及工会代表、专家等组成的社会保险监督委员会，掌握、分析社会保险基金的收支、管理和投资运营情况，对社会保险工作提出咨询意见和建议，实施社会监督。

社会保险经办机构应当定期向社会保险监督委员会汇报社会保险基金的收支、管理和投资运营情况。社会保险监督委员会可以聘请会计师事务所对社会保险基金的收支、管理和投资运营情况进行年度审计和专项审计。审计结果应当向社会公开。

社会保险监督委员会发现社会保险基金收支、管理和投资运营中存在问题的，有权提出改正建议；对社会保险经办机构及其工作人员的违法行为，有权向有关部门提出依法处理建议。

第八十一条 社会保险行政部门和其他有关行政部门、社会保险经办机构、社会保险费征收机构及其工作人员，应当依法为用人单位和个人的信息保密，不得以任何形式泄露。

第八十二条　任何组织或者个人有权对违反社会保险法律、法规的行为进行举报、投诉。

社会保险行政部门、卫生行政部门、社会保险经办机构、社会保险费征收机构和财政部门、审计机关对属于本部门、本机构职责范围的举报、投诉，应当依法处理；对不属于本部门、本机构职责范围的，应当书面通知并移交有权处理的部门、机构处理。有权处理的部门、机构应当及时处理，不得推诿。

第八十三条　用人单位或者个人认为社会保险费征收机构的行为侵害自己合法权益的，可以依法申请行政复议或者提起行政诉讼。

用人单位或者个人对社会保险经办机构不依法办理社会保险登记、核定社会保险费、支付社会保险待遇、办理社会保险转移接续手续或者侵害其他社会保险权益的行为，可以依法申请行政复议或者提起行政诉讼。

个人与所在用人单位发生社会保险争议的，可以依法申请调解、仲裁，提起诉讼。用人单位侵害个人社会保险权益的，个人也可以要求社会保险行政部门或者社会保险费征收机构依法处理。

第十一章　法律责任

第八十四条　用人单位不办理社会保险登记的，由社会保险行政部门责令限期改正；逾期不改正的，对用人单位处应缴社会保险费数额一倍以上三倍以下的罚款，对其直接负责的主管人员和其他直接责任人员处五百元以上三千元以下的罚款。

第八十五条　用人单位拒不出具终止或者解除劳动关系证明的，依照《中华人民共和国劳动合同法》的规定处理。

第八十六条　用人单位未按时足额缴纳社会保险费的，由社会保险费征收机构责令限期缴纳或者补足，并自欠缴之日起，按日加收万分之五的滞纳金；逾期仍不缴纳的，由有关行政部门处欠缴数额一倍以上三倍以下的罚款。

第八十七条　社会保险经办机构以及医疗机构、药品经营单位等社会保服务机构以欺诈、伪造证明材料或者其他手段骗取社会保险基金支出的，由社会保险行政部门责令退回骗取的社会保险金，处骗取金额二倍以上五倍以下的罚款；属于社会保险服务机构的，解除服务协议；直接负责的主管人员和其他直接责任人员有执业资格的，依法吊销其执业资格。

第八十八条 以欺诈、伪造证明材料或者其他手段骗取社会保险待遇的，由社会保险行政部门责令退回骗取的社会保险金，处骗取金额二倍以上五倍以下的罚款。

第八十九条 社会保险经办机构及其工作人员有下列行为之一的，由社会保险行政部门责令改正；给社会保险基金、用人单位或者个人造成损失的，依法承担赔偿责任；对直接负责的主管人员和其他直接责任人员依法给予处分：

（一）未履行社会保险法定职责的；

（二）未将社会保险基金存入财政专户的；

（三）克扣或者拒不按时支付社会保险待遇的；

（四）丢失或者篡改缴费记录、享受社会保险待遇记录等社会保险数据、个人权益记录的；

（五）有违反社会保险法律、法规的其他行为的。

第九十条 社会保险费征收机构擅自更改社会保险费缴费基数、费率，导致少收或者多收社会保险费的，由有关行政部门责令其追缴应当缴纳的社会保险费或者退还不应当缴纳的社会保险费；对直接负责的主管人员和其他直接责任人员依法给予处分。

第九十一条 违反本法规定，隐匿、转移、侵占、挪用社会保险基金或者违规投资运营的，由社会保险行政部门、财政部门、审计机关责令追回；有违法所得的，没收违法所得；对直接负责的主管人员和其他直接责任人员依法给予处分。

第九十二条 社会保险行政部门和其他有关行政部门、社会保险经办机构、社会保险费征收机构及其工作人员泄露用人单位和个人信息的，对直接负责的主管人员和其他直接责任人员依法给予处分；给用人单位或者个人造成损失的，应当承担赔偿责任。

第九十三条　国家工作人员在社会保险管理、监督工作中滥用职权、玩忽职守、徇私舞弊的，依法给予处分。

第九十四条　违反本法规定，构成犯罪的，依法追究刑事责任。

第十二章　附　则

第九十五条　进城务工的农村居民依照本法规定参加社会保险。

第九十六条　征收农村集体所有的土地，应当足额安排被征地农民的社会保险费，按照国务院规定将被征地农民纳入相应的社会保险制度。

第九十七条　外国人在中国境内就业的，参照本法规定参加社会保险。

第九十八条　本法自 2011 年 7 月 1 日起施行。